UNE FAMILLE ATTACHÉE

A LA

MAISON DE LOUIS XIII

ET

SA DESCENDANCE

PAR

E. LENNEL de la FARELLE

AVEC QUATRE-VINGT-DIX PLANCHES

PARIS

LIBRAIRIE ANCIENNE HONORÉ CHAMPION, ÉDITEUR

ÉDOUARD CHAMPION

5, QUAI MALAQUAIS, 5

—

1913

UNE FAMILLE ATTACHÉE
A LA
MAISON DE LOUIS XIII
ET
SA DESCENDANCE

Tiré à 200 exemplaires numérotés

N°

UNE FAMILLE ATTACHÉE

A LA

MAISON DE LOUIS XIII

ET

SA DESCENDANCE

PAR

E. LENNEL de la FARELLE

AVEC QUATRE-VINGT-DIX PLANCHES

PARIS

LIBRAIRIE ANCIENNE HONORÉ CHAMPION, ÉDITEUR

ÉDOUARD CHAMPION

5, QUAI MALAQUAIS, 5

1913

INTRODUCTION

Il y a un an, cette notice était bien près d'être envoyée à l'impression lorsque, dans un catalogue de livres, parut l'annonce d'un « État de la maison du roi Louis XIII ». Un ouvrage ne pouvait se rapporter plus directement au nôtre. Nous le demandâmes incontinent, mais l'ouvrage qui avait été annoncé comme venant de paraître ne parut que six mois plus tard et, comme deux compléments suivirent, qui ne sont parus que dans les six mois suivants, le parti que nous avions pris d'attendre que l'ouvrage pouvant compléter le nôtre fût paru, sinon tout entier, du moins en grande partie, nous a amené petit-à-petit à temporiser toute une année, soutenu dans notre attente par la perspective que, suivant le dicton, tout vient à point à qui peut attendre. Aussi bien, nous-même, nous ne nous étions pas pressé de composer cette notice, qui a pour base une partie des archives qui nous sont échues il y a près de quarante années, et, au surplus nous n'avons pas à regretter ces retardements, sans lesquels nous eussent manqué les nouveaux renseignements qui viennent aujourd'hui justifier plus fortement le titre même de cette notice, en nous apprenant que le nombre de ceux qui, parmi les membres de la famille qui fait l'objet de cette étude, ont eu charge à la cour de Louis XIII ou à celle d'Anne d'Autriche, doit être porté au chiffre, vraiment imposant, de douze.

C'était d'abord le chef de la famille, Jérôme du Buisson, qui, après avoir été, sous Henri IV, garde du corps du roi[1] *en même temps que son fauconnier, conserva ces deux charges sous le règne suivant, ayant occupé, sous Louis XIII, celle de fauconnier, sous la dénomination de chef du vol des oiseaux du cabinet du roi.*

Ses trois fils étaient aussi chefs du vol, à des

1. « Les gardes du corps du roi forment un beau régiment « de quatre cent cinquante cavaliers en brillant uniforme : « casaque cramoisie, habits bleus, parements rouges, ban- « doulières d'argent, qui est divisé en quatre compagnies, « dont chacune comprend un capitaine, un lieutenant, un « enseigne et six exempts. Chaque garde, dit « archer de la « garde » a rang et privilège d'écuyer. Ce sont tous des « hommes de choix et que l'on ménage. Jamais on ne les « envoie à l'avant-garde, où il y a des coups à recevoir. Ils « suivent le gros de l'armée et ne marchent que lorsque « tout le monde donne. Les autres troupes n'avaient pas « d'uniforme. » (*Au temps de Louis XIII*, par Louis Batiffol, Paris, s. d., p. 68 et note de la p. 333.)

titres divers, qui seront spécifiés, pour eux comme pour leur père[1].

Sa fille, Mme de Chazan, épouse en secondes noces de M. Hébert, fut d'abord femme de chambre de la reine pendant dix ans, puis dame ordinaire pendant quarante ans et se trouva ainsi attachée à la personne de la reine pendant les cinquante années qui s'écoulèrent de l'arrivée en France jusqu'à la mort d'Anne d'Autriche[2], *cette Habsbourg d'Espagne, qui avait renoncé à la couronne de ce royaume, qui était arrière-petite-fille d'un grand empereur, petite-fille, fille, femme, sœur de puissants rois et qui fut mère du « Grand « Roi ».*

Un petit-fils de Jérôme du Buisson était, en

1. « Les oiseaux du vol ont tenu une grande place dans la « vie du roi. Il les avait près de lui au Louvre : un grand « nombre dans certaine pièce de son appartement situé « entre sa chambre et la galerie d'Apollon », d'où l'appellation d'oiseaux du cabinet du roi. « Il allait les voir, les fai- « sait manger, les prenait au poing, les caressait. En cam- « pagne, il les emmenait avec lui et les baignait dans les « rivières. Les « voleries » étaient une des curiosités du « Louvre et de Saint-Germain. Elles avaient un personnel, « une administration, un budget. » (*Le roi Louis XIII à vingt ans*, par Louis Batiffol, Paris, s. d., pp. 131 et 132.) — Voy. aussi *Écurie, vénerie, fauconnerie, louveterie du roi Louis XIII*, publié par Eugène Griselle, Paris, 1912.

2. « Doña Aña-Maria-Mauricia d'Austria. » — Née à Valladolid le jour de Saint-Maurice, 22 septembre de l'année 1601, cinq jours avant la naissance de Louis XIII.

1641, page du roi ; un autre était, en 1642, son aumônier, lesquelles deux fonctions furent alors occupées, même les secondes, par des titulaires âgés de moins de treize ans.

Deux autres de ses petits-fils étaient capitaines au régiment des Gardes du Roi, l'un, sous Louis XIII et la régence d'Anne d'Autriche, et le second, pendant cette régence.

Une des petites-filles de Jérôme du Buisson, la comtesse de Brégy, avait été en 1626 et dès l'âge de sept ans, femme de chambre de la reine, puis fut dame d'honneur en 1638, sous le nom de « dame du peloton de la reine, charge qu'Anne « d'Autriche avait créée pour elle [1]. »

Une autre de ses petites-filles, Anne Hébert, baptisée au Louvre en 1625, était une filleule de la reine [2].

Encore une autre de ses petites-filles, Mme *Alexandre du Royer, avait été, dès 1638, — à l'âge de quatre ans ! — femme de chambre de la reine, au lieu et place de sa sœur utérine, la comtesse de Brégy.*

Voilà donc toute une famille attachée à la

1. Bibl. nat., ms., *Nouveau d'Hozier*, 310, Généalogie de Tartereau, pp. 72 et 73.

2. Voy. *Pièces justificatives*, VII, reproduction photographique de l'acte de baptême d'Anne Hébert.

maison de Louis XIII, mais il n'y avait pas là un fait isolé. On en trouve d'autres exemples.

Citons d'abord Mme de Motteville, avec sa sœur, qui était comme elle dame de la reine, avec son frère, l'abbé, qui était le lecteur ordinaire de Louis XIII, tandis que Pierre Bertaut, leur père, était gentilhomme de la chambre du roi, leur mère, secrétaire de la reine, leur oncle, le poète-évêque Bertaut, premier aumônier de Marie de Médicis.

Pour la famille de Loménie de Brienne, on ne compte pas moins de cinq secrétaires de Louis XIII, deux demoiselles d'honneur de Marie de Médicis et deux demoiselles d'honneur d'Anne d'Autriche.

On trouve aussi, comme attachés à la maison de Louis XIII et à celle de la reine, quelques membres de la famille de Musset, à savoir Charles (ancêtre direct du poète) et François, son frère, tous les deux, gentilshommes de la chambre du roi, et, à titre de dame ordinaire d'Anne d'Autriche, Marie de Musset, fille de François et femme de Pierre d'Alès, qui, lui-même, était gentilhomme de la chambre du roi et l'un de ses maîtres d'hôtel [1].

1. *Les ancêtres d'Alfred de Musset*, par Maurice Dumoulin, Paris, 1911, pp. 30, 33 et 34.

Citons encore, au même titre d'attachés à la maison de Louis XIII, plusieurs membres de la famille de Louvencourt : Antoine[1]*, secrétaire, trésorier général, payeur des gages des officiers de la maison du roi, et maître d'hôtel, François, secrétaire, Claude, sieur de Milly, maître d'hôtel, tous les trois frères, et encore leur cousin, Charles de Louvencourt, sieur de Blangy-sur-Somme, gentilhomme servant, écuyer tranchant puis panetier.*

Pour choisir, comme dernier exemple, une famille qui occupa les plus hautes charges à la cour de Louis XIII, citons le connétable de Luynes, qui était grand fauconnier de France et premier gentilhomme du roi, son fils, qui eut la survivance de ces deux charges, ses frères, qui étaient aussi les favoris du roi, sa sœur, Mme* du Vernet, qui était dame d'atour de la reine, sa femme, Marie de Rohan-Montbazon, qui était surintendante de la maison d'Anne d'Autriche.*

On pourrait citer encore d'autres exemples de familles comptant plusieurs de leurs membres à la cour de Louis XIII et on les trouverait dans

1. Il avait épousé le 3 janvier 1608 Marguerite de Flesselles, fille de Gabriel, écuyer, seigneur de Brégy, échevin de Paris, et de Marguerite le Clerc et sœur de Jean, président en la cour des Comptes, qui sera cité dans cette notice.

un ouvrage récemment paru[1], *mais dont le caractère même est d'être très abstrait et qui, n'étant pas sans lacunes, demande à être complété par des notices comme celle qui va suivre. On ne doit donc pas s'en tenir à la lettre à l'ouvrage qui vient d'être cité et que l'auteur lui-même présente comme pouvant ne pas être complet et comme contenant parfois des indications divergentes du même personnage, réserves que justifient, à ces deux points de vue et pour leur part, nos archives de famille et, principalement, le brevet qui fut délivré à notre septième aïeule, Éléonore du Buisson, lorsqu'elle fut élevée au rang de dame ordinaire de la reine. En effet, d'abord comme lacune, cette dame de la reine n'est citée qu'à titre de femme de chambre dans l'*État de la maison d'Anne d'Autriche, *nouvellement publié, puis, comme divergences de noms et comme cela s'explique fort bien, elle est citée sous les trois noms, de sa famille et de ses deux maris, ainsi qu'il suit : « Éléonore du Buisson en 1618, « Damoiselle de Chazan en 1620, Damoiselle « Hébert en 1625, hors en 1626 ». Cette men-*

1. *État de la maison du roi Louis XIII, de celle de sa mère,... de ses sœurs,... de son frère,... de sa femme.... de ses fils,... comprenant les années 1601 à 1665,* publié par Eugène Griselle, docteur ès lettres, lauréat de l'Académie française, Paris, 1912.

tion « hors en 1626 » n'est exacte qu'en ce sens qu'Éléonore du Buisson cessa d'être femme de chambre de la reine en 1626 mais pour devenir une de ses dames ordinaires, par brevet du 28 avril de la même année[1].

*Sans nous arrêter à une omission, qui, pourtant, n'est pas insignifiante puisqu'elle représente une lacune de tout juste quarante années de service pour une dame de la reine, qui resta pourvue de sa charge jusqu'à la mort d'Anne d'Autriche, et, d'autre part, tout en tenant compte des réserves faites par l'auteur de l'*État de la maison du roi Louis XIII, *qui vient de paraître, tout en reconnaissant aussi les services que cet ouvrage nous a rendus et ceux qu'il est appelé à rendre aux historiens du règne de Louis XIII, nous ne pouvons néanmoins ne pas considérer comme une lacune, vraiment regrettable, dans cet ouvrage, l'omission d'une famille dont le nom a été immortalisé par les muses au siècle dernier et que nous-même, à bon escient, nous avons citée comme ayant fait partie et de la maison de Louis XIII et de celle de la reine.*

Dans la maison de celle-ci, Mme *de Brégy, citée plus haut, occupait une charge prépondérante et*

1. Voyez reproduction photographique de ce brevet aux *Pièces justificatives*, planche X.

se trouva, par suite, mêlée, ainsi que son père et son mari, à de grands faits historiques, à d'importants secrets politiques, qui seront rapportés chacun à l'article de qui y aura pris part. C'est ainsi que, par exemple, à celui de M. de Chazan, père de Mme de Brégy, on trouvera un extrait d'un long et intéressant récit, qui, fait dans une publication récente [1], vient de tirer de leur état d'inédit, où elles sont restées durant près de trois siècles, les circonstances, qu'on avait cru tout autres, d'une mission diplomatique, d'un intérêt d'autant plus attachant qu'une haute personnalité fut en cause et que cette personnalité a été la plus marquante et la plus en vue du règne de Louis XIII, incarnant même ce règne dans sa période la plus belle et la plus longue.

Autres temps, autres coutumes, autres usages. Revenons à ce propos à l'expression de Damoiselle, qui, à la page XI, *a servi deux fois, pour désigner Éléonore du Buisson, d'abord comme femme de M. Chazan puis comme femme de M. Hébert, l'appellation de Dame ou Madame étant alors réservée, par respect, aux seules « filles de France » comme celle de Madame tout court l'était à l'épouse du premier frère du roi.*

1. *Le roi Louis XIII à vingt ans*, loc. cit., pp. 530, 536 et 602-605.

Quoi qu'il en soit, la personne qui figure dans l'État de la maison d'Anne d'Autriche *sous les noms de Damoiselle de Chazan puis de Damoiselle Hébert n'en est pas moins nommée* dame Hébert *dans son brevet même de* dame *ordinaire de la reine.*

Notons aussi que, contrairement encore aux usages reçus de nos jours, le contrat de mariage de M. et Mme *Hébert, qui représente une lecture de longue haleine, a été lu un dimanche, que, de même un dimanche, fut célébré le mariage d'Alexandre du Buisson avec Barbe de Chantemerle, que, encore un dimanche, fut inhumé le comte de la Celle* [1], *— sans que ce fût urgent, puisqu'il était décédé seulement de la veille et de mort subite, mais l'usage était alors d'enterrer, peut-être tout vif, le lendemain même du décès ou d'un apparent décès. Contrairement encore aux coutumes de notre époque, eut lieu —* à quatre heures du matin ! *suivant un livre de raison, — le mariage* solennel *de deux de nos auteurs de Picardie, celui de M. et M*[me] *le Sergeant, qui se marièrent en l'église Saint-Georges d'Abbeville, le mardi 17 mai 1729.*

Comme remarques à nouveau sur l'époque

1. *Pièces justificatives*, V, XXXV et LX.

Louis XIII et, cette fois, à propos des faveurs royales de ce temps-là, notons que Noël du Buisson était encore enfant lorsqu'il fut nommé capitaine de la compagnie des Arquebusiers de la ville de Ham et que Pierre du Buisson, frère cadet de Noël, était, de même avant d'être sorti de l'enfance, aumônier du roi et revêtu de la dignité de prélat comme abbé commendataire de l'abbaye de Ham [1].

Au cours de nos recherches, nous avons été amené à faire d'autres remarques, que, par exemple, il n'y a pas seulement à relever les dates des principales phases de l'existence dans les actes de l'état religieux ou dans ceux de l'état civil et que l'on rencontre parfois dans ces actes des renseignements tout historiques ; à l'appui de cette remarque, on trouvera parmi les pièces justificatives, copie d'une suite d'actes de baptême et d'inhumation, qui, par la mention qui y est faite, des divers grades et fonctions occupés par des membres de la famille du Buisson, nous ont fourni de véritables états de service, tant civils que militaires, qui, ceux-là, présentent d'autant plus d'intérêt que, en raison de leur ancienneté remontant au XVIe et au XVIIe siècle,

1. *Pièces justificatives*, XXXX.

on les chercherait en vain dans les archives de l'Intérieur ou dans celles de la Guerre.

Notons encore au sujet de l'importance historique des actes paroissiaux qu'ils font certainement partie des archives que M. Roger Rodière, dans sa conférence du 25 novembre 1911 aux Rosati Picards, *a considérées comme étant « le complément indispensable de l'exploration des monuments », et, en effet, si l'on choisit comme exemple les inscriptions tumulaires, on peut dire que, lorsqu'elles ne remontent pas au-delà de la fin du XVIe siècle, elles sont faites au moins en partie, du contenu des actes d'inhumation.*

Les registres paroissiaux nous ont même servi à reconnaître quelques inexactitudes, quelques confusions, dans des inscriptions tumulaires, dans celles, par exemple, qui se trouvent dans l'église de Servon, comme aussi dans certains manuscrits et, principalement, dans des généalogies faites sommairement, sans références, tout en l'étant de bonne foi, et, entr'autres, dans celle suivant laquelle Jérôme et Alexandre du Buisson auraient été gouverneurs de Bourges, de Ham et d'Argenton [1]. *Pour remettre les choses au point, ni l'un ni l'autre n'ont été gouverneurs de*

1. *Pièces justificatives*, XXXXI.

Bourges; le premier était en 1597 gouverneur de Brie-Comte-Robert, — qu'on a écrit à cette époque Braye-Contre-Robert et peut-être Braye tout court, d'où on aura pu lire Bourges. — Le même était en 1621 gouverneur d'Argenton sans qu'il eût été auparavant gouverneur de Ham. Quant au second, il fut gouverneur d'Argenton en survivance de son père, de 1622 à 1626, puis gouverneur de Ham, de 1626 à 1651.

De même Jean de Marolles est cité à tort dans la même généalogie comme ayant été gouverneur de Dreux.

Du côté des imprimés nous avons dû aussi nous tenir en garde contre les inexactitudes qui pouvaient s'y être glissées et nous en avons même relevé dans des ouvrages dont on ne saurait contester la valeur, dans La Grande Encyclopédie, *par exemple, où, à l'article de la comtesse de Brégy, celle-ci est dite fille de Jérôme de Saumaise, lequel était son grand-père, et de N.... Hébert, laquelle était bien la mère de Mme de Brégy, mais qui était Hébert, non pas de son nom de famille qui était du Buisson, mais du nom de son second mari.* La Grande Encyclopédie *ajoute que Mme de Brégy était née en 1619, ce qui est exact*[1] *et qu'elle s'était mariée à*

1. Voy. *Pièces justificatives*, L.

quatorze ans, ce qui est erroné, Mme de Brégy s'étant mariée le 18 juin 1637 et, par conséquent, à l'âge de dix-huit ans.

Si les erreurs que nous venons de signaler sont de peu d'importance et toutes involontaires, on ne peut dire la même chose des inexactitudes que l'on trouve dans certains ouvrages, dont les auteurs, moins soucieux de la vérité historique que du succès de leurs œuvres, ont donné libre cours à une imagination, dont nous avons apprécié toute la verve, mais qui a fait de leurs ouvrages plutôt des romans que des livres d'histoire. Aussi a-t-il fallu faire une sélection parmi ces ouvrages et n'avons-nous puisé que, surtout dans les mémoires anciens, les anecdotes dont cette notice sera parsemée et qui viendront mêler à l'aridité d'une étude généalogique une note moins monotone et même une note d'une saveur souvent galante.

Ces anecdotes, racontées par ceux mêmes, par celles mêmes qui en furent les témoins, les acteurs, les actrices, offriront, pour ainsi dire, les mêmes garanties d'authenticité que les principaux faits relatés dans cette notice, avec l'appui de nombreuses pièces justificatives. Celles provenant de nos archives sont éditées en reproductions photographiques, représentant quatre-

vingt-dix planches, dont les dix-sept premières peuvent servir à l'histoire de Paris en tant que relatives aux circonstances de la création de la rue Saint-Nicaise.

Cette rue, aujourd'hui disparue mais dont le nom reste bien connu par le souvenir qu'il évoque de l'attentat contre le Premier Consul, avait été créée par une simple décision de Louis XIII, prise en 1614. Le roi avait, pour ainsi dire, imposé la formation de cette nouvelle voie par des dons de terrains, faits dans le rempart du Louvre aux habitués de ce château, sous condition d'y bâtir et d'habiter les constructions, dont l'ensemble forma la rue du Rempart, plus tard appelée rue Saint-Nicaise. L'intention du jeune monarque paraît donc avoir été, par la décision qu'il avait prise et par son choix des donataires, de rapprocher de lui, non loin de sa résidence, courtisans et artisans. Voici les noms et emplois de plusieurs d'entr'eux : « Hérouard, premier médecin « du roi, de Heurles, l'un de ses premiers valets « de chambre, Philippes, son chirurgien ordi- « naire, noble homme Berrurier, notaire et « secrétaire du roi, Pierre Dubois, Georges « Baudouin, écuyers de la bouche, André Dubois, « avertisseur, Pierre Vivandier, conducteur « ordinaire de la haquenée du gobelet du roi,

« Nicolas Huet, maître-maçon, Louis de Beau-
« vais, menuisier ordinaire des bâtiments du
« roi, et Angoullement, son serrurier ordi-
« naire[1]. »

Parmi les documents que nous avons consultés, plusieurs nous furent obligeamment communiqués par le baron Arthur de Beauverger et par nos collègues, le comte Adrien de Louvencourt et le docteur Roger Goulard. Nous ne saurions omettre de remercier nos collaborateurs de leur utile concours.

Abbeville, le 16 avril 1913.

1. Voy. *Pièces justificatives*, I, II et III.

UNE FAMILLE ATTACHÉE

A LA

MAISON DE LOUIS XIII

ET

SA DESCENDANCE

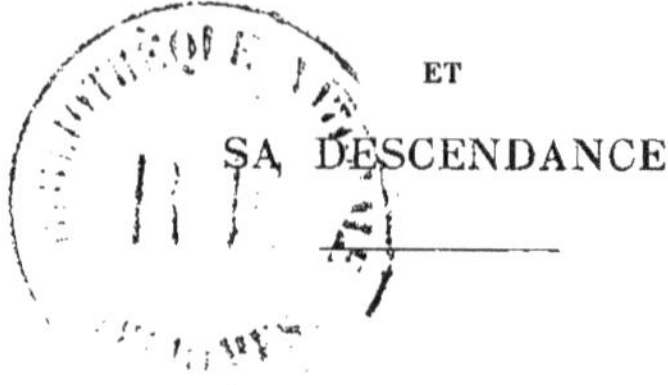

Origine de la famille du Buisson de la Marsaudière

La famille du Buisson de la Marsaudière [1], qui s'éteignit en 1719 et dont l'histoire et la généalogie vont suivre, suivies de la descendance par les femmes, appartenait à l'Ile-de-France comme originaire de la Brie, où, tout en ayant charge à la Cour, elle resta habituée, tant par ses attaches de

1. Il est très présumable que cette famille tire son nom du château et de la ferme de Le Buisson, qui ne sont distants que de six kilomètres du château de la Marsaudière, qui, lui-même, est situé à huit kilomètres de Brie-Comte-Robert et à quatre kilomètres du château de La Barre, où naquit le malheureux chevalier de ce nom, dont le procès fut retentissant et qui fut supplicié à Abbeville en 1766, à l'âge de vingt ans. — Voyez aux *Pièces justificatives*, LXI, une liste des seigneurs et propriétaires du domaine de la Marsaudière, dont l'ancien château, qui était entouré de fossés, est remplacé aujourd'hui par un beau château moderne.

famille et les biens qu'elle y possédait, que par des fonctions ou offices qui paraissent avoir été héréditaires, comme, par exemple, les offices de jauge et garde des mesures au grenier à sel de Brie-Comte-Robert[1] ainsi que la charge de capitaine de la Milice bourgeoise de cette ville, dont on trouve pourvus, en 1597, Jérôme du Buisson, écuyer, seigneur de la Marsaudière, et, de 1701 à 1710, son petit-fils, Alexandre II du Buisson, seigneur du même lieu.

M. et Mme Jérôme du Buisson

Les documents sur Jérôme du Buisson ne remontent pas au-delà de l'année 1597 et, comme il est mort en 1622, on ne connaît donc que les vingt-cinq dernières années de son existence, lesquelles furent bien remplies, car il occupa, durant cette période, de nombreuses et importantes fonctions.

Cité d'abord en 1597, dans l'acte de baptême de son fils, Alexandre, comme étant alors gouverneur de la ville et du château de Brie-Comte-

1. Mentionnés parmi les apports en mariage d'Éléonore du Buisson (voy. *Pièces justificatives*, VI, p. 2), comme « biens transmissibles à l'égal d'une pièce de terre ou d'un « titre de rente ». (Voy. vicomte d'Avenel, *La noblesse française sous Richelieu*, p. 164.)

Robert [1] et capitaine des bourgeois de cette ville, Jérôme du Buisson avait, en 1599, suivant l'acte de baptême de sa fille, Eléonore, « un bon « pour les champs (camps) pour Sa Majesté. » Dans un acte de baptême de 1604, celui de son fils, Louis, il est cité, cette fois, comme fauconnier du roi, emploi dans lequel il fut maintenu par Louis XIII sous la dénomination de chef du vol, pour Corneille, des oiseaux de son cabinet. De 1602 à 1615, Jérôme du Buisson était, suivant plusieurs reçus de sa solde, garde du corps du roi [2] dans la deuxième compagnie francaise, commandée de 1595 à 1611 par le marquis de Vitry et, de 1611 à 1617, par le fils aîné du marquis, lequel remit le commandement de cette compagnie à cette dernière date, où il fut fait maréchal de France, pour prix d'un acte qu'il eût peut-être été plus digne de ne pas accomplir, en s'appuyant

1. La châtellenie de Brie-Comte-Robert appartenait alors et depuis 1376 à la couronne de France, par donation de Blanche de France, duchesse d'Orléans. Les château et domaine de Brie-Comte-Robert devinrent ensuite, par engagement, le 16 novembre 1633, la propriété de Claude de Bullion, président à mortier et ministre d'État, qui, lui-même, les vendit à divers acquéreurs, qui les revendirent à Jean-Jacques de Mesmes, président à mortier au parlement de Paris et membre de l'Académie française. (Le château de Lagrange-Roy, par M. et L. Destors, Paris, 1906, pp. 8, 30 et 37.)

2. *Pièces justificatives.* XXIV. — Voyez aussi *Les Gardes-du-Corps*, par F. Bellenger, Limoges, 1895.

sur un exemple qu'on ne pouvait faire mieux que de suivre, celui qu'avait donné, quelque trente années auparavant, Crillon, le « brave Crillon », qui, lui, ne s'était pas laissé tenter par une dignité plus grande encore que le maréchalat, celle de connétable, que lui avait offerte Henri III lorsqu'il voulut se défaire du duc de Guise [1].

Outre les emplois dont il vient d'être fait mention comme ayant été remplis par Jérôme du Buisson, celui-ci était encore conseiller du Roi en ses conseils d'État et Privé et son ambassadeur en Angleterre [2]. Il termina sa carrière comme gouverneur d'Argenton et, le 30 août 1621, alors qu'il était gouverneur de cette ville et de son château, il donne quittance de la somme de cinquante livres, qu'il avait reçue « pour ses frais et despenses d'estre « venu de la province de Berry au camp devant « Montauban trouver Sa Maj^{té} en dilligence et « sur chevaux de poste pour affaires concernant « le service du Roi et pour son retour en pareille « dilligence [3]. » On a vu, page précédente, que, déjà en 1599, Jérôme du Buisson avait « un bon « pour les camps pour Sa Majesté. »

1. *Christine de Suède et l'assassinat de Monaldeschi au château de Fontainebleau*, par Alfred Franklin, administrateur honoraire de la bibliothèque Mazarine, Paris, 1912, p. 117.

2. *Pièces justificatives*, XXXXI.

3. *Pièces justificatives*, XXVII.

Il avait épousé Anne de Tartereau, veuve de Jean de Marolles, qui est cité à tort dans les *Dossiers bleus* du Cabinet des titres comme ayant été gouverneur de Dreux. Anne de Tartereau, décédée avant le 16 février 1623, était fille de Nicolas, chevalier, seigneur de Boisval, de La Grivelle, des Ormetaux et du Tremblay, mort en 1587, et de Louise Choart, morte en 1605, laquelle était la nièce et la pupille du connétable Anne de Montmorency[1], qui lui avait fait un legs, dont on retrouve trace dans un reçu que fit Jérôme du Buisson « à cause de Dam^{lle} anne de tartereau, « sa femme », ainsi que dans l'inventaire après décès des biens de Louis du Buisson[2]. Anne de Tartereau était donc la petite-nièce du connétable ; elle avait une autre parenté illustre, comme descendante par les femmes de la maison à laquelle appartenait un des saints les plus vénérés, Saint Roch, qui était prince de Montpellier[3].

Du mariage de Jérôme du Buisson avec Anne de Tartereau naquirent quatre fils et une fille :

1. *Dictionnaire de la Noblesse de France*, par M. de Courcelles, 1821, t. IV, p. 177.

2. *Pièces justificatives*, XXV et XXVIII.

3. Bibl. nat., *Nouveau d'Hozier*, 310, Généalogie de Tartereau, pp. 23-33 et 42.

Alexandre du Buisson

I. — Alexandre du Buisson, chevalier, baptisé à Brie-Comte-Robert le 28 avril 1597, fut chef du vol des oiseaux du cabinet du roi, d'abord pour Corneille, puis pour Émerillon, et, comme il avait été fait chef du vol au commencement d'avril 1617, alors qu'il avait à peine vingt ans et que, plus jeune encore, il était aide du vol, Louis XIII l'appelait familièrement « Buissonnet[1]. »

Alexandre du Buisson eut la survivance de son père comme conseiller du Roi en son conseil d'État, de même aussi comme gouverneur d'Argenton, car il est cité comme étant gouverneur de cette ville et de son château dans l'inventaire après décès de son frère Louis, de même que dans le con-

1. « ... En dehors des oiseaux du cabinet dont le sieur de « Luynes avait la charge avec le petit Buisson et son père, « que le roi nommait Buissonnet, en dehors des oiseaux, « disons-nous, qui étaient les familiers du souverain, ses « petits favoris, sa cour emplumée, il y avait la fauconnerie « proprement dite, dont M. de la Châtaigneraie avait la « haute surveillance avec la qualité de grand fauconnier de « France. » (*Le roi chez la reine ou histoire secrète du mariage de Louis XIII avec Anne d'Autriche*, par Armand Baschet, Paris, 1866, p. 231.) — Dans sa campagne en Languedoc, en 1622, Louis XIII ne s'était pas séparé des oiseaux de son cabinet et « à Lunel on tira longtemps de l'eau au « moyen d'une noria pour faire baigner les oiseaux du roi. » (*Au temps de Louis XIII*, loc. cit., p. 114.)

trat du second mariage de sa sœur[1]. Il était capitaine lorsque, par lettres du 7 février 1626, enregistrées à l'hôtel de ville de Ham, il fut nommé gouverneur de cette ville et de son château, ce château qui, sous le règne de Charles VII, avait été repris aux Bourguignons par les vaillants capitaines comte de Richemont, Poton de Xaintrailles, bâtard d'Orléans, Lahire, ce château dont le nom évoque ceux de tant d'illustres prisonniers politiques et qui, le 9 décembre 1870, fut repris aux Allemands qui l'occupaient, ayant été ainsi, avec la ville elle-même, l'objet de la seule capitulation qui eût été signée par un officier prussien, durant la malheureuse campagne de 1870.

Le 16 juillet 1633, Alexandre du Buisson assiste, en sa qualité de gouverneur, à une délibération de la commune de Ham, qui était tenue en vue d'un vote pour l'érection et l'établissement en cette ville d'un couvent de l'ordre de l'Annonciade.

Le 7 mai 1635, l'honneur lui échoit, comme gouverneur, de recevoir le roi et la reine, qui étaient accompagnés du cardinal de Richelieu, du comte de Soissons, du duc de Longueville, du duc de Chaulnes, etc., et qui passaient à Ham en allant de Compiègne à Saint-Quentin[2].

1. *Pièces justificatives*, V, p. 1 et XXVIII, p. 1.

2. *Ham, son château, ses prisonniers*, par Ch. Gomard, Ham, Paris, 1864, p. 199.

Comme faits encore qui se passèrent à Ham, Alexandre du Buisson étant gouverneur, il y a lieu de citer aussi la famine qui sévit en 1637 et fut suivie d'une peste qui enleva le cinquième de la population, puis la réapparition de cette peste en 1648, et encore l'extension considérable, donnée en 1641 aux fortifications de la ville de Ham, qui, en la même année, « fut aliénée avec son vicomté « et en même temps que les domaines de La Fère « et de Marle, à cause des grandes dépenses « qu'avait faites le roi pour l'entretien de ses « armées et malgré la vive opposition des officiers « publics [1]. »

Dans un acte de baptême de la paroisse Saint-Pierre de Ham, en date du 19 mars 1645, Alexandre du Buisson figure comme parrain, avec le grade de mestre de camp du régiment qui tenait garnison au château de Ham. Il était maréchal de camp lorsqu'il se démit, en 1651, après septembre, de ses fonctions de gouverneur [2], après les avoir remplies pendant vingt-cinq ans, laps de temps qu'aucun autre gouverneur de Ham n'atteignit et

1. *Histoire populaire de la ville et du château de Ham*, par Élie Fleury et Ernest Danicourt, Ham, 1881, p. 47.

2. Voici une note manuscrite de M. Peigné-Delacourt, qui se rapporte à Alexandre du Buisson, en tant que gouverneur de Ham, bien qu'il ne soit pas cité dans cette note : « de Cagny, t. II, p. 37, qui appelle Antoine d'Aumale « Claude d'Aumale et le fait faussement gouverneur de « Ham le 20 février 1640, tandis qu'il était simplement lieu-

dépassant même de beaucoup la durée moyenne, qui fut de moins de sept années, pour chacun des gouverneurs ou commandants de la place de Ham, qui, de 1585 à 1864, et d'une façon continue, se succédèrent au nombre de cinquante-six [1].

Lorsque Alexandre du Buisson était gouverneur d'Argenton, il avait auprès de lui, comme lieutenant de roi de cette ville, son cousin, Félix de Tartereau [2], gentilhomme du comte de Soissons, qui le suivit à Ham, avec ces mêmes fonctions de lieutenant de roi, qu'il conserva jusqu'à sa mort, survenue avant l'année 1639. Le gouverneur de

« tenant de roi au château de Ham et qu'il commanda par « intérim la place en 1651, avant la prise de possession du « marquis d'Hocquincourt. Ce de Cagny est rempli d'er-« reurs. »

1. *Pièces justificatives*, XXXVII

2. Félix de Tartereau, seigneur de Berthemont, était fils de Louis, écuyer, seigneur du Tremblay, capitaine de 50 hommes d'armes, gentilhomme ordinaire du roi Henri IV, et de Marie de Berthemont, qui était fille de Charles, capitaine des Gardes du Corps de Henri III. Félix de Tartereau avait épousé, par contrat du 18 juillet 1630, Madeleine Amelot, veuve de René Gallais, contrôleur général des Rentes à Tours, morte sans enfants le 7 septembre 1631, et, en secondes noces, par contrat du 28 septembre 1632, Léonne de Marle, morte avant le 22 mai 1658 et fille de Jean, seigneur de Forcille, gentilhomme servant du prince de Condé, et de Marie de Baillif. Ce contrat fut passé par devant Morel et Turgis, notaires à Paris, et fut lu en la maison de Christophe Hébert, surintendant des vivres, dont la femme, Éléonore du Buisson, était la cousine germaine de Félix de Tartereau.

Ham avait aussi près de lui un autre de ses cousins germains, Nicolas de Tartereau, qui était capitaine et enseigne dans la citadelle de Ham, où il est mort le 21 mars 1636, âgé de trente ans, non marié [1].

Alexandre du Buisson mourut avant le 28 février 1658, date du contrat de mariage de sa nièce, Marguerite Hébert, auquel assistait, en état de veuvage, sa femme, Marguerite Payen, décédée elle-même en 1675 et qui était fille de Pierre, receveur général du sel, contrôleur général des Guerres, trésorier de l'Épargne, et de Claude Rose. Marguerite Payen et sa sœur, Geneviève, qui suivra, étaient les tantes de Paule Payen, qui épousa en 1645 Hugues de Lionne, le célèbre homme d'État [2].

Du mariage d'Alexandre du Buisson avec Marguerite Payen, qu'il avait épousée en 1626 et que l'on appelait madame la gouvernante de Ham lorsque son mari était gouverneur de cette ville, vinrent trois enfants :

1. Noël du Buisson, capitaine de la compagnie des Arquebusiers de la ville de Ham, lesquelles fonctions ont dû lui être attribuées à un titre plus honorifique qu'effectif puisqu'il en était déjà pourvu à la date du 17 octobre 1640 et que, le

1. Bibl. nat., *Nouveau d'Hozier*, loc. cit., p. 76.
2. Voy. *Pièces justificatives*, XXXXII.

31 août de l'année suivante, il était encore « page de Sa Majesté », et, de ce fait, âgé de moins de quatorze ans. Dès qu'il fut *mis hors de pages*, Noël du Buisson prit du service dans l'armée et, à la date du 19 mai 1645, il était premier capitaine au régiment que son père commandait à Ham. A celle du 26 août 1653, on le trouve, à l'âge d'environ vingt-cinq ans, colonel d'un régiment de Chevau-Légers, aliàs, colonel des Carabins [1]. Il est mort sans alliance.

2. Pierre du Buisson, qui, en 1640, était aide du vol pour Émérillon, duquel vol son père était le chef, fut, en 1642 et de même que son frère, avant d'être sorti de l'enfance, nommé abbé commendataire de l'abbaye de Ham, bénéfice qui lui conférait la dignité de prélat, puisque « par sa « bulle du 29 janvier 1469, le pape Paul II avait « ajouté au droit de l'anneau et de la crosse que « l'abbé de Ham avait déjà, celui de la mitre et « des habits pontificaux [2]. » Pierre du Buisson avait eu l'honneur, comme abbé de Ham, d'être le successeur immédiat du cardinal de Richelieu, qui, lui-même, avait succédé, dans ce bénéfice, aux plus hauts dignitaires [3]. Le 1er juillet 1643, un concordat fut passé par devant Michel de

1. Corps de cavalerie légère, formé en 1558 et destiné au service d'éclaireurs.

2. *Histoire populaire*, etc., loc. cit.

3. *Pièces justificatives*, XXXIX et XXXX.

Beauvais et Pierre de Beaufort, notaires gardes-notes au Châtelet de Paris, entre Pierre du Buisson, abbé, et les religieux de l'abbaye de Ham [1]. En cette même année 1643, Pierre du Buisson était conseiller du roi et son aumônier et, vu son âge à cette époque, à un titre purement honorifique. Il serait, croit-on, mort en 1659, alors qu'il eut pour successeur, comme abbé de Ham, Louis Fouquet, évêque et comte d'Agde.

3. Marie-Marguerite du Buisson, femme de Charles de Bragelongne, écuyer de Monsieur, frère du roi Louis XIV, laquelle n'était pas mariée le 25 août 1648, alors qu'elle fut marraine à Ham au baptême d'un enfant. Elle ne laissa pas de postérité.

Descendance de M. et Mme Jérôme du Buisson *(suite)*

II. — François du Buisson, baptisé à Brie-Comte-Robert le 8 août 1602, mort en bas âge.

III. — Louis du Buisson, baptisé à Brie-Comte-Robert le 14 août 1604, était chef du vol des oiseaux du cabinet du roi pour la Corneille et fut pourvu de cette charge, comme son frère Alexandre, avant l'âge de vingt ans, puisqu'il est

1. Voy. copie de ce *Concordat* aux *Pièces justificatives*, XXXX.

mort avant le 24 mars 1624, date de l'inventaire de ses biens, fait après son décès. Dans cet acte est relatée entre autres articles, « la somme de dix « mil cent trente quatre livres six solz six deniers, « comme montant en principal et interest de la « somme de neuf mil livres tz, qui est constituée « par le s^r (illisible), tresorier general des guerres, « de laq^lle somme le prince de Condé est « garand »; relatée de même dans cet inventaire « la somme de six mil livres tour^s deub par mon- « dit seigneur prince de Condé par sa promesse, « etc. » Est aussi mentionné dans le même inventaire, comme ayant fait partie du lot de Louis du Buisson dans la succession de sa mère, le montant du legs fait à celle-ci par le connétable de Montmorency, à savoir deux fois « six vingt livres « seize sols huict deniers de rente à prendre sur « les greniers à sel de ce royaume[1]. »

Antoine du Buisson

IV. — Antoine du Buisson, chevalier, seigneur de la Marsaudière et de la Grivelle[2], né à Brie-Comte-Robert le 27 juillet 1607, était chef du vol

1. *Pièces justificatives*, XXV et XXVIII.
2. Voy. aux *Pièces justificatives*, XXXXVII, vente du fief de la Grivelle.

des oiseaux du cabinet du roi pour rivière [1] et, comme tel, « commandait alternativement avec « M. de Pallaiseau [2]. » Il est qualifié capitaine de la grande fauconnerie dans son acte de décès et fut inhumé le 24 avril 1654, en l'église paroissiale de Brie-Comte-Robert.

Bien que n'étant pas l'aîné de la famille, Antoine du Buisson était le seigneur du domaine patrimonial de la Marsaudière et il semble que lui et les siens ne passaient dans le château de ce nom que la saison d'été, car, dans les registres de l'état religieux de Chevry, dont la Marsaudière est un écart, les actes assez nombreux que l'on y trouve pour la famille du Buisson, de 1641 à 1719, se répartissent, pour ces soixante-dix-huit années, entre le 27 avril et le 25 octobre, les actes des mois d'hiver ayant dû être inscrits à Paris. Comme pour confirmer notre remarque, aucun membre de la famille ne s'est trouvé à l'inhumation de Nicolas du Buisson, décédé exceptionnellement en hiver au château de la Marsaudière. Cette absence de la famille s'explique par le manque de rapidité des moyens de locomotion

1. C'est-à-dire pour le Canard. (*Dictionnaire historique des institutions, mœurs et coutumes de la France*, par A. Chéruel, Paris, 1865.)

2. *Le roi chez la reine*, loc. cit., p. 233. — Claude de Harville, seigneur de Palaiseau, baron de Noinville, conseiller d'État, gouverneur de Calais et de Compiègne, vice-amiral de France, mort le 21 janvier 1636.

d'alors, qui ne permit pas à la famille, en résidence à Paris, de franchir à temps la faible distance de Chevry, surtout à une époque où, le plus souvent, on inhumait le lendemain du décès.

Antoine du Buisson n'avait d'autre charge que celle de fauconnier du roi tandis que son frère aîné, qui était comblé de faveurs, cumulait plusieurs fonctions, lesquelles, énumérées plus haut, le tenaient éloigné du berceau de la famille. Ce fut la raison, apparemment, qui décida celui-ci à céder à son frère ses droits sur le domaine patrimonial. Il est donc très présumable que « le sieur du Buisson », que M. L. de Crèvecœur cite dans son ouvrage sur l'église Saint-Yon de Lésigny[1] comme donateur, en 1647, d'une lampe d'argent à cette église, ne fut autre qu'Antoine, à qui appartenait la seigneurie de la Marsaudière, située à six kilomètres de celle de Lésigny. Cette dernière seigneurie appartenait alors au duc de Luynes, comme héritier de son père, à qui Louis XIII avait donné tous les biens du maréchal d'Ancre et, entre autres, le château de Lésigny.

Le 25 octobre 1648, le duc de Luynes était parrain d'un fils d'Antoine du Buisson. Il n'y avait pas seulement dans cet acte un rapport de bon

1. *Bulletin de la Société d'Histoire et d'Archéologie de Brie-Comte-Robert,* t. II, février 1903.

voisinage et on doit l'attribuer bien plus aux relations constantes, établies entre les d'Albert de Luynes et les du Buisson comme fauconniers du roi[1], relations qui, en 1648, remontaient à quarante années.

Antoine du Buisson, qui avait épousé vers 1634 Geneviève Payen, sœur de la femme de son frère aîné, en eut les onze enfants qui suivent :

Alexandre du Buisson IIe du nom

1. Alexandre du Buisson, 2e du nom, chevalier, seigneur de la Marsaudière et de la Grivelle, né en 1635 ou 1636, est mentionné dans des actes de 1701, 1705 et 1710 comme ayant été à ces mêmes dates capitaine de la milice bourgeoise de Brie-Comte-Robert[2].

Marié par célébration en l'église de Servon, près Brie-Comte-Robert, le dimanche 8 février 1682, avec Barbe de Chantemerle, fille de Jean, chevalier, et d'Anne d'Aix et veuve de Jean-Claude de Tartereau, fils du lieutenant de roi à Ham[3], il eut de son mariage, qui avait nécessité dispense de Rome pour cause de parenté au troisième

1. Voy. p. 6.
2. *Pièces justificatives*, XXI et XXIII.
3. Voy. p. 9.

degré, un unique enfant, Antoine-Jérôme du Buisson, qui, mort à un an, fut inhumé à Servon le 29 juillet 1684.

L'année précédende, Alexandre du Buisson, assigné à comparaître devant le bailli de Brie-Comte-Robert au sujet de l'érection de la seigneurie de Servon en comté, fit une déposition dont on trouvera copie aux *Pièces justificatives*, où sera mentionnée de même une autre déposition qu'il fit en 1701.

Il habitait au château de la Marsaudière lorsque, par son testament du 19 décembre 1717, déposé chez Davergne, notaire à Brie-Comte-Robert, il fit un legs portant donation en effets mobiliers du tiers de 10.000 livres au profit d'Augustin de Tartereau, colonel de cavalerie, son neveu, qui demeurait à Paris [1]. Alexandre II du Buisson est mort sans postérité le 16 juillet 1719, âgé de 85 ans.

La pièce de vers qui suit et qui porte l'empreinte d'un vif sentiment de dépit amoureux, malgré sa forme quelque peu... originale, est attribuée à Alexandre II du Buisson et fut composée peu de temps avant le mariage de sa destinataire, qui, en 1669, à l'âge de vingt-cinq ans, épousait M. de Grignan.

1. Archives départementales de Seine-et-Marne, Reg. 241 des *Insinuations de Brie-Comte-Robert* et *Pièces justificatives*, XXI.

Vers irréguliers pour Mademoiselle de Sévigné sur la piquure d'un cousin.

Honneur de n[ot]re bocage
Ornement de n[ot]re Cour,
Tremblez, si vous estes sage,
Vous avez fâché l'Amour
Anaxarète la belle
Anaxarète cruelle
Tremblez, tremblez en ce jour ;
Cecy n'est point bagatelle,
Vous avez fâché l'Amour.

Ne vous mettez plus en peine
D'où vient ce nouveau tourment,
J'ay seû, je ne sais comment,
Son origine certaine ;
V[ot]re ame orgueilleuse et vaine,
S'applaudit d'estre inhumaine,
Sachez qu'on ne l'est pas toûjours impunément.

Un cousin, avec rudesse,
Vous piqua ces jours passez,
Depuis, il n'a point de cesse,
Il vous poursuit, il vous presse,
Déjà vous en gémissez ;
Mais le Cousin qui vous blesse,
N'est pas ce que vous pensez.
Des raisons font que je n'ose
Vous déduire en franche prose
Ce petit détail icy,
Un peu de métamorphose [1]
Y conviendra mieux aussi ;
Prenons de plus loin la chose.

1. Licence poétique ! — Pour métaphore.

Ce Dieu que l'on nomme Amour,
Que vous connaissez peut-estre,
Ou que vous devez connoistre,
Puis-que vous le faites naistre,
En mille cœurs, chaque jour;
Plein d'une rage secrète,
Du mépris dont on le traitte,
Touché des gemissemens
Et de l'éternelle pleinte
De vos malheureux Amans,
Il eut recours à la feinte,
Pour vous piquer à-son-tour;
Et comme en habit d'Amour
Il eust pu manquer d'atteinte;
Du malin petit Frelon
Il prit l'aile, et l'aiguillon,
Le corsage et la figure,
Et vous fit maintes blessures
Du chef jusques au talon.
Que si l'atteinte légère
D'un foible petit Cousin.
Vous pique et vous désespère;
Jugez de v[ot]re destin,
S'il se mettoit en colère,
Et que ce fust à-pis-faire.
Où prendre une cousinière?
Contre ce petit mâtin,
Et les Oncles [1] et la Mère
Pourraient y perdre leur latin.

M'entendez-vous bien, ma chère?
Amour, au commencement,

1. On sait que la marquise de Sévigné était alors veuve. Son mari était mort le 5 février 1651, tué en duel par le chevalier d'Albret.

Est petit dans son enfance,
Ce n'est que jeu, qu'innocence ;
Mais aussi, dès le moment
Qu'une vaine résistance
Ou qu'un vain mépris l'offense,
Il devient un gros Frelon,
Une guespe d'importance
Qui vous pique tout-de-bon ;
Tous les soins de la famille
N'ont pu vous en préserver,
A mon sens, charmante Fille,
Ce n'est point une vétille,
Et vous y devez songer.

Signé : Le chevalier Du Buisson.

(Bibliothèque de l'Arsenal, Ms., *Recueil Conrard*, 5418, fol. 323.)

Descendance de M. et Mme Antoine du Buisson *(suite)*

2. Nicolas du Buisson, écuyer, capitaine chef (*sic*), né en 1638, décédé au château de la Marsaudière le 15 mars 1676, sans alliance, fut inhumé dans l'église de Chevry, « aucun parent ne s'y estant trouvé[1]. »

3. Louis du Buisson, 2e du nom, baptisé à Chevry le 12 octobre 1639.

4. Isabelle du Buisson, baptisée à Chevry le 27 avril 1641.

1. *Pièces justificatives*, XXXIV.

5. Françoise du Buisson, baptisée à Chevry le 31 octobre 1642.

6. Geneviève du Buisson, baptisée à Chevry le 23 septembre 1644, décéda sans union le 8 septembre 1719 au château de la Marsaudière, de laquelle seigneurie, vendue par ses héritiers en 1721 [1], elle était devenue dame par la mort de son frère, Alexandre II. Geneviève du Buisson fut inhumée en l'église de Chevry le jour qui suivit son décès. Par son testament olographe du 12 novembre 1717, déposé chez Me Fromont, notaire à Paris, le 20 septembre 1719 et confirmé par deux autres testaments olographes des 25 mars et 6 juillet 1718, elle fait ses héritiers et légataires universels ses cousin et cousine, Me Martineau, conseiller du roi, maître ordinaire en la chambre des Comptes, et sa fille, Madeleine-Françoise Martineau, épouse de Michel-Étienne Turgot, chevalier, seigneur de Sousmont [2], Brucourt, etc., duquel mariage naquit à Paris, le 10 mai 1727, le grand économiste, qui, s'il avait été maintenu au contrôle des Finances au lieu d'en avoir été

1. *Pièces justificatives*, LXI.

2. La terre de Sousmont fut érigée en marquisat, par lettres de 1735, en faveur de ce même Michel-Étienne Turgot, qui, né le 9 juin 1690 à Paris, y est mort le 1er février 1751, après avoir été prévôt des marchands de Paris, du 14 juillet 1729 au 16 août 1740, conseiller d'État, 1737, et premier président du Grand Conseil, 1741. Sa femme est morte le 29 novembre 1764, âgée de 67 ans.

écarté par de basses intrigues, eût pu sauver la royauté, toute minée qu'elle fût déjà par la Révolution qui commençait à sourdre. Avec Geneviève du Buisson, dont les dix frères et sœurs étaient tous morts, comme elle, sans postérité, de même aussi que les quatre enfants de son oncle, s'éteignit donc, il y a près de deux siècles, une famille briarde, que nous n'avons pu rattacher aux autres familles du Buisson et qui paraît n'avoir plus aujourd'hui d'autre descendance que celle, de plus en plus nombreuse, d'Éléonore du Buisson, qui va suivre, d'abord sous le nom de Mme de Chazan puis sous celui de Mme Hébert.

7. Pierre du Buisson, 2e du nom, baptisé à Chevry le 9 octobre 1647, mort à l'âge de quatorze ans.

8. Louis du Buisson, 3e du nom, né au château de la Marsaudière et baptisé en l'église de Chevry le 25 octobre 1648, est mort le 16 septembre 1688 et fut inhumé le lendemain en l'église de Chevry. Par son testament du 11 septembre 1688, il avait légué aux RR. PP. Minimes de Brie-Comte-Robert la somme de cent cinquante livres à charge de dire, pour le repos de son âme, une messe basse par jour, dans leur église, pendant l'année de son décès[1].

9. Charles du Buisson, religieux profès de l'ab-

1. *Bulletin*, etc., loc. cit., t. Ier, p. 199.

baye de Morimont, mort prieur de la Creste-en-Bassigny.

10. Madeleine du Buisson, « élève au Port-« Royal, connaissant le grec et le latin, femme « du sieur de Goulaincourt, gentilhomme de « Picardie. » Sans postérité.

11. Marguerite du Buisson, morte sans union.

Descendance de M. et Mme Jérôme du Buisson *(suite)*
M. et Mme de Chazan.

V. — Éléonore du Buisson, baptisée à Brie-Comte-Robert le 9 septembre 1599, fut pourvue de la charge de l'une des femmes de chambre de la reine à la fin de l'année 1615, dès l'arrivée en France d'Anne d'Autriche, alors âgée de quatorze ans, dont elle fut ensuite l'une des dames ordinaires[1], par brevet du 28 avril 1626,

1. Parmi les nombreuses dames dont Anne d'Autriche était entourée dans les circonstances solennelles, quatre ou cinq seulement, suivant les *Mémoires de madame de Motteville*, « avaient l'honneur de rester avec la Reine, à toutes les heures où elle était en son particulier. » Suivant ces mêmes *Mémoires*, dont on trouvera plusieurs extraits dans cette notice, Éléonore du Buisson, dame de Chazan, puis dame Hébert, ainsi que sa fille, la comtesse de Brégy, étaient du nombre de ces dames de prédilection de la reine. — La situation de dame d'honneur, ne fût-ce même pas de la reine, était très recherchée : Une princesse souveraine, la

signé à Fontainebleau de la main de la reine[1].

Éléonore du Buisson épousa en premières noces, par contrat du 9 décembre 1618, Bénigne de Saumaise, écuyer, seigneur de Chazan, colonel d'un régiment d'infanterie, puis conseiller d'État et secrétaire en chef des commandements du duc d Anjou. Il était fils de Jérôme de Saumaise, écuyer, seigneur de Chazan, Curley, Nanteuil, Villars et Chambeuf en partie, conseiller au parlement de Dijon, et de Catherine de Latour, dame de Maizerolles, Villars et Nanteuil.

En 1620, M. de Chazan fut chargé d'une mission diplomatique, mission qui méritait bien sa qua-

duchesse de Mecklembourg, n'avait-elle pas brigué la charge d'une des dames d'honneur de Madame, qu'avait rendue vacante le décès de la princesse de Monaco, autre princesse souveraine? (*Revue des Études historiques*, mars-avril 1912, p. 154.) — La duchesse de Mecklembourg, qui s'était rendue ou qu'on avait rendue antipathique à la reine, n'avait pu briguer la situation de dame d'honneur d'Anne d'Autriche. (Voy. p. 39.

1. Voy. *Pièces justificatives*, planche X, reproduction photographique de ce brevet, dont l'original est en parchemin. — Les appointements des dames ordinaires de la reine étaient à cette époque de 3.600 livres, si l'on se base sur un ordre du dernier décembre 1626, donné par la reine à son trésorier général des finances, « de payer comptant à « madame de Bonneuil la somme de trois mille six cents li- « vres pour sa despense et entretenement pres et a la suicte « de sa personne dans la pñte année. » (Bibl. nat., ms., *Pièces originales.*) La mention *sans gages*, que l'on trouve pour madame de Bonneuil, dans l'*État de la maison d'Anne d'Autriche*, loc. cit., ne serait donc pas exacte.

lification, comme on pourra en juger par les extraits qui suivent du long et intéressant récit que fit M. Batiffol dans l'un de ses ouvrages sur le XVIIe siècle[1] : « Le 22 août 1620, un M. de Cha-
« zan, secrétaire des commandements du duc
« d'Anjou[2], fut chargé de porter à Rome une
« demande officielle du cardinalat pour Riche-
« lieu, à qui on avait dû promettre cette dignité,
« dont Marie de Médicis avait fait une condition
« expresse de son acceptation du traité d'Angers,
« ...., mais, comme on craignait que l'évêque
« de Luçon ne se servît de sa dignité nouvelle
« pour donner plus de poids au parti de la
« reine-mère, M. de Chazan avait été chargé en
« même temps et officieusement de prier le pape
« de ne pas donner suite à cette demande. Le
« 6 septembre, Puisieux « remercié de sa charge
« de secrétaire d'État pour faire place à Riche-
« lieu », expliquait au nonce que « la chose fut
« tenue secrète parce que, si la reine-mère et
« l'évêque de Luçon le savaient, de nouveaux
« désordres seraient provoqués et il faudrait
« ensuite vendre la réconciliation au prix du car-

1. *Le roi Louis XIII à vingt ans*, loc. cit., pp. 530-532 et 602-605.

2. « Bénigne de Chazan, sec^re des commandements de « M., frère de Louis XIII, et frère de Claude de Chazan, aussi « sec^re dud. Duc, ép. Éléonore du Buisson. » (Bibl. nat., ms, *Cabinet d'Hozier*, 91, de Chazan, juin 1700.)

« dinalat. » De son côté, Luynes s'était plaint au « nonce de l'ingratitude de Richelieu à son égard « et, en novembre, Marsillac, son ami et son « confident, partait pour Rome, où il allait con- « firmer la mission de Chazan et insister afin que « Richelieu ne fût pas nommé..... »

« De leur côté, Richelieu et Marie de Médicis « faisaient campagne. Richelieu chargeait le fidèle « Bouthillier de la Cochère de se rendre à Rome « afin de suivre de près la négociation et Marie de « Médicis pressait le nonce avec « une étrange « insistance »..... Mais, en octobre, le pape don- « nait des réponses dilatoires à l'ambassadeur de « France, le marquis de Cœuvre[1]. Richelieu, « ignorant ce qui se tramait, faisait demander par « Marie de Médicis au roi d'expédier à Rome un « ultimatum aux termes duquel si l'évêque de « Luçon n'était pas compris dans la prochaine « promotion des cardinaux, l'ambassadeur de « France serait rappelé : le gouvernement avait « trouvé la proposition « tout-à-fait extravagante » « et Louis XIII avait répondu qu'il n'était pas de « sa dignité de faire une démarche pareille.... Une « lettre de l'évêque d'Orléans, en novembre, pré- « venait Richelieu que « son affaire ne marchait

1. François-Annibal, marquis de Cœuvre, duc d'Estrées, maréchal de France en 1626, mort à Paris le 5 mai 1670 à l'âge de cent deux ans, suivant *La Gazette de France*. Il était frère de Gabrielle.

« pas. » Luçon et la reine-mère redoublaient « d'efforts sans plus de succès....... Le 11 janvier « 1621, la promotion au cardinalat était officielle- « ment rendue publique. Richelieu n'y figurait « pas. »

On sait que le grand homme d'État n'eut le chapeau de cardinal que près de deux années plus tard, le 5 septembre 1622.

De l'extrait, qui précède, de l'ouvrage de M. Batiffol il ressort que l'opposition mise par Louis XIII à la promotion de son futur premier ministre doit être attribuée à quelque sentiment de crainte de voir Concini renaître de ses cendres en la personne de Richelieu, alors très suspect au roi comme se montrant tout dévoué au parti de Marie de Médicis, ainsi que l'avait été le maréchal d'Ancre.

Bénigne de Chazan est mort avant le 26 mars 1621. L'inventaire de ses biens, fait par Bourgeois et Contesse, notaires au Châtelet de Paris, fut clos le 20 décembre 1621. Le 16 janvier 1622, Mme de Chazan abandonne ses droits sur la succession par acte de renonciation, passé devant Contesse. Dans cet acte elle est dite « demeurant près le Louvre en la maison (*sic*) de la princesse de Conti », laquelle, née en 1577, mariée en 1605, morte au château d'Eu le 30 avril 1631, était fille du duc de Guise, qui fut tué à Blois le 23 décembre 1588.

Du mariage de M. et Mme de Chazan naquirent deux fils et une fille :

1. Alexandre de Saumaise, chevalier, seigneur de Chazan, né en 1620, était capitaine au régiment des Gardes du Roi lorsqu'il fut tué au siège de Montmédy en 1657[1]. Ce fut lui ou son frère Louis, qui, parrain d'un enfant à Ham le 1er février 1638, était donc à cette date à Ham, chez son oncle, Alexandre du Buisson, gouverneur de cette ville.

2. Louis de Saumaise de Chazan, marié à Françoise de la Vergne, fille de Simon, secrétaire du roi et intendant de la maison de Nevers, et de Marie Lavisé. De cette union vinrent trois fils et deux filles, tous morts sans postérité :

a. Louis de Saumaise, chevalier, seigneur de Chazan, lieutenant d'une compagnie de chevau-légers, mort après le 29 avril 1720. Il demeurait à Paris, rue d'Argenteuil, paroisse Saint-Roch, en 1685, lorsqu'il assista, par procuration, à l'acte d'émancipation de Mme du Plessier de Fransart, qui suivra.

b et *c.* Antoine-Hippolyte de Saumaise de Chazan, qui fut page de Monsieur, frère unique du roi, et Henri de Saumaise de Chazan, qui était abbé, demeuraient à Paris, dans la maison de

1. Bibl. nat., *Nouveau d'Hozier*, loc. cit. — Voy. aussi, p. 50, Lettre de la comtesse de Brégy à la reine-mère.

famille, rue Saint-Nicaise, en 1685, lorsqu'ils assistèrent, par procuration, à l'acte d'émancipation de Mme du Plessier de Fransart. Hippolyte de Chazan mourut avant 1720. Son frère, Henri, demeurait à cette époque, rue Hiacynthe, paroisse Saint-Cosme.

d. Louise-Marie de Saumaise de Chazan, était domiciliée en 1690, à Paris, rue du Temple, chez Mme de Machault, sa tante[1]. Elle habitait rue des Prêtres, paroisse Saint-Paul, en 1720.

e. Anne de Saumaise de Chazan, mariée en l'église de Flavy-le-Martel le 29 janvier 1701, à Philippe de Courson, chevalier, seigneur d'Andeville et de Saint-Maurice, vivait veuve en 1720.

Le comte et la comtesse de Brégy

3. Charlotte de Saumaise de Chazan, née en 1619[2], fut, d'abord en 1626 et dès l'âge de sept ans, femme de chambre d'Anne d'Autriche, puis dame d'honneur en 1638, sous le nom de « dame

1. P. 1 de la *Pièce justificative* IV. — Madame de Machault, née Louise de la Vergne, décédée le 3 juin 1692, était la sœur de la femme de Louis de Saumaise de Chazan, premier du nom, et avait épousé Louis de Machault, seigneur de Soisy, conseiller au Grand Conseil, maître des Requêtes, « intendant d'Orléans Guyenne, Provence, Champagne et Flandre. »

2. Voyez note 1 de la page 133.

« du peloton de la reine[1], charge qu'Anne « d'Autriche avait créée pour elle. » Elle épousa le 18 juin 1637, Nicolas de Flesselles, comte de Brégy[2], vicomte de Corbeil, baptisé le 28 mars 1615 et fils de Jean, conseiller du roi en ses conseils d'État et Privé, président en sa chambre des Comptes, et de Camille d'Elbène, d'une famille de Florence venue en France avec Marie de Médicis. M. de Brégy fut reçu conseiller au Parlement de Paris le 20 mars 1637 et se démit peu après de cet office pour prendre le parti des armes. Il servit en Italie, fut au combat de Bornéda en 1654 et, en la même année, au siège de Pavie, puis, en Flandre, aux sièges de Gravelines, d'Ypres, de Menin et d'Oudenarde en 1658, après lesquels sièges et sous les auspices de sa femme, au dire de Tallemant des Réaux, il fut fait lieutenant-général des armées du roi et son conseiller dans ses conseils d'État et Privé comme conseiller d'épée.

1. *Nouveau d'Hozier*, loc. cit., pp. 72 et 73.

2. Brégy (Brégy-en-Mulcien). Comm. du dép^{t} de l'Oise, arr^{t} de Senlis, canton de Betz. La seigneurie appartint au XVe et au XVIe siècle à la famille de Gorgias. La terre passa au XVIIIe siècle au marquis de Girardin d'Ermenonville. (Bibl. nat., impr., casier B. P., *La Grande Encyclopédie.*) — Comme on le voit, ce dictionnaire universel laisse ignorés les seigneurs de Brégy au XVIIe siècle, et, cependant, on trouve dans ce répertoire un article particulier pour le seigneur de Brégy de l'époque passée sous silence. Cette lacune s'explique si on réfléchit qu'une encyclopédie est l'œuvre

Deux missions de M. de Brégy en Pologne

« Le comte de Brégy était déjà connu par quel-
« ques prouesses militaires avant d'avoir fait ces
« diverses campagnes de guerre et alors que, au
« mois d'avril 1644, on l'envoya en Pologne,
« n'ayant pour but qu'un seul compliment et de
« témoigner aux majestés de Pologne que la reine
« a bien volontiers consenti de lever aux saints
« fonds du baptême l'enfant que Dieu leur don-
« nera. Après la mort de la reine Cécile-Renée,
« Brégy repartit pour la Pologne, chargé d'une
« mission autrement importante. Il s'agissait de
« négocier le mariage du roi de Pologne avec une
« princesse française. Grâce à sa finesse déliée,
« l'affaire réussit et l'influence française parut
« devenir prépondérante à Varsovie par le mariage
« de Ladislas avec Marie de Gonzague [1]. »

d'un grand nombre de collaborateurs, qui ont travaillé chacun de leur côté. Brégy, nom de lieu, aura été traité par l'un d'eux et Brégy, nom de personne, par un autre. — Il y avait avant la Révolution deux paroisses à Brégy, celle de Saint-Pierre et celle de Saint-Germain, qui faisaient alors partie du diocèse de Meaux. De ces deux paroisses, celle de Saint-Pierre est la seule qui subsiste. (Relevé dans *Souvenirs du vieux temps*, p. 169 de l'*Almanach historique de Seine-et-Marne, 1913.*)

1. Bibl. nat., *La Grande Encyclopédie*. — Née vers 1612, la mariée n'était plus jeune et, « avant de faire ce mariage « avec un roi infirme et podagre, cette princesse d'une

Mariage de Marie de Gonzague avec le roi de Pologne

Ce mariage se fit à Paris par procuration en mars 1646. A ce propos, Mme de Motteville écrit dans ses *Mémoires sur Anne d'Autriche et sa cour* : « Le jour étant pris, madame la princesse « Marie vint de l'hôtel de Nevers, dès le matin, « dans la chambre de madame de Brégi, femme « de l'ambassadeur de France, qui logeait au « Palais-Royal. Ce lieu était assez proche de la « chapelle pour y pouvoir descendre quand on « aurait besoin d'elle. A la messe du mariage, il « n'y avait dans la chapelle, outre les Polonais, « et après les personnes royales et de sang royal, « que madame de Senecé [1], dame d'honneur de la « reine, la maréchale d'Estrées, madame de « Montausier [2] et madame de Choisy [3]. Ces « trois dernières étaient intimes amies de la reine

« grande beauté avait aimé Cinq-Mars, s'était éprise d'un « obscur gentilhomme italien, fut aimée du duc d'Orléans. » (Communication de M. Adrien Huguet à la *Société d'Histoire et d'Archéologie du Vimeu*, séance du 8 octobre 1911.)

1. Marguerite de la Rochefoucault, marquise de Senecey.

2. Julie-Lucine d'Angennes, née en 1607, morte en 1671, gouvernante des enfants de France, 1661, dame d'honneur de la reine, 1664, fille de la célèbre marquise de Rambouillet, avait épousé en 1645 Charles de Sainte-Maure, d'abord marquis de Salles, puis marquis, puis duc de Montausier, lieutenant-général des armées du roi, né en 1610, mort en 1690.

3. Jeanne Hurault de l'Hospital, comtesse de Choisy.

« de Pologne : elles avaient supplié la reine de « les y souffrir. Madame de Brégi, ma sœur et « moi, y étions aussi. »

Mme de Motteville, à propos du luxe fastueux des grands seigneurs polonais, fait cette réflexion : « Il faut avouer que cette magnificence tient « beaucoup du sauvage : Ils ne portent pas de « linge, ils ne couchent pas dans des draps comme « les autres Européens, mais dans des peaux de « fourrure où ils s'enveloppent[1]. »

1. La même remarque sur ces coutumes des pays slaves a été faite par mon père, deux siècles plus tard, car voici ce qu'il écrivait à son père, le 14 septembre 1837, étant à Vienne, lors de son retour d'un voyage qu'il venait de faire à Odessa : « Enfin, grâces à Dieu, je suis maintenant sorti de « ce maudit pays qu'on appelle la Russie, où les communi- « cations sont presque impossibles, où les journaux de « Paris, adressés à Odessa, passent, pour la censure, par « Saint-Pétersbourg. J'ai bien cru que je n'en sortirais « jamais. Si j'écrivais tout ce qu'il m'a fallu souffrir, ma « lettre serait interminable. Qu'il me suffise de dire que, « pendant trois mois et demi, je n'ai trouvé de lit ni à prix « d'or ni à prix d'argent ; les trois quarts du temps, je ne « pouvais même me procurer ni foin ni paille ; il me fallait « coucher sur la terre nue, souvent même sous la calotte « des cieux, dans un pays où l'on fait parfois cinquante à « soixante lieues sans voir ni un arbre ni une maison. Dans « les steppes, pas trace de culture, pas de route non plus. « Tout ce qu'on rencontre, ce sont des chevaux sauvages, « des aigles, des vautours, des cigognes. On dit qu'il y a « beaucoup de loups ; je n'en ai vu qu'un. Pendant huit jours « et même plus, je n'ai vécu que de laitage sans pouvoir « trouver ni œufs ni pain. »

Ainsi donc, sans qu'il soit besoin de remonter jusqu'aux

Un mardi-gras chez le cardinal Mazarin

Le mardi gras de l'année 1647, Mme de Brégy était à une comédie chez le cardinal Mazarin avec Mme de Motteville, qui écrit à ce sujet dans ses *Mémoires* : « Le mardi gras, 6 mars, le cardinal

Mémoires de Mme de Motteville, et, en se reportant seulement à la lettre par laquelle mon père expose le dénûment où il s'est trouvé en Russie, on est amené à faire cette curieuse remarque que, dans cet immense empire, même à une époque assez rapprochée de la nôtre, il n'y avait de lit sous aucun toit. Ce meuble qui, semble-t-il, est indispensable à un bon repos, y manquait, aussi bien dans les maisons riches que dans les autres. Mon père n'avait pas trouvé de lit — et il y avait un billard ! — chez son hôte à Odessa, un M. Teodoridi, riche fanariote, qui avait eu l'honneur de recevoir le tsar Nicolas. Ce qu'il paraît y avoir à conclure, c'est que dans les palais mêmes des tsars comme aussi chez les descendants des grands seigneurs polonais que cite Mme de Motteville, la couche confortable des races occidentales et surtout latines, ne devint en usage — et peut-être pas d'un usage général — qu'à partir du jour où se multiplièrent les chemins de fer, ces grands facteurs de civilisation, qui furent établis dans les contrées mêmes où mon père n'avait trouvé trace de route.

Pour terminer cette digression, déjà trop longue, notons que, de nos jours encore, un Français, se rendant en Russie par la Suisse, l'Allemagne et l'Autriche-Hongrie, se trouverait graduellement préparé à manquer d'une couche confortable. En effet, tandis que, dans les pays latins et depuis la plus haute antiquité, comme l'attestent les fresques découvertes à Pompéï, les lits sont spacieux, les draps et les couvertures, très amples, en Suisse et en Allemagne, c'est à peine si l'on peut border les draps et les couvertures sur des lits qui sont pourtant étroits. Quant au lit autri-

« Mazarin donna une comédie à machines et en « musique à la mode d'Italie. Elle finit fort « tard [1] et nous n'avions point soupé. Le cardinal « nous offrit le sien, que nous fûmes manger avec « lui, madame de Brégi, mademoiselle de Beau- « mont, ma sœur et moi. C'est le seul régal qu'il « nous ait fait en sa vie, qui ne fut pas grand. Il « nous traita avec beaucoup d'indifférence et de « froideur. Il méprisoit les dames, et ne croyoit « pas qu'elles fussent dignes de son estime, si, « par leurs intrigues ou par leur malice, elles ne « trouvoient moyen d'acquérir sa confiance. Nous « sortîmes de chez lui mal satisfaites de n'avoir « pas été mieux reçues, particulièrement madame

chien, j'entends le lit purement national, il est matériellement impossible de le border ni au pied ni sur les côtés, la couverture étant juste de la longueur et de la largeur du lit, de même que la paire de draps, dont celui de dessus est boutonné ou cousu sur la couverture. Ce genre de literie, qui subsiste toujours, a subi, maintes fois, la critique des journaux satiriques de Vienne, qui, dans leurs illustrations, représentent souvent des personnes couchées, dont les pieds nus émergent du pied du lit, conséquence d'une couverture trop courte et que l'on ne pourrait border, pour mettre à couvert les pieds, qu'à la condition que tout le buste de la personne couchée serait mis à découvert.

1. Sous ce rapport, aussi « à la mode d'Italie » et contrairement à l'usage français de cette époque, car, sous Louis XIII, qui *dînait* à neuf heures et demie du matin, les représentations théâtrales avaient lieu en plein jour avant le souper, qui se faisait à cinq heures. Les matinées d'aujourd'hui ne nous ramèneraient-elles pas, petit à petit, aux usages de ce temps-là ?

« de Brégi, qui, étant belle femme, faisoit profes- « sion de l'être et qui même avoit l'audace de pré- « tendre que ce grand ministre avoit pour elle « quelque sentiment de tendresse. Par cette rai- « son, elle sentit sa gravité beaucoup davantage « que nous autres, qui étions toutes résolues à la « souffrir, et fort accoutumées à ses manières dé- « daigneuses. »

Mme de Motteville écrit encore dans ses *Mémoires*, cette fois à propos des habitués du Louvre : « Peu d'hommes, avec quatre ou cinq personnes « de notre sexe, avoient l'honneur de rester avec « la Reine, à toutes les heures où elle étoit en son « particulier. Ces hommes étoient le commandeur « de Jars, Beringhem, Rochechouart, Mis de Chan- « denier, capitaine des gardes du Roi, Guitaut, « capitaine des gardes de la Reyne, Comminges, « son neveu et son lieutenant[1], et quelquefois, le « maréchal de Gramont, Créqui, Mortemart, ceux « enfin dont les grands noms ou leurs charges « portent leurs privilèges avec eux. Pour des « femmes, il n'y avait que mademoiselle de Beau- « mont, madame de Brégi, ma sœur et moi ; et « une madame Hébert, mère de madame de

1. François de Guitaut, né en 1581, mort en 1663, sans alliance, fut chargé de l'arrestation des Princes, en 1650, avec Gaston de Comminges, lequel, mort en 1670, avait épousé N... d'Amalby. (Archives de M. de Pechpéroux-Comminges, comte de Guitaut, colonel du 19e Chasseurs).

« Brégi [1], quelquefois, mais rarement, qui n'étoit ni « muette ni philosophe et qui n'étoit guère écoutée. »

Voilà un jugement peu charitable, mais Mme de Motteville était coutumière du fait, ne ménageant personne, pas même Mazarin, pas même la reine, dont elle était pourtant l'admiratrice, et on se demande si cet état d'aigreur d'esprit n'aurait pas été la conséquence du mariage mal assorti que Mme de Motteville [2] avait contracté, à dix-huit ans, avec un octogénaire.

On joue au haire chez la duchesse de Châtillon

Dans le *Recueil Conrard* [3] est racontée, touchant Mme de Brégy, une anecdote qui se passait en 1648 et qui est rappelée dans un ouvrage, paru dans la *Revue des Études historiques* [4] sous le titre de *Une cousine du grand Condé, Isabelle de Montmorency* [5] *duchesse de Châtillon puis de Mecklembourg*. Voici comment l'auteur de cet important ouvrage, M. Paul Fromageot, ancien président de

1. La mère de Mme de Brégy avait épousé en premières noces, comme on l'a vu, p. 24, Bénigne de Saumaise de Chazan et, en secondes noces, Christophe Hébert, qui suivra, p. 56.

2. Veuve après deux ans de mariage et morte le 29 décembre 1689.

3. Bibliothèque de l'Arsenal, ms. 4115, p. 1009.

4. Voy. numéro de juillet-août 1910.

5. Née en 1626 et fille de Bouteville, qui eut la tête tranchée pour s'être battu en duel contre les édits du roi Louis XIII. — Elle est l'héroïne d'un drame, tout récent, de Paul Vérola.

la *Société des Études historiques*, raconte l'anecdote concernant Mme de Brégy : « ... La duchesse « se réinstalle pour l'hiver à Paris et reprend, « avec ses anciennes amies de l'hôtel de Condé, « l'habitude des correspondances littéraires et de « la préciosité. En voici un exemple. Un soir, « on joue au haire, jeu de cartes enfantin où cha- « cun passe une carte à son voisin, et perd la partie « s'il conserve en dernier la plus basse ; Mme de « Châtillon taquine le jeune poète Segrais alors « âgé de vingt-quatre ans qui, dit-elle, lui passe à « chaque instant des as, et elle s'amuse à le traiter « de vieillard. Puis, comme Segrais va s'asseoir « entre MMmes de Brégy et de Fiesque[1], elle l'ac- « cuse de favoriser Mme de Brégy, qu'elle appelle « en plaisantant Mme de Segrais. Le lendemain, « craignant d'avoir fâché Segrais, elle écrit à la « comtesse de Fiesque pour la prier de l'excuser. « Là dessus échange d'épîtres en vers dont Segrais « fait les frais sous le nom de Mme de Fiesque. »

On comprendrait que la duchesse de Châtillon eût exprimé quelque regret d'une plaisanterie un peu risquée, à Mme de Brégy plutôt qu'à Segrais, à un tout jeune homme, qui était alors célibataire. Il est vrai que Mme de Brégy a-pu ne pas s'attendre à ces égards de la part de la duchesse, qui, pour

1. Gillonne d'Harcourt, veuve en premières noces du marquis de Piennes, morte en 1699 âgée de 80 ans.

n'avoir pas eu vis-à-vis d'un brillant cavalier « son ris charmant qui alloit réveiller la tendresse « jusqu'au fond des cœurs[1] », venait d'être un peu la victime de son ... « amie, qu'elle haïssait parce « qu'elle avait naturellement ces attraits du corps « et de l'esprit que la duchesse n'avait que par « artifice[2]. » De même, suivant une lettre de la comtesse de Langeron à la reine de Pologne, en date du 29 octobre 1648, « la duchesse hait à la « mort Mme de Brégy, uniquement pour cette « raison féminine qu'elle promène avec satisfaction « une splendeur physique appréciée des hommes. « Elle l'écrase de sarcasmes tout en lui prodiguant « les caresses. Celle-ci, d'ailleurs, ne s'y laisse point « prendre. C'est en partie à son influence que « Mme de Châtillon attribue la froideur de la reine « à son endroit[3]. »

Dans son ouvrage intitulé *Segrais, sa vie et ses œuvres*[4], M. Brédif cite la comtesse de Brégy au nombre des « beautés, déités précieuses et héroïques », qui aimaient à se réunir chez le jeune poète pour l'entendre déclamer ses œuvres et, la lecture de quelque poëme achevée, « engager une conversation demi-littéraire, demi-galante. »

1 et 2. Comte de Bussy-Rabutin, *Histoire amoureuse des Gaules*, Paris, 1857, t. Ier, pp. 71 et 117.

3. Émile Magne, *Madame de Châtillon*, Paris, MCMX, p. 78.

4. Paris, 1863.

De son côté, Tallemant, dans ses *Historiettes*, consacre un chapitre à M. et Mme de Brégy, mais ces *Historiettes* sont écrites dans un style vraiment un peu trop libre et les convenances ne permettent guère d'en citer des extraits. Cette considération nous empêche même de citer en entier un simple quatrain, fait à propos du mariage de M. et de Mme de Brégy et qui commence ainsi :

> Brégis s'est fait de la Cour,
> Epousant Chazan, la belle ;

A propos du nom de Chazan, l'éditeur des *Historiettes* de Tallemant[1] écrit en note, t. VII, p. 169 : « Chazan est le véritable nom de la comtesse de « Brégis ; ainsi c'est par erreur qu'elle a été appe- « lée Charlotte de Saumaise dans une note des « *Œuvres de Louis XIV*, t. V, p. 19. » L'erreur vient au contraire de celui qui a cru en avoir découvert une, car « le véritable nom », le nom patronymique, est Saumaise et non Chazan[2]. On sait qu'un usage presque constant, dans les familles qui possèdent ou qui ont possédé des fiefs, est de porter le nom de quelqu'un de ces fiefs au lieu du nom patronymique et c'était absolument le cas de Mlle de Chazan, de même que, pour M. de Brégy, son mari, le nom patronymique était Flesselles.

1. 2e édit., 1840.
2. *Pièces justificatives*, IV, p. 1 et XVIII, p. 3.

Un gâteau des Rois au Louvre

Lors de la première Fronde et la veille du départ de la reine, du jeune roi et de toute la cour, départ qui avait été décidé pour la nuit du 6 janvier à trois heures du matin, Mme de Brégy était au Louvre avec Mme de Motteville dans l'appartement de la reine, qui, prévenue du départ, n'en était nullement soucieuse et « parut plus gaie qu'à l'ordinaire », écrit Mme de Motteville, qui fait ainsi le récit de cette soirée : « Le 5 janvier 1649, la « veille des Rois, ce jour si célèbre dont on par- « lera dans les siècles à venir, la reine, pour diver- « tir le Roi, voulut séparer un gâteau, et nous fit « l'honneur à madame de Brégi, à ma sœur et à « moi, de nous y faire prendre part avec le Roi « et elle. Nous la fîmes la reine de la fève, parce « que la fève s'était trouvée dans la part de la « vierge, et, pour faire bonne mine, elle com- « manda qu'on apportât une bouteille d'hippo- « cras, dont nous bûmes devant elle, et nous qui « n'avions pas une plus grande affaire que de nous « divertir, nous forçâmes la Reine d'en boire un « peu. Nous voulûmes satisfaire aux obligations « des extravagantes folies de ce jour et nous « criâmes : « La Reine boit ! » Nous soupâmes à « notre ordinaire des restes de son soupé, et nous « fîmes bonne chère sans nulle inquiétude. Après

« soupé, nous parlâmes d'un repas que nous devait « donner deux jours après le marquis de Ville- « quier, capitaine des Gardes; et cette princesse « ordonna elle-même de ceux qui en devoient « être et dit qu'il fallait y faire venir la petite « bande de violons de M le prince pour nous y « mieux divertir. Nous fûmes si dupes enfin, que « nous nous moquâmes avec elle de ceux qui « avoient dit qu'elle partiroit cette même nuit; « et jamais elle ne nous parut plus cordiale et de « meilleure humeur. »

« La reine nous avoua, depuis l'exécution de « cette grande aventure, qu'elle eut alors de la « peine à s'empêcher de rire ; et qu'ensuite elle « eut quelque compassion de nous laisser dans « une ville, qu'elle quittait avec dessein de l'assié- « ger. Mais nous lui avons toujours maintenu « qu'elle ne fut point alors susceptible d'aucun sen- « timent de pitié, et que la vengeance et la joie « occupèrent entièrement son cœur. »

La reine Christine de Suède en France

Ajoutons encore, à propos de Mme de Brégy, que, dans ses *Mémoires sur madame de Sévigné*[1], le baron Walckenaer observa que les dames françaises dont la reine Christine goûta le plus l'esprit

1. Paris, 1843, t. II, p. 71.

et les manières furent Ninon, les comtesses de Brégy et de la Suze[1] et la marquise de Sévigné.

De son côté, Cateau-Calleville, dans son *Histoire de Christine, reine de Suède*[2], fait la remarque que, lorsque cette reine se rendit à une séance de l'Académie française, elle y vint avec la comtesse de Brégy, qui lui plut beaucoup et à qui elle avait offert une province entière si elle voulait venir en Suède.

Cette offre ne pouvait être agréée par Mme de Brégy, qui était non moins aimée de la reine de France et dont la situation privilégiée de dame de prédilection d'Anne d'Autriche[3] la retenait autant par attachement que par reconnaissance auprès d'une souveraine, qui la comblait d'honneurs et de libéralités.

Voici, comme exemple de ces libéralités, ce que note l'*Armorial de la Noblesse de France* de d'Hozier[4] :

« En faveur du mariage du comte de Brégy avec « Charlotte de Saumaise de Chazan, qui fut célé-

1. Née en 1618, morte en 1673, Mme de la Suze était fille de Gaspard de Coligny, seigneur de Châtillon, maréchal de France, et arrière-petite-fille du grand Coligny. Mme de la Suze s'était néanmoins convertie au catholicisme, — « pour « ne plus revoir ni dans ce monde ni dans l'autre son mari « qui était protestant et qu'elle avait quittée. » (*Christine de Suède*, etc., loc. cit., pp. 120 et 121).

2. T. II, Paris, 1815.

3. Voy. pp. 29 et 30.

4. Reg. 5e, pp. 523 et 524.

« bré le 18 juin 1637, le roi et la reine, par un con-
« trat postnuptial du 3 septembre 1642, firent don « d'une somme de douze mille livres à ladite « demoiselle de Saumaise, qui, par le testament « de la même reine, en date du 3 août 1665, reçut « encore la somme de 30.000 livres, outre celle « de 11.000 livres que la reine lui avait donnée un « an auparavant et avec plusieurs autres gratifica- « tions et libéralités qu'elle en avait encore reçues « en divers temps. »

« La comtesse de Brégy, qui était une des « femmes les plus spirituelles et les plus belles « de son temps, était la nièce de Saumaise connu « sous le nom de docte Saumaise[1]. » « Jolie, quoique brune », écrit Tallemant, d'ordinaire peu élogieux, Mme de Brégy, qui était poète, publia ses *Lettres et poésies* en 1666 à Leyde. Parmi les poésies qui composent cet ouvrage on trouve une épître à Mme de Brégy par Benserade ainsi que les réponses de Quinault à cinq questions d'amour proposées par Mme de Brégy :

1. Dijon, Bibliothèque communale, ms. *Fonds de Juigné*, n° 54, t. XV, f° 208, *Généalogie de Saumaise*. — Le savant Saumaise, dont le comte de Brégy, cité plus haut comme ambassadeur en Suède, était le neveu par alliance, fut aussi reçu à la cour de Suède sous le règne de Christine, qui l'avait logé au palais. « Saumaise consacrait deux nuits sur « trois à l'étude ; il apprit seul plusieurs langues orientales ; « entre autres, le copte, l'arabe et l'hébreu. » (*Christine de Suède*, etc., loc. cit., p. 61.)

CINQ QUESTIONS D'AMOUR

Proposées par Madame DE BRÉGY ; avec les réponses faites en vers par M. QUINAUT, par ordre du Roy.

Première Question

Si la presence de ce qu'on ayme, cause plus de joye, que les marques de son indifférence ne donnent de peine

RÉPONSE

C'est un tourment d'aymer, sans estre aymé de-mesme ;
Mais pour un bel objet quand l'amour est extréme,
Quels que soyent ses regars, ils sont toûjours charmans,
Et si l'on s'en rapporte à tous les vrays amans,
C'est un plaisir si doux de voir ce que lon ayme,
Qu'il doit faire oublier les plus crüels tourmens.

Seconde Question

De l'embarras où se trouve une personne, quand son cœur tient un party, et sa raison un autre.

RÉPONSE

On ne peut exprimer le trouble où l'on s'expose,
Lors qu'en aymant, le cœur prend un party,
Où la raison s'oppose ;
Souvent cette crüelle est cause
Qu'on se repent de s'estre assujetty,
Aux douces lois qu'un tendre amour impose ;
Mais, en fin, quoy qu'on se propose,
On se repent toûjours de s'estre repenty.

Troisième Question

Si lon doit haïr quelqu'un de ce qu'il
nous plaist trop, quand nous ne
pouvons luy plaire

RÉPONSE

Quand ce qui nous plaist trop ne sent point n^{re} peine,
Que pour toucher son cœur n^{re} tendresse est vaine,
Et qu'on voit que rien ne l'émeut ;
Pour se venger d'une inhumaine,
Doutez-vous si l'on doit aller jusqu'à la haine?
Ha ! sans doute, on le doit, et le dépit le veut ;
Mais je ne say si l'on le peut.

Quatrième Question

S'il est plus doux d'aymer une personne dont
le cœur est préoccupé, qu'une autre dont
le cœur est insensible.

RÉPONSE

Il n'est point de mépris qui ne soit rigoureux ;
Mais c'est un moindre mal de se voir amoureux
D'une beauté pour tout inexorable,
Que d'un objet qui brûle d'autres feux,
La gloire est grande à vaincre une insensible aymable,
Et du moins, en l'aymant, si lon est miserable,
On n'a point de Rival heureux.

Cinquième Question

Si le mérite d'estre aymé doit récompenser
du chagrin de ne l'estre pas.

RÉPONSE

Quand d'un cœur qu'on attaque on manque la victoire,
Ce qu'on a de mérite a beau paroistre au jour,
Le mérite suffit pour contenter la gloire ;
Mais il ne suffit pas pour consoler l'amour.

Au Roy sur le mesme sujet.

Grand Roy, que dans mon cœur je respecte, et j'admire,
Pour bannir les erreurs de l'amoureux Empire,
Il ne faut pas choisir ceux qui savent aymer,
Mais il faut consulter ceux qui savent aymer.

Signé : Mlle De Scudéry.

RÉPONSES AUX MESMES QUESTIONS

Par M. le Président de Périgny.

Première Question

Si la presence de ce qu'on ayme, cause plus de joye, que les marques de son indifférence ne donnent de peine.

RÉPONSE

Je say combien d'ennuis peut causer la fierté,
D'une indifférente Beauté ;
Mais les plus grans ennuis n'ont rien de comparable
Aux tendres plaisirs dont on se sent charmer,
Quand on voit un objet aymable
Et qu'on sayt comme il faut aymer.

Seconde Question

De l'embarras où se trouve une personne, quand sa raison tient un party, et ses sentiments un autre.

RÉPONSE

Que la Raison et la Vertu
Dans un cœur par l'amour fortement combattu,
Font une défense mal-sure,
Et qu'on panche facilement
Mal-gré leur importun murmure,
Vers cet aymable engagement
Où les instincts de la Nature
Et les ordres d'un Dieu charmant,
Nous attirent également.

Troisième Question

S'il faut haïr quelqu'un de ce qu'il nous plaist trop, quand nous ne pouvons luy plaire.

RÉPONSE

Vre. amour méprisé par un objet aymable,
Semble rendre pour luy vre. hayne excusable ;
Mais c'est changer de mal, plustost que de guérir,
Si vous me demandez ce que l'on doit donc faire,
Il faut persévérer, prier, pleurer, souffrir,
Et quand on perd en fin, l'espérance de plaire,
Le seul remède est de mourir.

Quatrième Question

S'il est plus doux d'aymer une personne dont le cœur est prevenu, qu'une autre dont le cœur est insensible.

RÉPONSE

L'orgüeil d'une rare beauté,
Loin d'abattre une ame constante,
Flate toûjours sa vanité,
Du généreux espoir d'une gloire éclatante ;

Mais celle dont le cœur est ailleurs engagé,
Ne peut plus estre à vous, sans se trouver chargée
Ou du blâme d'avoir changé
Ou du malheur d'avoir esté changée.

Cinquième Question

Si mériter d'estre aymé, doit récompenser du chagrin de ne l'estre pas.

RÉPONSE

De ses vives douleurs un Amant consumé
Trouve quelque douceur à pouvoir reconnoistre
Que s'il n'est pas heureux, il méritoit de l'estre,
Mais quoy que de soi-mesme un cœur ayt présumé,
La preuve la plus agréable
Que l'on puisse avoir d'estre aymable,
C'est celle de se voir aymé.

(Bibliothèque de l'Arsenal, *Recueil Conrard*, Pièces manuscrites, t. XI, p. 501.)

Mme de Brégy, sous forme d'épitaphe, a fait un panégyrique d'Henriette d'Angleterre, duchesse d'Orléans, qui, à l'imitation des oraisons funèbres de Bossuet, est en même temps un exposé du néant des grandeurs humaines [1].

Une lettre de la comtesse de Brégy à la reine-mère

Comme on l'a vu, page 28, Mme de Brégy avait deux frères. L'un d'eux venant d'être tué au siège

1. Voy., p. 134, *Pièce justificative* LIV.

de Montmédy, elle écrivit la lettre qui suit à Anne d'Autriche pour solliciter en faveur de celui qui restait la survivance de la charge qu'occupait celui qui venait de mourir :

A la Reyne Mere

« Je suis persuadée, Madame, que je me dois haïr « moy-mesme, de me montrer capable de plaindre « la mort d'une personne qui a perdu la vie pour « le service de Vos Majestez, moy qui croirais que « le bonheur de la mienne seroit de perir pour la « mesme chose ; mais puisque je suis d'un sexe « qui ne peut que souhaitter la-dessus, ce que mes « frères ont executé ; je supplie tres-humblement « Vostre Majesté, que mes sentimens et ce qu'ils « ont fait pour vostre service vous parlent en leur « faveur, dans la rencontre qui se presente en « accordant au survivant la Charge de celuy qui « a esté tué. Celuy qui vient de mourir, l'avoit ache- « tée de son argent pour luy et la vient de payer de « son sang pour son frere ; sans que neanmoins j'y « prétende d'autre droit que celuy que nous y « donnera la bonté de Vostre Majesté ; je me serois « donné l'honneur d'en ecrire à son Eminence si « je ne craignois que l'importunité qu'il reçoit de « mes particulieres pretentions le rebutast de mes « demandes en cette occasion [1], où sans doute il me

1. Mazarin était connu pour son dédain et son mépris des dames, on l'a vu, pp. 35 et 36.

« deviendra favorable, si Vostre Majesté luy « témoigne qu'il luy est agreable de nous voir pro- « tegez. »

(*Les Lettres et poésies de madame la comtesse de B...*, à Leyde, chez Antoine du Val, 1666.)

La demande faite par la lettre de Mme de Brégy à la reine-mère profita au frère utérin de la solliciteuse, à Christophe-François Hébert, lequel déclare dans son testament [1] que « la compagnie de Chazan au régiment des Gardes du Roi est à présent la sienne. »

« Les officiers étaient maîtres de leurs charges « qu'ils avaient achetées et qu'ils se transmet- « taient en famille. Un régiment, une compagnie, « étaient une propriété réelle entre les mains de « celui qui en était colonel ou capitaine. Les « places d'officiers ou bas officiers en étaient à « sa nomination. » (Funck-Brentano, *Le Roi*, 2e éd., p. 299). Cet état de chose ne changea qu'en 1776. Il était donc superflu, antérieurement à cette époque, de solliciter la survivance d'une charge qui avait été achetée, à moins toutefois que son titulaire n'eût pu faire connaître à qui il transmettait sa charge, comme ce fut le cas pour le frère de Mme de Brégy, qui venait d'être tué.

1. Voy. 1re page de la *Pièce justificative* XVI. — Seules, les quatre premières pages du testament de M. Hébert sont publiées. Les autres sont manquantes, égarées.

Le comte de Brégy mourut à Paris le 28 octobre 1689. La comtesse de Brégy qui, depuis cinquante années, logeait au Palais-Royal, y est morte le 15 avril 1693, âgée de 74 ans. Elle fut inhumée le 19 suivant auprès de son mari en l'église Saint-Gervais. Par son testament, en date du 2 juillet 1692, dont on trouvera copie aux *Pièces justificatives*, elle déshéritait ses enfants mais elle n'y réussit pas, à en juger par cette note des *Dossiers bleus* de la Bibliothèque Nationale : « Elle avait beau- « coup d'argent comptant, lors de sa mort, dont « elle tâcha de priver ses enfants. »

M. et Mme de Brégy eurent les trois enfants qui suivent :

a. Jean-Baptiste de Flesselles comte de Brégy, vicomte de Corbeil, baron de Saint-Sever, seigneur en partie de la ville et paroisse de Saint-Ambroise de Melun, est mort à Paris le .. juillet 1718 et fut inhumé le 20 en l'église Saint-Gervais. Il était âgé de 53 ans lorsqu'il épousa, le 15 mars 1695, Magdeleine, aliàs Marguerite de Thumery[1], alors âgée de 17 ans, décédée à Paris le 11 janvier 1761, fille de Christophe, chevalier, seigneur de Boissize, président de la 2e Chambre des Requêtes du parlement de Paris, et de Magdeleine le Tellier. De cette union naquirent :

1. Thumery, village situé à 600 mètres de Brie-Comte-Robert.

aa. Germain-Christophe de Flesselles, chevalier, dit le marquis de Brégy, mousquetaire puis capitaine dans le régiment du Roi, ensuite enseigne des Gendarmes de Berry, 1718, mestre de camp du régiment royal Étranger, 7 décembre 1719, chevalier de Saint-Louis par brevet du 1er janvier 1735. Suivant un exploit du 9 décembre 1760 [1], M. de Brégy, comme créancier du maréchal de l'Hôpital et avec les héritiers de celui-ci, soutint un long procès, qui était déjà plus que séculaire, contre la ville de Vassy au sujet du petit bois des Ailleux [Alleux], de la contenance de cent arpents, que cette ville revendiquait. Il avait épousé par célébration du 10 août 1721, en l'église Saint-Paul de Paris, Marguerite-Perrette de Cocquelard de Préfosse, fille de Jacques, colonel réformé et commandant de la ville de Sauvé en Languedoc, chevalier de Saint-Louis, et de feu Anne de Bournel de Monchy. Sans postérité. Suivant un acte passé le 16 mai 1725 devant Me Jourdain, notaire à Paris, le marquis et la marquise de Brégy demeuraient à Paris, rue Saint-Louis au Marais, paroisse Saint-Gervais.

bb. Renée de Flesselles de Brégy, qui était en 1725 religieuse professe au monastère des Dames hospitalières de Saint-Anastase, dit de Saint-Gervais.

1. Archives nationales, Papiers sequestrés, T 543[1].

cc. Marguerite-Madeleine de Flesselles, née et baptisée le 9 mars 1698, épousa le 11 août 1717 François Ferrand, sieur d'Averne, commandant la compagnie des Canonniers des Côtes et sous-lieutenant des Gardes françaises en 1728, fils de François Ferrand d'Escotay, seigneur d'Averne, lieutenant-général d'artillerie, brigadier des armées du roi et chevalier de Saint-Louis.

b. Éléonor de Flesselles, dit le marquis de Brégy, vicomte de Corbeil, baron de Saint-Sever, seigneur en partie de « la ville et paroisse Saint-Ambroise de Melun et de Marchennais », chevalier d'honneur au siège présidial de Crépy-en-Valois, lieutenant-général des armées du roi, épousa par contrat du 11 février 1676, passé par devant Simonnet et Gallois, notaires au châtelet de Paris, Marie des Croisettes, veuve d'Antoine de Foucault, lieutenant-général des armées du roi, et fille unique de Pierre des Croisettes, seigneur de Mermont et de Saint-Mesme, conseiller d'État, lieutenant au bailliage et siège présidial de Soissons, et d'Élisabeth Aubéry. Le ... août 1687, Mme de Brégy fit son testament, qui fut déposé chez Me Lévêque, notaire à Paris. Elle fut inhumée en l'église Saint-Benoist-au-Pilier le 31 octobre 1688.

M. de Brégy épousa en secondes noces, le 13 février 1696, Catherine-Jeanne Auzannet, fille de Barthélemy, conseiller au Grand Conseil, et d'Anne de Creil. Mort sans enfants le 2 novembre 1712, il substitua tous ses biens à Germain-Christophe de Flesselles, son neveu.

c. Élisabeth de Flesselles épousa François-Gaston de l'Hôtel, marquis d'Escots, maréchal de camp, colonel du régiment d'Artois, lieutenant-général au gouvernement de Brie, qui fut tué en 1690 en Irlande, où il commandait une partie des troupes envoyées par le roi de France au secours du roi d'Angleterre, Jacques II, contre le prince d'Orange, son gendre, qui finit par le détrôner [1]. Élisabeth de Flesselles se remaria, le ... août 1700, à Jean d'Usson, marquis de Bezac, vicomte de Saint-Martin, gouverneur de Furnes en 1690, maréchal de camp en 1691, lieutenant-général en 1696, commandeur de Saint-Louis en 1699, et commandant de la ville et du comté de Nice, mort le 29 septembre 1705, fils de François, seigneur de Bezac, lieutenant-général des armées navales, qui fut ambassadeur en Angleterre, en Danemark, en Allemagne et en Hollande. La marquise de Bezac est morte le .. juin 1706 et fut inhumée au couvent des Filles de la Miséricorde au faubourg Saint-Germain. De son premier mariage elle eut :

aa. Henri-Nicolas de l'Hôtel, marquis d'Escots,

1. Bibl. nat., ms. *Nouveau d'Hozier*, 310, Généalogie de Tartereau, p. 74.

colonel du régiment d'Artois et lieutenant de roi en la province de Brie, occupa ces deux charges en survivance de son père. Il est mort sans alliance, « tué en 1692 dans un parti sorti de la « ville de Namur, où il était en quartier d'hiver « quand elle appartenait au roi[1]. »

bb. Claude-Africain de l'Hôtel, garde marine et lieutenant de roi de la dite province de Brie, après son frère.

cc. Marie-Henriette-Yolande de l'Hôtel, religieuse.

M. et Mme Christophe Hébert

V *bis.* Mme Bénigne de Saumaise de Chazan, née Éléonore du Buisson (voy. p. 24), « estant de « present à la suite de la Reyne », épousa en secondes noces (par contrat du dimanche 18 août 1624, après midi et passé devant Turgis et Contesse, notaires à Paris[2]), Christophe Hébert, écuyer, seigneur de Corneilhan en Languedoc, qui alors était conseiller du roi en ses Conseils d'État et Privé, contrôleur ordinaire des Guerres, trésorier général des fortifications de Picardie et Ile-de-France, par commission du 23 décembre 1619 et trésorier général des Finances en Picardie, par

1. Bibl. nat., *Nouveau d'Hozier*, Généalogie de Tartereau.
2. *Pièces justificatives*, V.

commission du 6 avril 1621, lequel fut, après son mariage et par commission du 28 janvier 1626, surintendant des vivres des camps et armées du roi, laquelle charge il avait achetée « moyennant six vingt mille livres », le 4 novembre 1625.

Christophe Hébert, dont la famille, d'après ce que présume d'Hozier, serait issue des comtes de Vermandois, princes du sang royal [1], était fils de Michel, écuyer, seigneur de la Mairie et de Corneilhan, général des Finances en Languedoc, et de Catherine Fournier, petit-fils de Pierre Hébert, « avocat fameux au parlement de Paris et bailli de « Corbie en 1529 », aussi petit-fils de Charles Fournier, conseiller du roi en la chambre du Trésor. Christophe Hébert mourut à Paris le 27 avril 1646. Éléonore du Buisson, sa femme, lui survécut plus de trente années, étant morte le 10 décembre 1676, de même à Paris où elle fut inhumée en l'église Saint-Roch, dans la chapelle de la Communion, qui se trouve dans la crypte. Elle avait testé le 27 avril 1676 devant Normand, notaire à Paris.

« Louis XIII et la reyne de france signerent « aux deux contrats de mariage d'Eléonore du « Buisson et luy firent le présent de noces comme « aux filles d'honneur de la Reyne [2]. » Dans un

1. Bibl. nat., ms. *Cabinet d'Hozier*, 187, p. 313. — Voy. p. 119.

2. Bibl. nat., ms. *Dossiers bleus*, 3572, du Buisson.

bref inventaire des apports de la future (voy. aux *Pièces justificatives*, planche VI), sont mentionnés « les titres de propriété et autres papiers des « offices de jaugeu (*sic*) et garde des mesures au « grenier à sel de Brie-Contre (*sic*)-Robert, mon- « tant à 6.009 livres 12 sols », ainsi que « la mai- « son et héritage de Brie-Contre-Robert, estimée « 12.000 livres. » Se trouve aussi mentionnée dans cet inventaire, entre beaucoup d'autres obligations, promesses, etc., « une constitution de rente « de quatre mil livres deu par monseigneur le « Prince de Condé [1]. »

En raison des fonctions qu'il occupait, Christophe Hébert avait charge de venir souvent au Louvre. Aussi sa demeure était-elle près de la résidence royale : A la date du 9 mars 1622, il demeurait rue Saint-Thomas du Louvre [2] ; à celle du 14 août 1626, il achetait « une place et terre « contenant dix toises de large sur rue et de la

1. Ce prince de Condé, père du Grand Condé, était allié avec la famille du Buisson depuis 1609, par suite de son mariage avec Charlotte-Marguerite de Montmorency, petite-fille du connétable Anne, qui était le grand-oncle de la femme de Jérôme du Buisson, comme il a été noté, p. 5. — A propos des liens de parenté, avec la maison de Bourbon, des anciens seigneurs de la Marsaudière, il est à remarquer que le propriétaire actuel de ce domaine est allié avec celles de Bonaparte et de Bernadotte, puisque l'aïeule maternelle et l'épouse du baron de Beauverger sont toutes les deux nées Clary.

2. Bibl. nat., ms. *Pièces originales*, Hébert, p. 23.

« proffondeur d'Icelluy,........ et situé sur le rem-
« part d'entre la porte Saint-Honoré et la gallerie
« du Louvre au derriere de L'hospistal des quinze
« vingt tenant d'une part à la maison dudit sieur
« hebert a cause de l'acquisition qu'il en [avait]
« faite des heritiers du feu sieur burgnier,......... »
M. Hébert construisit sur le terrain qu'il venait d'acquérir une maison contre celle qu'il possédait déjà, car, suivant un *acte de ratification de toute la famille aux Quinze-Vingt,* en date du 11 avril 1690, les héritiers de M. Hébert « Ont reconnu « estre a present detempteurs proprietaires et « possesseurs de deux grandes Maisons A porte « Cochere sentretenantes scizes en cette ville de « paris rue saint nicaize...[1]. » « C'est dans cette « rue, écrit Mme de Motteville dans ses *Mémoires,* « que vinrent élire domicile la plupart des habi- « tués du Louvre: Héroard, médecin du roi, « Beringhem, Roquelaure, le duc d'Elbœuf, « Créqui et autres », lesquels personnages il y a lieu d'ajouter aux noms cités, page XIX, de plusieurs autres habitués du Louvre.

Du mariage de M. et Mme Hébert naquirent trois fils et trois filles :

1. Christophe-François Hébert, né en 1627, d'abord lieutenant dans la compagnie de Francières, en 1656, était capitaine de l'ancienne com-

1. *Pièces justificatives*, III, p. 1, et IV, pp. 1 et 2.

pagnie de Chazan au régiment des Gardes du Roi, lors de sa mort au siège de Dunkerque, le 17 août 1658. Par son testament[1], il demande à être inhumé dans l'Église des RR. PP. Capucins de la ville de Calais. Son exécuteur testamentaire fut M. d'Aspremont, capitaine aux Gardes, son parent[2].

2. Charles Hébert, chevalier, seigneur de Corneilhan, près Béziers, né en 1632, capitaine de cent Chevau-Légers.

3. Antoine Hébert, né en 1637, était capitaine au régiment de Piémont lorsqu'il fut tué au siège de Montmédy en 1657, à l'âge de dix-neuf ans.

Sur les trois fils de Mme Hébert, deux sont donc morts à la fleur de l'âge pour le service du roi[3] et, comme un de ses fils du premier lit fut aussi tué, à ce même siège de Montmédy[4], Mme Hébert, déjà éprouvée par la mort de ses deux maris, le fut donc encore par le triple tribut qu'elle paya, en moins de deux ans, à l'impôt du sang.

1. *Pièces justificatives*, XVI.

2. François de Lamothe-Villebret, chevalier, comte d'Aspremont, capitaine au régiment des Gardes du roi, chevalier de ses ordres, était cousin germain de Christophe-François Hébert, par suite de son mariage avec Catherine Hébert, fille de François et d'Anne Poignan.

3. *Pièces justificatives*, XXII.

4. Voy. pp. 28, 49 et 50.

Anne Hébert, filleule de la reine

4. Anne Hébert, placée ici après ses frères, naquit le 18 octobre 1625 et fut par conséquent la première née. Ce fut à ce titre, sans doute, qu'elle dut l'honneur d'avoir été baptisée au Louvre et d'avoir eu pour marraine la reine elle-même et pour parrain le prince François de Lorraine, duc de Chevreuse [1]. Par son testament en date du 29 janvier 1712, Anne Hébert donne et lègue à Mme de Préval, sa nièce, « comme une chose belle « et curieuse et digne d'estre gardé par le respect « düe a la memoire de la personne de quy Il vient », le dizain que la reine mère du roi a donné à feu sa mère et, par un codicile du 16 juillet 1713, apparemment par suite du décès de sa nièce, elle donne et lègue à sa « petite niepce et fillole « de préval le dixain qui vient de la reine mere « du Roy et luy ordoñe de le garder bien precieu- « sement pendant sa vie [2]. »

Anne Hébert est morte à Paris le 15 avril 1720, six mois avant d'avoir accompli sa quatre-vingt-

1. *Pièces justificatives*, VII. — On peut juger, par la mission dont le comte de Brégy fut chargé en 1644 auprès du roi et de la reine de Pologne (voy. p. 31), de l'insigne honneur que fit Anne d'Autriche à M. et Mme Hébert en tenant leur premier né sur les fonts baptismaux.

2. Voy. de la *Pièce justificative* XIX, les quatre premières lignes de la p. 4 et vers le bas de la p. 5.

quinzième année, et fut inhumée le lendemain dans l'église Saint-Roch en la cave (*sic*) de la chapelle de la Sainte-Vierge.

Ne s'étant pas mariée, elle s'était vouée aux bonnes œuvres ; le 2 mars 1684, elle fait une donation à l'*Œuvre du lait et de la farine*, instituée pour venir en aide aux enfants indigents de la paroisse Saint-Roch et dont, pendant quarante années, elle fut « la dispensatrice [1]. »

M. et Mme Alexandre du Royer de Bournonville

5. Marguerite Hébert, née en 1634, fut, en 1638, — à l'âge de quatre ans ! — femme de chambre d'Anne d'Autriche au lieu et place de sa sœur utérine, la comtesse de Brégy [2]. Marguerite Hébert épousa par contrat du 28 février 1658, passé devant de Beauvais et son confrère, notaires à Paris,

1. Voy. *Pièces justificatives*, XVIII. — A propos de cette *Œuvre du lait et de la farine*, fondée il y a près de trois siècles, citons celles qui, depuis une vingtaine d'années, se sont formées si nombreuses dans divers quartiers de Paris, sous le nom générique de *Gouttes de lait* et dont on trouve la longue liste dans l'ouvrage si recommandable, qui a pour titre *Paris charitable et bienfaisant*. Citons aussi, à l'étranger, les œuvres qui ont été fondées dans ces derniers temps à New-York sous les noms de *Comité du lait* et de la *Visite à domicile des Nourrissons*, toutes œuvres qui, pour nous servir d'une expression chère aux Anglais, découlent du *lait de la bonté humaine !*

2. Voy. *Etat de la maison de Louis XIII*, loc cit., et *Pièces justificatives*, XI.

Alexandre du Royer, chevalier, seigneur de Bournonville, Savriennois, Flavy-le-Martel, Courtemanche, Cugny, Jussy, Annois et Chauny en partie. Alexandre du Royer fut gentilhomme ordinaire de la chambre du roi. Il était fils de Charles, chevalier, seigneur de Bournonville, Tracy, Petit-Crèvecœur et Savriennois, et de Marguerite de Boistel de Vrely, sœur de Louise de Boistel, qui avait épousé, en 1598, Louis du Plessier, écuyer, seigneur de Certemont, etc., arrière-grand-père de Charles du Plessier, qui suivra.

Alexandre du Royer justifia de sa noblesse en 1668 devant Dorieu, intendant de la généralité de Soissons. Il habitait le château de Savriennois, qui dépend de la paroisse de Flavy-le-Martel. De Flavy à Ham il y a à peine dix kilomètres et le voisinage de ces deux villes fait conjecturer que le mariage de M. du Royer avec Mlle Hébert s'est fait par suite des relations qui se seront établies entre les familles du Royer et du Buisson lorsqu'un oncle maternel de Marguerite Hébert était gouverneur du château de Ham [1]. Ces relations ne paraissent pas s'être nouées à la Cour, où Marguerite Hébert avait été élevée, car Alexandre du Royer n'y avait pas de charge avant son mariage et, s'il est allé à la Cour avant d'être marié, ce ne fut pas d'une façon régulière. Il est

1. Voy. p. 7.

mort au château de Savriennois le 9 janvier 1690 à l'âge de 67 ans. Sa femme était décédée à Paris le 28 avril 1685 et avait été inhumée le lendemain en l'église Saint-Roch. Ils eurent trois fils et une fille :

a. Charles du Royer de Bournonville, chevalier, seigneur de Savriennois, etc., épousa le 5 janvier 1696, à Servon, près Brie-Comte-Robert, berceau de la famille du Buisson, Marie-Françoise de Lyonne, fille de Henri, chevalier, comte de Servon [1], seigneur de Laborde-Grapin, Petit-Marais, maréchal des camps et armées du roi, et de Françoise de Selvois. La femme de Charles du Royer, morte veuve au château de Savriennois le 8 novembre 1739, était la sœur de la grand'mère paternelle du chevalier de Lamarck, le célèbre naturaliste.

Du mariage de Charles du Royer avec Marie-Françoise de Lyonne naquirent cinq fils et deux filles :

aa. Henri du Royer de Bournonville, né au château de Savriennois le 31 octobre 1696, mort le même jour.

bb. Charles-Michel du Royer, chevalier, lieutenant au régiment de Chepy, mort, âgé de 26 ans, le 29 avril 1724, à Amiens, où il fut inhumé le lendemain dans la nef de l'église Saint-Michel.

1. Voy., p. 125, *Pièce justificative* XXXXVIII.

cc. Marie-Françoise du Royer, née le 2 novembre 1699 au château de Savriennois, épousa en l'église Saint-Remy de Flavy-le-Martel, le 21 novembre 1730, François-Honnête le Carruyer, chevalier, seigneur de Saint-Germain, capitaine au régiment de Boulonois, inf., chevalier de Saint-Louis, né à Verberie, diocèse de Soissons (qui, en 1747, vivait veuf à Paris), fils de Claude, chevalier, seigneur de Saint-Germain, et de Marguerite de Cornu d'Orme. De ce mariage naquit un fils :

aaa. François-Alexandre le Carruyer, né au château de Savriennois et baptisé à Flavy-le-Martel le 24 février 1733.

dd. Charles-Jacques du Royer, chevalier, comte du Marché, près Genlis, seigneur de Savriennois, Bournonville, Flavy-le-Martel, le Détroit, etc. [1], décédé au château de Savriennois le 23 octobre 1751, à l'âge de 50 ans, non marié.

ee. Marie-Anne du Royer, née le 31 juillet 1702, décédée avant 1747, avait épousé à Flavy-le-Martel, le 15 septembre 1735, Jean-Baptiste du Tronché, chevalier, seigneur de la Forte-Maison, fils de feu Pierre du Tronché, en son vivant commissaire de la Marine au département de Honfleur.

1. Les noms du Marché, de Bournonville, de Courtemanche, sont ceux de trois rues de Flavy-le-Martel. (*Histoire de Flavy-le-Martel, Aisne*, par R. Duval, Saint-Quentin, 1903, pp. 273-274.)

Lors de son mariage, Jean-Baptiste du Tronché était capitaine d'une compagnie détachée de l'hôtel royal des Invalides à la citadelle du Havre-de-Grâce. Il habitait à Honfleur en 1747 et, en 1751, on le retrouve commandant de compagnies d'Invalides, à Bapaume, en Artois. De son mariage il n'eut qu'une fille :

aaa. Marie-Anne-Charlotte du Tronché, baptisée à Flavy-le-Martel le 28 décembre 1736.

ff. Henri-Alexandre du Royer, mort âgé de 5 ans et demi et inhumé le 5 mars 1709 en l'église Saint-Remy de Flavy-le-Martel.

M. et Mme François-Gilbert du Royer de Bournonville

gg. François-Gilbert du Royer, né le 29 avril 1707 au château de Savriennois, où il est mort le 27 avril 1781, présenta son dénombrement au duc d'Aumont le 21 septembre 1760, en qualité d'héritier de Charles-Jacques, son frère, dont il était légataire universel. Il s'était fixé à Ham, où il résida dix années, lorsqu'il épousa, par contrat du 4 février 1741, Marie-Jeanne de la Roche de la Barthe, qui mourut à La Fère le 2 avril 1792, âgée d'environ 77 ans et dont il eut trois fils et cinq filles :

aaa. Jean-Anne-César du Royer, décédé au château de Savriennois le 18 juillet 1747.

M. et Mme Charles-François du Royer de Bournonville

bbb. Charles-François du Royer de Bournonville, né à Ham le 17 novembre 1744, y fut baptisé le lendemain en l'église Saint-Martin. Il fut seigneur des mêmes lieux que son père et, entre autres, de Flavy-le-Martel, dont il fut maire en 1791. En décembre 1767, on le trouve lieutenant au régiment royal Comtois, inf. ; il fut ensuite chevalier de Saint-Louis et lieutenant des maréchaux de France à Ham avec son père, à la mort duquel il devint seul titulaire de cette charge, qui n'exista pour Ham qu'à partir de 1774 et qui semble n'avoir été établie en cette ville que pour MM. du Royer, qui l'occupèrent à partir de 1774 jusqu'au jour où elle fut supprimée à Ham comme partout ailleurs. « Le 26 avril 1782, « devant les officiers de la justice de Guiscard, « Charles-François du Royer rend un acte de foi « et hommage à M. le duc d'Aumont, pair de « France, marquis de Guiscard, Chauny et autres « lieux, des fiefs et seigneuries de Savriennois, « Courtemanche, Flavy-le-Martel, le Détroit, le « Moulin Chevreux, relevant de la châtellenie « de Chauny. En 1789, Charles-François du Royer « fut élu député de la noblesse du bailliage de Vermandois, qu'il représenta à l'Assemblée natio-

« nale constituante. Le mauvais état de sa santé « l'obligea de quitter Paris au mois d'avril 1791 ; « il alla prendre les eaux à Bourbonne, puis se « retira à La Fère, où il est mort le 17 octobre « 1791[1]. » Le lendemain eut lieu l'inhumation, à laquelle assistèrent, suivant l'acte de décès, « messieurs les officiers du régiment ci-devant « Besançon, du corps royal de l'Artillerie, en gar- « nison à La Fère, et ceux de la Garde nationale « et des volontaires d'Alençon. »

Charles-François du Royer avait épousé par contrat du 4 février 1782, passé devant Éloy Fouquier, notaire à Saint-Quentin, Marie-Louise de la Fontaine d'Ollezy, qui, née le 11 juillet 1750, est morte en 1803. De ce mariage naquirent trois fils et une fille :

1. *Histoire de Flavy-le-Martel*, loc. cit., p. 105, 167 et 276. — Dans cette publication parurent quelques extraits de l'inventaire fait après le décès de Charles-François du Royer, du mobilier et des titres qu'il délaissa. Par les extraits de cet inventaire on reconstitue, pour ainsi dire, l'état de la seigneurie de Savriennois en 1791, de même que l'on reconstitue en partie l'état de son personnel, au moyen des registres paroissiaux de Flavy-le-Martel, dans lesquels, aux dates des 30 août 1709, 5 avril 1756, 1er juillet 1757, 29 septembre et 20 octobre 1759, 15 septembre 1761, on trouve cités : Le vieux Nicolas Dartois, précepteur des enfants de M. de Bournonville, André Dupré, procureur fiscal en la seigneurie de Savriennois, Louis Mazurier, lieutenant de la justice de M. de Bournonville, Catherine Launay, gouvernante de ses enfants, Pierre Dagniau, son garde de chasse, et Pierre-François Marsilly, son cuisinier.

aaaa. Un garçon, né le 25 décembre 1782, mort le même jour.

bbbb. Antoine du Royer, né le 13 et mort le 22 août 1787.

cccc. Ernest du Royer, baptisé le 26 avril 1791 et décédé le 18 août de la même année.

M. et Mme Fayart d'Arblaincourt

dddd. Adèle-Louise-Marie du Royer, née au château de Savriennois et baptisée à Flavy-le-Martel le 6 juin 1785, resta en France pendant la Révolution et conserva ses biens. Elle épousa en 1800 Gaspard-Jacques Fayard d'Arblaincourt, né à Nanterre, mort au château de Savriennois le 4 octobre 1848, âgé de soixante-douze ans, fils de Jacques-Marie-Louis Fayard de Sinceny, et de Anne-Marie Oudin de Richebourg. Il fut maire de Flavy-le-Martel de 1801 jusqu'à l'année 1829 qu'il démissionna.

Par acte passé le 5 novembre 1850 devant Me Hugues, notaire à Saint-Simon, Adèle du Royer de Bournonville, veuve de M. Fayard d'Arblincourt, vendit moyennant 480.000 francs, à M. Druet-Martine, fabricant de sucre à Douchy, les château, bois et terre de Savriennois que

M. Martine vendit ensuite, en 1896, à M. Gaëtan Chevrin, marchand de porcs[1].

Du mariage de M. d'Arblaincourt avec Adèle du Royer naquit une fille unique :

aaaaa. Célina Fayard d'Arblaincourt, née au château de Savriennois le 17 floréal an IX (7 mai 1801), morte à Montauban le 26 avril 1876, avait épousé Gustave Fayard de Sinceny, officier de cavalerie, chevalier de l'ordre de Charles III d'Espagne, fils d'Anne-Michel, écuyer, et de Marie-Jeanne-Aimée Bréheret de Monteclard. Enfants :

aaaaaa. Marie-Élodie Fayard de Sinceny, née le 9 juin 1827.

bbbbbb. Albéric-Louis-Anatole Fayard de Sinceny, né le 20 décembre 1830.

Descendance de François-Gilbert du Royer *(suite)*

ccc. Marie-Thérèse-Gabrielle du Royer, née et baptisée à Ham, paroisse Saint-Martin, le 10 septembre 1745, décédée à Ham le 16 août 1747.

ddd. Marie-Anne-Flore-Gabrielle du Royer, née à Ham le 24 novembre 1749 et baptisée le lendemain.

eee. Marie-Anne-Nicole-Eulalie du Royer, née au château de Savriennois le 21 décembre 1751 et baptisée à Flavy-le-Martel.

1. *Histoire de Flavy-le-Martel*, loc. cit., p. 177.

fff. Marie-Henriette-Rose du Royer, née au château de Savriennois le 15 janvier 1753, baptisée à Flavy-le-Martel.

ggg. Alexandre-Charles-François du Royer, né à Savriennois le 2 mai 1755, baptisé à Flavy, fut chanoine de Péronne.

hhh. Marie-Rose-Félicité du Royer, née à Savriennois le 16 août 1756.

iii. Marie-Gabrielle-Eugénie du Royer, née le 29 septembre 1759 à Savriennois, où elle est décédée le 12 octobre 1780.

Descendance de M. et Mme Alexandre du Royer *(suite)*

b. Alexandre-François du Royer, chevalier, seigneur de Chauny, assista, par procuration, à l'acte d'émancipation de sa sœur, Mme du Plessier de Fransart, qui va suivre. Il était alors capitaine au régiment de Champagne, qui tenait garnison en la citadelle de Tournai. Il est mort en cette ville en 1687, à l'âge de 26 ans.

c. Joseph du Royer, chevalier, assista, par procuration, à l'acte d'émancipation de sa sœur, Mme du Plessier de Fransart. Il était alors enseigne-colonel au régiment de Conti, qui tenait garnison en la ville d'Huningue. Il était capitaine de Dragons lorsqu'il fut tué à la défense de Namur, en 1695, à l'âge de 32 ans.

M. et Mme du Plessier de Fransart

d. Marie-Anne-Marguerite-Éléonore du Royer, née au château de Savriennois et baptisée à Flavy-le-Martel le 3 janvier 1667, fut émancipée, après la mort de sa mère, par acte passé devant le prévôt royal du bailliage de Chauny, en date du 18 juillet 1685. Elle épousa par contrat du 11 avril 1695, passé devant Antoine Dreue, notaire à Roye, et par célébration en l'église d'Avricourt, diocèse de Noyon, Charles du Plessier, chevalier, seigneur de Fransart, Hattencourt, etc., fils de Charles-Louis, chevalier, seigneur des mêmes lieux, alors gouverneur de la ville d'Albert, capitaine des Chasses, et de Marie Ogier de Cavoye. Lors de son mariage, Charles du Plessier était capitaine au régiment des Fusiliers du Roi. Il est mort le 4 octobre 1732 au château de Fransart, où sa femme était décédée le 25 mars de l'année précédente. Ils eurent neuf enfants, dont les trois suivants laissèrent postérité :

aa. Charles-Alexandre du Plessier, chevalier, seigneur de Fransart, Hattencourt, Fonchette, etc., né au château de Fransart le 27 avril 1699, capitaine des canonniers au régiment royal Artillerie, chevalier de Saint-Louis, mort à Fransart le 14 mai 1761, avait épousé 1°, avant 1738, Anne-Charlotte baronne Huncken, morte à Fransart sans postérité le 8 mai 1750, à l'âge de 62 ans, et, 2° par contrat du 24 août 1753, passé devant Pruvost, notaire à Arras, et par célébration du 29 suivant, en l'église Saint-Nicolas-en-Lattre de cette ville, Charlotte-Agnès Galhault, née à Arras le 14 mars 1715, décédée au château de Fransart le 24 novembre 1786, fille de Pierre-André, écuyer, conseiller au Conseil d'Artois, et de Marguerite Blaire[1].

bb. Louis-Joseph du Plessier, dit le chevalier de Fonchette, né au château de Fransart le 8 mai 1703, mort le 24 avril 1766, capitaine des bombardiers au régiment royal Artillerie, chevalier de Saint-Louis, avait épousé Madeleine-Scholastique Vanoz par contrat passé le 9 août 1753 par-devant le Chanteur, notaire à Paris.

cc. Anne du Plessier, née au château de Fransart le 30 août 1696, morte le 9 juin 1750 et inhumée dans le chœur de l'église de Fransart, avait épousé le 30 janvier 1734 à Hallu, près Chaulnes, où elle demeurait, Philibert-César des Fossés, chevalier, seigneur de Senneville[2].

1. Pour la suite, jusqu'à nos jours, voy. *Fransart et ses seigneurs*, par Alcius Ledieu, Paris, 1895, et notre *Descendance de Claude Aubéry*, Abbeville, 1889, deuxième tableau, degré V et suivants.

2. Pour la descendance, jusqu'à nos jours, de Louis-Joseph du Plessier de même que pour celle de Mme des Fossés, voy. *La maison d'Hébrard*, par Jules de Bourrousse de Lafore, Agen, 1888, t. II, p. 130.

Le comte et la comtesse de la Celle (Famille Petit)

6. Françoise-Thérèse Hébert, née en 1635, épousa en 1661, paroisse Saint-Roch, à Paris, Charles Petit, chevalier, seigneur de Louzouër en 1653, comte de la Celle-sur-le-Bied, par lettres de 1664, conseiller du Roi en ses Conseils, gentilhomme ordinaire de sa chambre, par brevet du 27 novembre 1664, capitaine de cinquante hommes d'armes, bailli et gouverneur de la ville et du château de Montargis, par lettres du 12 mars 1665, capitaine des Chasses pour les plaisirs du Roi, et de Son Altesse Royale en la forêt de Montargis et dans les bois, buissons et plaines qui en dépendent. Charles Petit avait succédé, comme bailli, gouverneur de Montargis et capitaine des Chasses, au marquis de Crèvecœur, qui s'était démis en sa faveur. Il était fils de Richard Petit, chevalier, seigneur de la Celle, conseiller secrétaire du Roi, Maison et Couronne de France et de ses Finances, garde du rôle des Offices de France, charge que le roi avait créée pour lui par lettres patentes du 1er avril 1632, maître d'hôtel ordinaire du Roi, et de Marie de Lavernot, laquelle était la fille unique et la seule héritière de Jean de Lavernot, auditeur des Comptes à Rouen, et d'Anne des Chenets. (Voy. p. 147.)

Charles Petit avait droit de haute, moyenne et basse justice et recevait, dans les églises du comté de la Celle; les *grands honneurs* réservés aux seigneurs hauts justiciers. Plusieurs seigneurs lui devaient acte de foi et hommage, qu'il devait lui-même, pour d'autres fiefs, à d'autres seigneurs [1].

« Charles Petit eut quatre enfants. Le 26 mars « 1663, après la perte des trois premiers, sa femme « et lui se firent donation mutuelle de tous leurs « biens. Mais ensuite ils eurent une fille. Ce fut « Éléonore-Thérèse Petit », laquelle hérita du comté de la Celle par la mort presque subite de son père, de laquelle mort le notaire de la famille fixe la date par cette note : « Et le dit seigneur de « la Celle est parti de son château de la Celle, le « dimanche 17 janvier 1672, pour aller avec

1. Pour les *grands honneurs* réservés aux seigneurs hauts justiciers et pour la façon dont ceux-ci recevaient ou faisaient acte de foi et hommage, voyez les détails curieux qui sont donnés aux *Pièces justificatives*, p. 154, à propos de Charles Petit, dans un extrait de l'ouvrage intitulé *Le comté de la Celle-sur-le-Bied, Louzouër et Saint-Loup de Gonois*, par l'abbé Augustin Berton, curé de Chantecoq, licencié en théologie, membre correspondant de plusieurs sociétés savantes, Montargis, s. d. — Le domaine de la Celle-sur-le-Bied avait été acquis par Richard Petit, le 20 décembre 1641, d'Anne de Saulx-Tavannes, veuve de Pierre-Jacques Tacquet, vicomte de Corbeil, conseiller du roi en ses Conseils d'État et Privé, surintendant de la maison de la reine Marie de Médicis.

« Madame à Paris, où il mourut le 30 janvier et « fut enterré le lendemain, dimanche 31 janvier « 1672, à Saint-Eustache de Paris. »

Le comte et la comtesse de la Celle (Famille Guestre de Préval)

a. Thérèse-Éléonore Petit de la Celle demeura sous la tutelle et la garde-noble de sa mère, jusqu'à son mariage, en 1681, avec Michel Guestre, chevalier, seigneur de Préval, conseiller secrétaire du roi et garde du rôle des offices de France, qui, par suite de son mariage, prit le titre de comte de la Celle, titre qui paraît lui avoir été contesté, car, en 1694, il obtient de Louis XIV de nouvelles lettres d'érection de son comté. L'année suivante, M. de Préval vendit le domaine de la Celle au comte d'Aquin. Mme de Préval mourut en 1710. « Elle se souvint en mourant qu'elle « avait été comtesse de la Celle et elle laissa par « testament une somme de mille livres à distribuer « aux pauvres du comté par les curés des trois « paroisses qui en dépendaient : celles de la Celle- « sur-le-Bied, Louzouër et Saint-Loup de Gonois. » M. et Mme de Préval demeuraient à Paris, rue du Hasard, paroisse Saint-Roch, en 1685, alors que M. de Préval fut témoin, par procuration, à l'acte d'émancipation de Mme du Plessier de Fransart (voy. p. 72). Ils eurent trois enfants :

aa. Charles-Philippe Guestre de Préval, chanoine régulier de Sainte-Geneviève.

bb. Pierre-Jean-Baptiste Guestre, chevalier, seigneur de Préval, lieutenant aux Gardes françaises, puis mestre de camp de la Colonelle générale des Dragons.

Le marquis et la marquise de Canisy

cc. Thérèse-Eléonore Guestre de Préval, morte le 26 décembre 1727, âgée de 42 ans, avait épousé par contrat du 11 juillet 1718 René-Anne de Carbonnel dit le comte de Canisy, marquis de la Paluelle, chevalier, seigneur patron de Méautis, Saint-Evry, etc., fils de Gaspard-Claude, dit le comte de Carbonnel, et de Charlotte de la Paluelle. René-Anne de Carbonnel était sous-lieutenant des Chevau-Légers de la reine en 1709, chevalier de Saint-Louis, brigadier des armées du roi, 1er février 1719, lieutenant de la ville et du château d'Avranches (après son oncle, le marquis de Canisy [1]), mort au château de la Paluelle le 20 mai 1726, âgé de 42 ans.

De ce mariage naquirent un fils et une fille :

aaa. Pierre-Charles-Henri de Carbonnel, marquis de Canisy et de la Paluelle, né le 12 avril 1724, mort jeune.

1. Voy., p. 118, *Pièce justificative* XXXXIII.

Marquise de Pardaillan-Gondrin et comtesse de Brancas-Forcalquier

bbb. Renée-Françoise de Carbonnel de Canisy, dame de Méautis, etc., devenue enfant unique par le décès de son frère, épousa en premières noces François de Pardaillan, marquis de Gondrin, appelé marquis d'Antin, vice-amiral de France, lieutenant-général pour le roi au gouvernement de la Haute et de la Basse-Alsace, mort le 24 avril 1741, frère puîné du duc d'Antin, pair de France, dit le duc d'Epernon, et fils de Louis de Pardaillan, marquis de Gondrin, menin de Mgr le Dauphin, colonel d'un régiment d'infanterie de son nom, brigadier des armées du roi, et de Marie-Victoire-Sophie de Noailles, fille du maréchal de France. Renée de Canisy se maria en secondes noces, le 6 mars 1742, à Louis-Buffile de Brancas, comte de Forcalquier, Grand d'Espagne, lieutenant-général au gouvernement de Provence, fils de Louis de Brancas, marquis de Cereste, dit le marquis de Brancas, premier chrétien par la grâce de Dieu et de Saint-Pierre, prince souverain de Nisaro, dans l'Archipel, chevalier de la Toison d'Or, commandeur de Saint-Louis, conseiller d'État d'épée ordinaire, lieutenant-général des armées du roi et au gouvernement de Provence, ambassadeur extraordinaire en Espagne, Grand d'Espagne de première classe en 1730, gouverneur de Nantes et des pays nantais en 1738, maréchal de France en 1741, et de Élisabeth-Charlotte-Candide de Brancas-Villars.

Le comte de Forcalquier est mort le 3 février 1753, sans enfants. Sa veuve vivait en 1771.

I

Rue Saint-Nicaise.

Bail à perpétuité de la ville de Paris et confirmation des dons faits par le Roi.

12 août 1616.

2 août 1616.

A tous Ceulx qui

Ces presentes Lettres verron Robert
myron seigneur du tramblay Conseiller
du roy nostre sire en ses Conseilz destat
et privé president des Requestes de sa
Cour de parlement prevost des marchands
et les Eschevins de la ville de paris
Salut sçavoir faisons que veu les Reqte
a nous sept presenter par Louis de beauvais
Me menusier a paris Contenant tant luy
que plusieurs autres officiers de sa maiesté
ayant obtenu don du Roy de certaines
places seize sur le rempart dentre la
gallerie du Louvre & la porte St honoré
pour y bastire Ils y auroit esté par nous
Contredictz de sorte que ledit de beauvais
et autres officiers nous auroit a ces effets
presenter requeste tendant a ce qu'il nous
pleust leur confirmer ledit don et outre
leur faire bail a perpetuité desdittes
places offrant de payer d'icelles paier
a ladite ville par chacun an la somme de
soixante solz tournois sur laquelle requeste
aurions des le vingt jour de Juillet dernier
ordonnez les lieux estre veu & visitez en
nos presence par augustin Guillain me
des oeuvres de maçonnerie de ladite
ville ce qui auroit esté faict dont ledit

Guillain auroit a chacun delivré son
rapport deladitte visitation donc dud. cettuy
a luy particullierement delivré latenue Ensuite
delordonnance de messeigneurs les prevost
des marchands Eschevins dela ville de
paris datté du vingt onzieme Jour de Juillet
mil six cens seize signes de monsieur le
prevost des marchands & Eschevins miron
Escript au bas d'une requeste presentée ala
ditte ville par les sieurs herouard premier
Medecin du roy de heurles luy d. sieur premier
vallet de chambre phillippes son chirurgien
ordinaire beaurieu secretaire pierre dulong
george baudouin Escuier dela bouche andré
dubois advertisseur pierre viandier
sommier du goblet & conducteur de haquenées
nicolas huot maistre maçon Louis debeaumais
menuisier et un gallereur fevrier signez de
tous tendant aci qu'il plaise aud. sieur leurs
voulloir faire bail de certaines places
destinée a bastir et a Eux accordées par sa
majesté suivant les brevets en datte du
vingt sixieme Jour de Janvier mil six cens
seize septieme mars mil six cens quatorze
neuf dix et vingt sixieme May mil six cens
quinze, Icelle sis le Rempart dentre la
gallerie du Louvre et la porte st honoré
le augustin guillain maistre des oeuvres
dela ville deparis certiffie mestre

transporté le treizieme Juillet de cette presente annee au lieu et Endroit Cij dessus a l'e
en lapresence demonsieur des marchands
R.z miroy des sieurs hurt pasquier le Buset fresson
Ozeinnes ensemble de deux ou trois d'Ieeux
auquel lieu Je expoze amesdites sieurs au
paravant que passer outre quil est necessaire
de faire con plan generalle dudit lieu ensemble
signer en Icelluy les dessuspositions portion da
chacunes places approchant les brevets pour
Ieeux obtenus et aiant enjoint mondit sieur
Icelluy faire en toute deligence lequel plan
avoit Eté par moy presenté au bureaux dela
ville a Eté arresté pour etre suivij et executé
Lepremier aoust de cette presente annee et
Icelluy signé de mondit sieur prevost des
marchands myroy des sieurs hurt pasquier
le Buet Josson Ozeinnes et apres que chacun
dieeux ont mis en mes maines une Coppie
Collationné par nottaire de leurs Brevets et
que l'intention de sa majesté est quil soit
fait des baptiments le long dudit lieu en
delaissant une rue sçavoir a allée deladite
gallerie alaporte st honore ensemble une
allé de largeur Competante au derriere deladite
et le long du mure estant au bas du rempart
dans la fosse Je suis davis sous le bon
plaisir de vous mesdites sieurs quil
soit fait bail au proffit dans la ordinaire

Deladicte ville et Conditionairement Inserée en leur
dict Brevet Cy dessus datté a scavoir la douzieme
place a lonner des Beaumoir ensuite ordinaire
des Bastimens de sa majesté sur dix toises
et demie de profond et montant et revenant a la
quantité de quatre vingt quinze toises de
terre en superficie le tout ou environ et tenant
le long dud. sieur Beaurieu de place devant
baillée anciennement voisin a la forge par Icelluy
de Bastir sur Icelle sortera mattiere en delaissant
outre la susdite profondeur ou allé de seize
pied de largeur Compris les murs dappuy Commencant
au devant du mure des fosse tirant dans ledit
rempart selon les allignement et disposition des
Commentez pour les Bastim qui en seront par nous
baillés ensemble de la diminution et abbaissemt
du rempart Niveau et pente de la rue de devant
et a telle autres Charges clause et condition
que vos prudences Iugeront estre pour le
mieux fait Ledit Jour et an que dessus Signé
Guillain Considere Le Contenue en laquelle
requeste veu le plan dressé pour la disposition
de la rue ordonnée estre faict sur ledit rempart
ensemble ledit rapor Cy devant transcript
et sur ce ouy le procureur du roy de la ville
auquel le tout a Eté Communiqué nous avons
et au nom d'Icelle ville avons baillé et
delaissé baillons et delaissons par ces
presentes audit Louis Debeaumoir ace prnt
et acceptant Ladit place sise sur ledit
rempart d'entre Ladicte gallerie du
Louvre et ladite port St Honoré Bastimens

Dix thoise de large sur neuf
thoise a demy de proffondeur
ou environ a mentionner par ledit rapport pour
3 l. luy en jouir ses hoirs & ayant cause a
toujours a perpetuitté moiennant le prix
& somme de soixante sols tournois de
loiers & redebvance par chacun an qu'il
sera tenu de paier a la recepte du domaine
de la ville aux quatre termes en l'an a
paris acoustumés premier terme de
paiement escheant au jour de noel prochainement
venant & ainsi continuer de la en avant
a toujours auxdits termes & a la charge
par icelluy de beaumier de faire bastire
sur icelle place de bonnes & fortes matieres
& selon sa comodité lesquels bastiments
il entretiendra de toutes reparations tant grosses
que menues & sera laissé outre la susdite
proffondeur une allée de seize pied de large
compris les murs depuis commencant au
devant du mure du fossé en tirant dans
ledit rempart selon les allignements &
dispositions du fenestre pour les bastiments
qui en seront baillés par ledit guillain
ensemble de la diminution & abaissement
du rempart niveau & pente de la rue de
devant & ou le preneur ses hoirs ou
ayant cause voudront ceder ou

transportam a la devoir leur droite
du present bail partie ou portion d'icellui
Laquelle [illegible] feront tenus nous en advertir pour
en charger nos registres faire recepte
sous son nom desdites soixante sols tournois
de loyer et redebvance en temoing de ce
Nous avons mis a ces presentes le sel
de ladite prevosté des Marchands Ce fut
fait et donné au bureau de la ville le
douzieme jour d'aoust mil six cens seize
Signez Clement

Collation faite de la copie a son original estant en [illegible]
sain et entiere d'escriture estant conforme a son
original lequel a esté rendu par moi nottaire
royal [illegible]
[illegible] presence de Messire François
[illegible] de la Motte Chevallier seigneur de Ville [illegible]
[illegible] Alexandre [illegible]
[illegible] appellé pour
[illegible] le onziesme jour de
[illegible] nottaire [illegible]
[illegible] mil six cens vingt [illegible]

Lamotte de Ville

[illegible]

Muraine [illegible]

Controllé a [illegible] le [illegible]
[illegible] vingt [illegible] . . . 6s
[illegible] 40 [illegible]

[illegible]

II

Rue Saint-Nicaise.

Vente par Pierre Vivandier à Nicolas Voisin, acheteur avec Louis de Beauvais.

14 février 1619.

Pardevant les nottaires Garde notte du Roy nostre sire en son Chastellet de paris soubsignez fut present Pierre Vivandier Conducteur ordinaire de la Bagnerie du gobellet du Roy demeurant proche le quay du Louvre paroisse Saint Germain l'Auxerrois Lequel a recogneu et confessé avoir vendu, cedde quitté et transporté et delaissé et par ces presentes vend, cedde quitte transporte et delaisse du tout des maintenant a tousjours et promet garantir de tous troubles et empeschemens generallement quelconques fors de ses faicts et promesses seullement a maistre Nicolas Voysin commis au greffe de la chambre de Monsieur le procureur du Roy audit Chastellet demeurant a paris place de greve paroisse Saint Jean a ce present acceptant et acquereur pour luy ses hoirs et ayans cause deux toises de face en largeur sur la profondeur de la place cy apres declaré a prendre en une place de dix toises de face et de la profondeur d'icelle du costé et joignant la place appartenant a Louis de Beauvais maistre [illegible] a prendre assize sur le Rempart de la ville d'entre la porte Saint Honoré et la gallerie du Louvre proche ladicte porte tenant d'une part audit Louis de Beauvais d'autre part

(En marge :) 34 — vente par le s[ieu]r Vivandier au s[ieu]r Voisin de deux toises de terre que ledit Voisin a acquis avec Louis de Beauvais pour adjoutter audit [illegible] qu'il a acquis

a l'une autre place apartenant a Absolement Bevurier ordinaire des battiments du Roy audit vendeur apartenant au moyen de leschange par luy fait avec noble homme maistre Jean Bevurier Conseiller nottaire & secretaire du Roy a autre place assise sur ledit rempart ainsi qu'il est porté par lesechange fait entre eulx le troisieme jour d'avril mil six cens dixhuit de laquel place ledit sieur Bevurier avoit bail a perpetuité de Messieurs les prevost des marchands et eschevins de cette ville de paris moiennant soixante sols tournois de rente par chacun an payable a la recepte du domaine de ladite ville aux quatorze termes et aux charges et conditions porté audit bail en datte du treizieme aoust mil six cens seize lequelles deux thoises de face sur la profondeur de ladite place ledit vosfin a acheptteur prendra comme dit est du cotté proche joignant et contigu la place dudit louis de Beauvais mesme consent ledit vendeur en tant qu'a luy est que ledit acheptteur faciomode avec icelluy de Beauvais et qu'il delaisse lesdittes deux thoises sur ladite profondeur presentement vendues au lieu d'autre place que ledit de Beauvais luy baillera proche et attenant une place de dix thoises de face au long sur ladite profondeur que ledit vosfin a sur ledit rempart tenant d'un cotté a la place dudit de Beauvais qui est entre les places desdits vendeurs & acheptteur

Lesdittes deux toises presentement vendue franc
et quitte des arreyages de ladite rente de tout
le passé jusque a huy pour en jouir par ledit
1 lle acquereur ses hoirs et ayans cause comme de
chose propre vray et loyal acquest suivant
et conformement aux baux qui en ont esté faits
Lesdits sieurs prevost des marchands et eschevins
et du passage restant aux derriere desdites
places Cette vente cession et transport faite
a la charge et satisfaire par ledit acquereur
aux charges portées par ledit bail pour son
regard autre que celle de ladite rente dont
lesdites deux toises de place presentement
vendues ne seront aucunement tenues ains
demeurera ladite rente sur le surplus de ladite
place non vendue par ledit demandeur qui sera
tenu en acquiter et garantir ledit acquereur
Et outre moyennant bon payement et satisfaction
que ledit vendeur a confessé avoir receu dudit
acquereur dont il se tient content en quitte et
tout autre et transportant par ledit vendeur
audit acquereur tous droits de proprietez
fonds tresfonds noms raisons et actions et
autres generallement quelconques qu'il avoit
pouvoit avoir en et sur lesdites deux toises
de place presentement vendues dont il s'est
dessaisi demis et demettant pour et au proffit
dudit acquereur et de sesdits hoirs voullant
qu'il en soit saisi vestu mis et receu en bonne
et suffisante saisine possession par qui et

pour qui et ainsy qu'il appartiendra et pour ce
faire et constitue a constitué son procureur
le porteur des presentes lui donnant pouvoir
de ce faire et tout ce qui en outre sera
necessaire promettant et obligeant renonçant
Fait passé a paris en la maison de fontaine
l'un des nottaires soubsigné le jeudi avant midi
le quatorsiesme jour de febvrier mil six cent
dix neuf ledit vincendier a declaré ne scavoir
escrire ne signer et ledit [illegible] a signé la minutte
des presentes demeuré par devers et en la possession
dudit fontaine l'un desdits nottaires soubsigné
fontaine et Renaud

Collation faite [illegible] sur son original estant en
parchemin [illegible], estant conforme
a son original lequel a esté rendu par moy nottaire
royal en la prevosté [illegible] en presence de
[illegible] de messire françois de lamotte
chevalier seigneur de villers [illegible] estant
[illegible] et de alexandre [illegible] tesmoins
[illegible] a ce appellé pour [illegible] au lieu des autres
[illegible] le douziesme jour de [illegible] mil sept cens
vingt et un

Lamotte Devillers pechon

Muraine

Controllé a [illegible]
[illegible] mil sept cent vingt
[illegible] 65

[illegible]

III

Rue Saint-Nicaise.

Vente par Louis de Beauvais à Christophe Hébert.

14 août 1626.

Fut present en sa personne
honorable homme Louis de Beauvais
menuisier des bastiments maisons et chambre
du roy demeurant a paris rue et Cousture Sainte
Catherine paroisse Saint paul lequel a recognu
et confessé avoir cedde quitté transporté delaissé
par ces presentes du tout des maintenant a tousjours
sans toutesfois aucune garantie et toute aucune
ne restitution de deniers sinon de ses faitz
et promesse seullement a messire Christophle Hebert
Conseiller du roy en ses Conseilz destat et privé sur
Intendant Commissaire general des vivres et
munitions de france a ce present et acceptant
pour luy ses hoirs une place et terre contenant
dix toises de large sur rue et de la profondeur
d'icelluy jusque au fossé et telle quelle luy a esté
donné par sa majesté par son brevet cy apres
declaré assise et située sur le rampart d'entre la
porte Saint honoré et la gallerie du Louvre
au derriere de l'hospital des quinze vingts
tenant d'une part a la maison dudit sieur hebert
a cause de l'acquisition qu'il en a faicte des heritiers
de feu sieur Burguier qui l'avoit acquise du sieur
Roisin d'autre part a une autre place appartenant
a pierre Guiandre conduisant vers la gallerie
du Louvre audit de Beauvais appartenant savoir
huit thoises faisant partie de dix thoises qui
luy ont esté comme dit est donné par sa
majesté par son brevet du vingt sixieme may

— 4 — 4 —

mil six Cent quinze Confirmé par messieurs les prevost des marchands Eschevins de Cette ville deparis par le bail a luy fait du douzieme aoust mil six Cent seize et deux thoises a luy baillés a titre deschange par ledit voisin et auquel Il apartenoit par lacquisition qu'il en avoit faite dudit pierre roinandier allencontre desquelles deux thoises ledit de Beauvais auroit baillée audit voisin pareille quantité de deux thoises qui font partie qui font partie delaplace sur laquelle la maison dudit sieur hebert a esté bastie subrogeant par ledit sieur de Beauvais ledit sieur hebert du tout en son lieu droit hypotequer nom de Raison et action pour de la susditte place presentement Cedde et transporter Jouir et faire Et disposer par ledit sieur hubert sesd hoirs Comme de chose a lui apartenant a tout ainsi que ledit de Beauvais auroit droit d'en Jouir tant en vertu dudit Brevet de don de sa majesté que dudit bail desdits sieurs prevost des marchands et Eschevins de Cette ville deparis eschange dessus mentionné et Cy apres datté Cest presente Cession et transport fait ala charge des soixante sols tournois de cens ... ayant a cause de ladit place a lhostel de Cette dite ville de paris de redebvance et loyer perpetuel

Dont ledit sieur Hebert sera tenu aquiter ledit de Beauvais ensemble des arrerages qui en peuvent estre deubs jusque a luy que des autres charges et conditions portées par ledit brevet de sa majesté a bail desdits sieurs de l'hostel de cette ville de Paris et outre moiennant la somme de quatre mil livres tournois que pour ce ledit de Beauvais en confesse avoir receu dudit sieur Hebert qui luy a ladite somme baillée comptée et delivrée en la presence des nottaires soubzsignez en quart d'escus de seize sols piece [illegible] dont quitant transportant [illegible] droit dessaisissant voullant [illegible] procureur le porteur donnant pouvoir et ce faisant ledit de Beauvais a presentement baillé mis es mains dudit sieur Hebert les pieces qui ensuivent c'est assavoir ledit brevet du don de sa majesté du [illegible] sixiesme may mil six cens quinze signé Louis et plus bas de Lomenie et les lettres patentes obtenues sur ledit brevet signé Louis et sur le reply de Lomenie ledit bail a luy fait par lesdits sieurs de l'hostel de cette ville dudit jour douziesme aoust mil six cens seize et contrat d'eschange fait entre lesdits de Beauvais et Voisin passé par devant du Chesne et Fieffé nottaires le vingt [illegible] febvrier mil six cens dix neuf pour [illegible]

dadite deux places Restant de deux toises de
face dont cy dessus est fait mention par autre
Contract de Vente fait audit Voisin par ledit
Epicier Deimandice de deux toises de ladite place
de terre plus amplement declaré par ledit
Contract du quatorze febvrier mil six cens
dixneuff passé pardevant Mayniard et Fontaine
et par autre Contract passé pardevant Baudoin
et Steffé nottaires le premier avril mil six
cens vingt un Contenant la Cession et
transport fait par ledit de Beaumier audit Voisin
de la moitié de ladite place presentement transportée
au marge duquel est l'endossement dudit Contract
fait par les parties pardevant Charles
et Steffé nottaires le douze septiesme Juin
dernier passé Le tout sans toutte autre garantie
que des faicts et promesses dudit de Beaumier
ainsi que dit est Car ainsi promettant obligeant
Chacun endroit soy renonçant Fait et
passé a paris en l'hostel dudit Sieur Hebert
l'an mil six cens vingt six Le quatorze Jour
[illegible] avant midy et ont signé ainsi signé
Hebert de Beaumier Steffé et Cauvigin

Collationné par les nottaires du roy aux
Chastellet de paris soubsignez a la minutte
original estant pardevers Le Rousseau l'un
d'iceux Comme subrogé a la pratique dudit
Steffé en [illegible] Denise Cauvigin Le vingt deuxiesme
Jour d'aoust mil six cens quarante trois
signé Morelle Le Rousseau

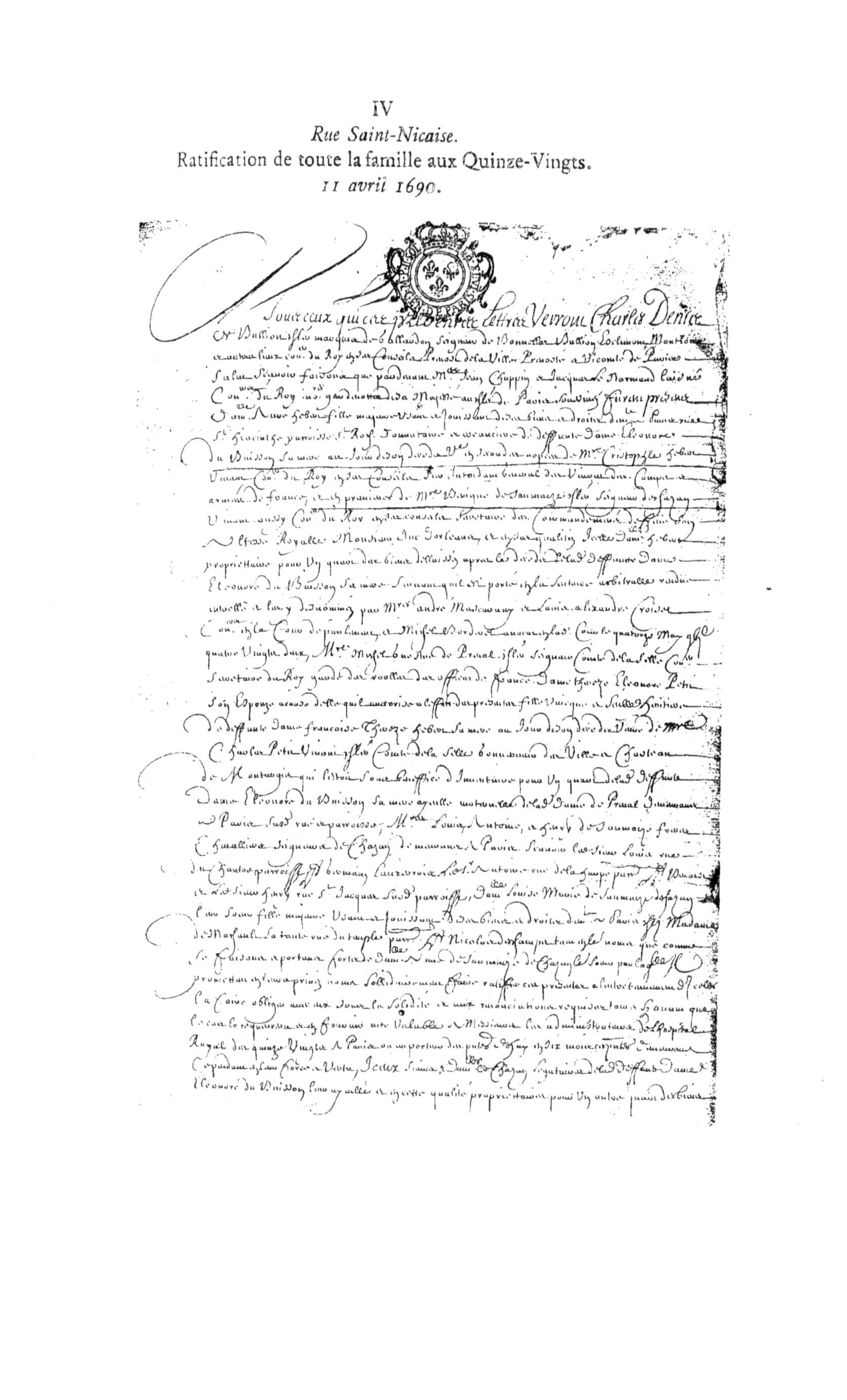

IV

Rue Saint-Nicaise.

Ratification de toute la famille aux Quinze-Vingts.

11 avril 1690.

de sa succession en conformité de lad. sentence arbitralle Mre Charles du Rays esc.
seigneur de Bonnonville demeurant ordinairement en sa terre et seigneurie de Saint [illegible]
en Picardie estant maintenant à Paris logé chez le sieur de Prudal en son nom et comme
estant aux droits de Mre Alexandre Joseph du Rays de Bonnonville son frère et de
dame Anne Marguerite Eleonore du Rays fille sa soeur. Lesd. sieur et dame
de Bonnonville frères et soeur héritiers de deffunte dame Marguerite [illegible] leur mère
au jour de son décès espouse de Mre Alexandre du Rays leur père esc. seigneur
de Bonnonville, laquelle dame de Bonnonville estoit fille et héritière pour l'autre quart
de lad. deffunte dame Eleonore du Buisson sa mère ayeulle maternelle desd. sieur et
dame de Bonnonville. Lesquels sieur et dame comparans esd. noms
ont reconnu et confessé estre à présent détempteurs propriétaires et possesseurs de deux grandes
maisons à porte cochère actuellement scizes en cette ville de Paris rue Saint Nicaize,
l'une vieille occupée par le sieur [illegible] et autres contenant cent trente trois thoises
six pieds en superficie avec un jardin derrière qui contient en superficie cent trente toises
douze pieds tenant la totalité desd. maison et jardin d'un costé au sieur Pelisson et aux
maisons de la [illegible] des bourgeois St Honoré d'autre à la maison cy après déclarée
aboutissant par derrière aux héritiers Barre et à la rue des Thuilleries autrement dite
du Carrousel et par devant sur lad. rue St Nicaize, Et l'autre neuve où estoit [illegible]
et où est décédé Monsieur l'Evesque de Chartres contenant cent soixante sept thoises
en superficie tenante d'un costé à la maison vieille cy dessus spéciffiée d'autre à lad. [illegible]
[illegible] par derrière à lad. rue des Thuilleries et par devant sur lad. rue St Nicaize, Et que
sur lesd. deux maisons et jardin ledit Hopital Royal des quinze vingts a droit
de prendre et percevoir par chacun an au jour et feste Saint Jean Baptiste quarante
[illegible] sept sols dix deniers et maille de rente foncière qui est à raison de
vingt deux deniers maille pour chacune thoise Et ce en conséquence de l'arrest de
nosseigneurs du Conseil d'Estat du Roy du huit octobre mil six cent quarante quatre, Et
de laquelle rente lad. feue dame Eleonore du Buisson a passé tiltre et nouvelle
reconnoissance audit Hopital des quinze vingts par devant [illegible] Le Normand l'aisné
et son confrère notaires soussignés le trois octobre mil six cent soixante onze, A cette cause
lesd. reconnoissans promettent et s'obligent esd. noms et qualités susd. personnellement
pour telles parts et portions qu'ils [illegible] de la succession de lad. feue dame
[illegible] leur mère et ayeulle et hipotequairement pour le tout, solidairement esd. noms
et chacun d'eux l'un pour l'autre, un d'eux seul pour le tout sans division discution

en subjection a quoy ils renoncent et payer aud. hospital Royal de quinze vingts [illegible] quarante livres sept sols dix deniers et maille de rente [illegible] du Rivage [illegible]
d'icelluy [illegible] à demeurer à Paris au rapporteur des presentes par chacun an à pareil jour S^t
Jean Baptiste dont le premier payement escheoira au jour St Jean Baptiste prochain et
continuer tant et si longuement qu'ils [illegible] seront detempteurs proprietaires et
possesseurs desd. deux Maisons et Jardin ou de portion d'iceux qui demeurent
a toujours [illegible] par led. hospital aud. arrest, tiltres
[illegible] datte, tiltres et pieces justificatives du droit de lad. rente qui demeurent
[illegible] presentes en leur force, vertu et hypothecque, Et pour l'execution des presentes
[illegible] Reconnoissance ont [illegible] domicille irrevocable et solidaire en cette ville
de Paris en la maison ou lesd. dam^elle sieur et dame de Prunel sont demeurantes
[illegible] Auquel lieu ils veullent, consentent et accordent que tous exploits
et autres actes de justice qui y seront faits soient valables et ayent pareille et
semblable force que s'ils estoient faits parlant a leurs propres personnes et vrais
domicilles nonobstant changement de demeure, Promettent en outre rendre et payer
tous coustz, frais, mises, despens, dommages et interests qui faits et encourus
seroient faute par eux de l'entiere execution du contenu en ces presentes sous l'obligation
et hypotecque desd. deux Maisons et jardin qu'ils en ont [illegible] comme dessus
et jusques a concurrence de lad. rente, soumis a justice pour tout ou seront trouvés
seront, et renoncent [illegible] faisant toutes choses [illegible] presentes lettres
contraires En tesmoin de ce nous a la rellation des notaires soussignés avons
fait mettre et apposer le seel de lad. Prevosté et Viconté de Paris [illegible] presentes
qui furent faites et passées à Paris chez lad. dam^elle [illegible] l'an mil sept cent quatre vingt
dix [illegible] jour d'avril apres midy et ont signé la minutte des presentes
demeurée en la garde et possession dud. le Normand l'un desd. notaires a Paris
soussignés [illegible] signé Chuppin et le Normand.

Collationné a son original en parchemin par les con^ers du Roy notaires au Chlet
de Paris soussignés [illegible] notaires [illegible] dixieme
May mil sept cent [illegible] vingt

Henry [illegible]

Bapteu [illegible]

V

Contrat de mariage de Christophe Hébert et Éléonore du Buisson.

18 août 1624.

des Chasses de sa Majesté en l'Isle de france amis d'icelle Damlle
de leur bon gré et volonté reconnu et confessé avoir fait et
font ensemble les accords et conventions de mariage qui
ensuivent, c'est à sçavoir que lesd. sieur Hebert et damoiselle
Dechasans se sont promis et promettent de se prendre l'un
l'autre par nom et loy de mariage et iceluy solemniser
en face de notre mère sainte Eglise le plustost que
bonnement et commodement faire se pourra, et qu'il sera avisé
et delibéré entre eux et leurs parens et amis si Dieu et notre
mère sainte Eglise y consentent et accordent, et seront lesd.
sr et damoiselle futurs Epoux uns et communs en tous
biens meubles et conquests immeubles qu'ils acquerront
pendant leur mariage selon la Coutume de la ville prevosté
et viconté de Paris, à laquelle les parties se sont soumises
et ne seront tenus lesd. sr et damoiselle futurs Epoux tenus des
dettes l'un de l'autre si aucunes ils ont crée avant la
celebration de leurd. futur mariage, ains se payeront sur les
biens de celuy qui les aura faittes; Lad. Damoiselle future
Epouse a dit ses biens et droits monter à la som. de six vingt
mil livres tournois plus ou moins selon ce qui se trouvera
luy rester après que distraction aura été faite de ce qui en
appartient aux enfans mineurs dud. deffunt sr Dechasans
et d'elle desquels elle est tutrice. Lesquels biens de ses
enfans est effets dans le contenu en l'inventaire qui a été
fait ce jourd'huy par les notaires soussignez des choses que
Lad. Damoiselle future Epouse a apporté presentement
aud. sieur futur epoux tant en titres papiers que meubles
et bagues montant en tout à la somme de huit vingt trois
mil huit cent quatre vingt onze livres neuf sols six deniers

ainsy que le contient led. inventaire dont led. sr. futur Epoux
s'est tenu content et en quitté et descharge lad. damelle
future Epouse, apres que le tout luy a esté fourny et delivré
aud. sieur futur Epoux en nature selon qu'il est porté aud.
inventaire, et de tous lesquels biens et droits appartenans
a lad. damoiselle future epouse, Elle en a par ces presentes
ameubly aud. sieur futur epoux La somme de Douze mil
livres Tournois pour entrer en lad. communauté, et tout
le surplus de tous sesd. biens de quelque nature qu'ils
soient sera et demeurera propre a lad. damoiselle future
Epouse et aux siens de son costé et ligne, comme aussy
Led. sieur futur epoux a ameubly et promis apporter
en lad. communauté pareille somme de Douze mil livres
et tout le surplus de sesd. biens tant meubles que
immeubles et autres luy sera et demeurera pareillement
propre et aux siens de son costé et ligne, partant
a led. sieur futur Epoux doué et doue lad. damoiselle
future epouse de Deux mil livres tournois de rente de
Douaire prefix en cas qu'au jour de la dissolution dud.
mariage il n'y ayt aucuns enfans vivans d'iceluy, et
s'il y a desd. enfans led. Douaire ne sera que de quinze
cens livres tournois de Rente aussy et cependant prefix,
a iceluy douaire avoir et prendre sitost qu'il aura lieu
sur tous et chacuns les biens dud. sr. futur Epoux meubles
et immeubles presens et avenir qu'il en a chargé obligé
et hypotequé a fournir et faire valloir led. douaire; —
Le survivant desd. sieur et damoiselle futurs Epoux

prendra par preciput des biens de lad. communauté, scavoir
lad. damoiselle future Epouse - - - - - ses habits et
bagues et joyaux, et led. sieur Lebeau de ses habits, armes
et chevaux honorablement et reciproquement jusqu'à lad. et
somme de Neuf cent livres, ou lad. somme au choix dud.
survivant. Les d. meubles au prix de la prisée de l'inventaire
sans crüe ny augmentation par l'un ou l'autre desd.
futurs Epoux, si pendant led. mariage il est vendu
quelques heritages ou racheptés quelques rentes et
appartenant à l'un ou l'autre desd. futurs Epoux le
Remploy en sera fait en autres heritages ou rentes au
proffit de celuy auquel ils appartiendront pour leur
sortir pareille nature, et ou au jour de la dissolution de lad.
communauté led. Remploy n'etoit fait, les deniers
en seront repris sur les biens de lad. communauté, ou s'ils
ne suffisent pas, ceux de lad. damoiselle future epouse
ou ce qui s'en deffaudra sera repris sur les biens dud. sr.
futur Epoux propres et autres; Et a esté accordé
qu'il sera permis à lad. damoiselle future epouse et
et aux enfans et heritiers advenant dissolution de lad.
communauté d'accepter icelle ou y renoncer, Et y
renonçant reprendre tout ce que lad. damoiselle
aura apporté avec led. futur Epoux, luy sera avenu
et echu par succession, donnation ou autrement, mesme
lad. future epouse son douaire et preciput telz que
dessus le tout franchement et quittement sans etre par
lad. damoiselle future Epouse ny ses enfans et heritiers

tenus d'aucunes dettes de lad. communauté encore qu'elle
s'y fust obligée dont aud. cas led. S^r futur Epoux sera
tenu acquitter lad. damoiselle future Epouze sesd. enfans
et héritiers; a aussy esté accordé que les enfans dud. feu
Pierre Chasour et de lad. damoiselle future Epouse seront
nourris entretenus et instruits aux depens de lad.
communauté, sçavoir les deux masles jusqu'à ce qu'ils
ayent chacun dix ans accomplis, et la fille jusqu'à
douze ans aussy accomplis, sans diminution de leur
bien tant en fond que revenus, et dont led. sieur futur
Epoux fait don auxd. enfans en faveur dud. mariage; car
ainsy le tout a esté convenu et accordé entre lesd. parties
en faisant et passant ces presentes lesquelles autrement
n'eussent esté faittes passées ny accordées nonobstant toutes
coutumes au contraires ausquelles lesd. parties ont
derogé et renoncé, derogent et renoncent promettant oblig.
chacun en droit soy renonceant [illegible]. Fait
et passé en la maison de la Blanchette prez Clichy
la garenne prez paris l'an mil six cens vingt
quatre le dimanche dix huitième jour d'aoust apres
midy, signé hebert, Dubuisson, Dubuisson, Lamairy,
Delorme, hebert, Leveau, antoine Dubuisson,
Dufay, Dupeyré, Larrastide, Delanobre, et Belleguain
avec Tevgin et Contesse no^res.

L'an mil sept cens vingt le huit juillet
collation des presentes a esté faitte par les

Conseillers du Roy notaires au chastelet de
Paris soussignez sa lue minute en la possession
de Masson l'aine l'un d'eux comme subrogé
a l'office et pratique dud. Mr. Contesse
cy devant notaire.

Gervais   Masson

VI

Inventaire des titres et papiers d'Éléonore du Buisson constituant ses apports lors de son mariage avec Christophe Hébert.

18 août 1624.

Inventaire des titres et papiers que Damˡˡᵉ Eleonore
Dubuisson veufve de feu mʳᵉ Benigne Sauvage Deschafaut a
apporté avec noble homme Cristophe Hebert conˢʳ du Roy
commissaire ordinaire des guerres et tresorier general des
fortiffications de Picardie, isle de France [illegible] suivant
le contract de leur mariage cejourd'huy passé devant les
notaires soubzsignez.

Le contract de constitution de deux mil livres de
rente a prendre sur [illegible] vallant en principal - - - xxxvj^{m} lt
dont est deub ung quartier d'arrerages montant a. [illegible] lt

Led. contract du vingt huictᵉ mars mil six cens vingt deux
au proffict de lad. damoiselle.

Le contract de constitution de lxj lt de rente par mʳ
[illegible] Descuiers du 20 febvrier mil six cens vingt trois
montant ~~led. contract~~ en principal au nom de lad.
damˡˡᵉ et ses enfans [illegible] - - - - xvj^{c} lt
arrerages six mois [illegible] - - - - iij^{c} lxx lt

Le contract de constitution de lxj lt de rente par le sʳ
[illegible] du vingt quatre febvrier mil six cens
vingt deux montant en principal - - - - xvj^{m} lt
est deub d'arrerages ung quartier montant a. . . . ix^{xx} xj lt

Le contract de [illegible] lt de rente deub par mʳ de Dreux
du vingt sept novembre mil six cens vingt trois
montant en principal - - - - - - - ij^{m} iij^{c} lt
Les arrerages de ix mois montent - - - - cxv lt

Le contract de constitution de mʳ de Saumartin de neuf
cens sept livres dix solz du trente may mil six cens vingt
trois montant en principal - - - - iij^{m} lt
Les arrerages depuis led. jour montent a - - - - ij^{c} xx lt

Le contract de constitution de ij^{c} lt de rente deub par mʳᵉ
a douze mil cinquante livres

Preffaict ou quatre febvrier mil six cens vingt trois
et d'obligation qu'il avoit d'hypoteque montant en pal .. — iiij^{m} ℔
fors douze d'arrerages mil six cens montant a .... — ciiij^{xx} cv ℔
Le contract de constitu^{on} de vi^{c} L^{tt} de rente sur les sieurs
Miton en fains du xx. decembre mil six cens
vingt trois montant en ppal .... iiij^{m} ℔
Les arrerages depuis le ix. juin mil six cens vingt
trois montant a .... xxxj ℔ lt
Le contract de constitu^{on} de trois cens livres de rente
deue par m^{r} Dubuisson du sixe mars mil six cens
vingt deux montant en ppal a .... vj^{m} iiij^{c} l ℔
Et deub cinq mois d'arrerages montant a ...... cj^{xx} xiij ℔ cj s iiij d
Les deux contracts de constitu^{on} m^{rs} Dubuisson consr
et a ses enfans ensemble que ses tuteurs dessr
en faveur du xxx^{e} janvier mil six cens vingt trois
montant en ppal .... xij ℔
Les arrerages depuis le dernier janvier six cens
vingt quatre montant a .... cl^{l} iiij^{xx} xiij ℔ xl d
Le contract d'adjudication et quitt^{ce} de finance de l'office
de maistre clerc — alternatif du greffe de l'election
d'Angiers montant en principal a .... xl^{m} vj^{c} iiij^{xx} cv ℔ xl s
Et est deub d'arrerages au quartier qui se monte a .... vj^{l} iiij^{xx} xlv ℔ x s
Les lettres de propriété et autres papiers de deux
offices de jaugeurs et gardes des mesures au grenier
à sel de Saint Robert montant a .... cj^{c} ix ℔ xv s
Plus le marc d'or au montant a .... iiij^{xx} ℔
L'obligation de m^{r} Demetz du xviij mars mil six
cens vingt deux montant a .... cj ℔
La promesse de mad^{e} Dubernay du iij avril mil six
cens vingt deux montant a .... cj ℔

Le Contrat dud. Sr Jofroy dont reste a payer a
trois cent trente livres cy —— iijc xxx lt

L'obligation de Madame La Marquise Demianlay
du dernier mars mil six cent vingt trois montant a . xxijc lt

Le partage des biens de feu Mr Delaunay fandiere
ou les contrats de consti(tuti)on des iijc lxv lt x s de
rente dues par Mr Dathis montent en principal
a 8000 iijc lt avec xxij lt prix de la maison en
heritages de brie contre Robert Dix sept mille
huit cent livres cy —— xvij [illegible]c lt

arrerages depuis le dernier jour de juin mil six
cent vingt trois montant a —— —— xl lt

Le contrat de consti(tuti)on des quatre mil livres
dues par monseigneur Le Prince de Condé cy —— iiijm lt

Le Contrat dud. Sr Garsanlay montant a cinq mil
livres du deux aoust mil six cent vingt trois cy —— vm lt

argent pour la somme de Dix mil livres cy —— xm lt

En meubles et bagues suivant l'estimation
qui en a été faite entre eux cy —— xm lt

La promesse dud. Sr Delasson montant a Deux
cent livres cy —— ijc lt

Plus l'inventaire fait apres le deces dud. deffunct
Sr Chasault premier mars de lad. domicile
signé Bourgeois Le contesse avec Led. pieces
inventoriées par jurés sous les cottes un, deux,
trois, quatre, onze, treize, quatorze, seize,
dix sept, dix huit, dix neuf, vingt, vingt un,
vingt trois, vingt cinq, vingt six, vingt sept,
vingt huit, vingt neuf, trente, trente trois, et

trente six, quarante, quarante un, quarante cinq, quarante six, quarante sept, quarante huit, quarante neuf, cinquante, cinquante sept, soixante, soixante un, soixante deux, soixante trois, soixante quatre, soixante cinq, soixante six, soixante sept, soixante dix, soixante onze, soixante seize, soixante dix huit, soixante dix neuf, quatre vingt un, quatre vingt deux, quatre vingt trois, quatre vingt quatre, quatre vingt cinq, quatre vingt sept, quatre vingt dix, quatre vingt onze, quatre vingt treize, quatre vingt quinze, quatre vingt seize et dernier quatre.)

Plus les quittances de rachapts faits des rentes de plusieurs Delhasau con[tre] et Thomas et contrat fait avec le s[ieu]r Blondeau Et des payements faits aux sieurs Goulas, Dubuisson et Montanoy.

Plus l'obligation du s[ieu]r Jovelly et transport du s[ieu]r Buisson du trente janvier mil six cent vingt trois.

Et plusieurs autres papiers concernant les affaires de lad[ite] Damoiselle Et desd[its] deffunts de Vouttes. Lesquelles choses Led. s[ieu]r Hebert s'est tenu content, suivant et en conformité dudit contrat de mariage. Fait et passé en la maison de lad. Damoiselle L'an mil six cent vingt quatre le dimanche dix huit[ième] aoust apres midy, signé Hebert, Dubuisson avec Tuoquin et Contesse notaires.)

L'an mil sept cent vingt le huit Juillet en collation des presentes a esté faite par les conseill[ers] du Roy not[aires] au Chlet de Paris soussig[nés] sur leur minute en la possession de Masson l'aisné l'un d'eux comme subrogé à l'office en pratique de M[e] Contesse, ayd[it] not[ai]re.

Jerumme [paraphe] Masson [paraphe]

VII

Acte de baptême et acte de décès d'Anne Hébert.

1625-1720.

Extrait des Registres d. Baptesmes de l'Eglise Royale et paroissiale St Germain L'auxerrois a Paris.

quinse jr ricl quavante fix

Du Samedy dix huitieme d'octobre mil six cent Vingt cinq fut baptisée dans le Louvre Anne fille de noble homme Christophe Hebert con.er du Roy comm.re ord.re des guerres et Tresorier general des fortifications de Picardie et Isle de france et de Dam.elle Aleonor du Buisson Dame de chambre de la Reine, Le Parrain haut et puissant Prince M.re francois de Lorraine Duc de Cheureuse grand Chambellan de france et gouuerneur pour le Roy es païs et Prouince d'Auuergne. La Mareine tres illustre et auguste Princesse Anne d'Autriche Reine de france Ladite Anne Hebert née le quatriéme juillet dernier.

Deliuré par moy soussigné Prestre habitué garde et dépositaire des Registres de ladite Eglise le Samedy 13. janvier 1720. Signé De Barz.

Extrait des registres des inhumations de l'eglise paroissiale de saint Roch a paris

L'an mil sept cent vingt du seize avril

Anne hebert fille agée de enuiron quatre vingt quinze ans decedée hier rue et cul de sac saint hyacinthe en cette paroisse a esté inhumée en la cave de la chapelle de la ste vierge en cette Eglise presens mr henry de saumaise son neveu demeurant rue hyacinthe paroisse saint cosme messire pierre jean baptiste guestre chevalier seigneur de preval et autres lieux colonel de dragons son petit neveu demeurant dit cul de sac saint hyacinthe en cette paroisse ainsi signé guestre de preval, de saumaise, briand

Collationé a l'original par moy prestre soussigné depositaire des registres et preposé pour delivrer les extraits ce vingt neuf novembre mil sept cent trente

Thiboust pbre

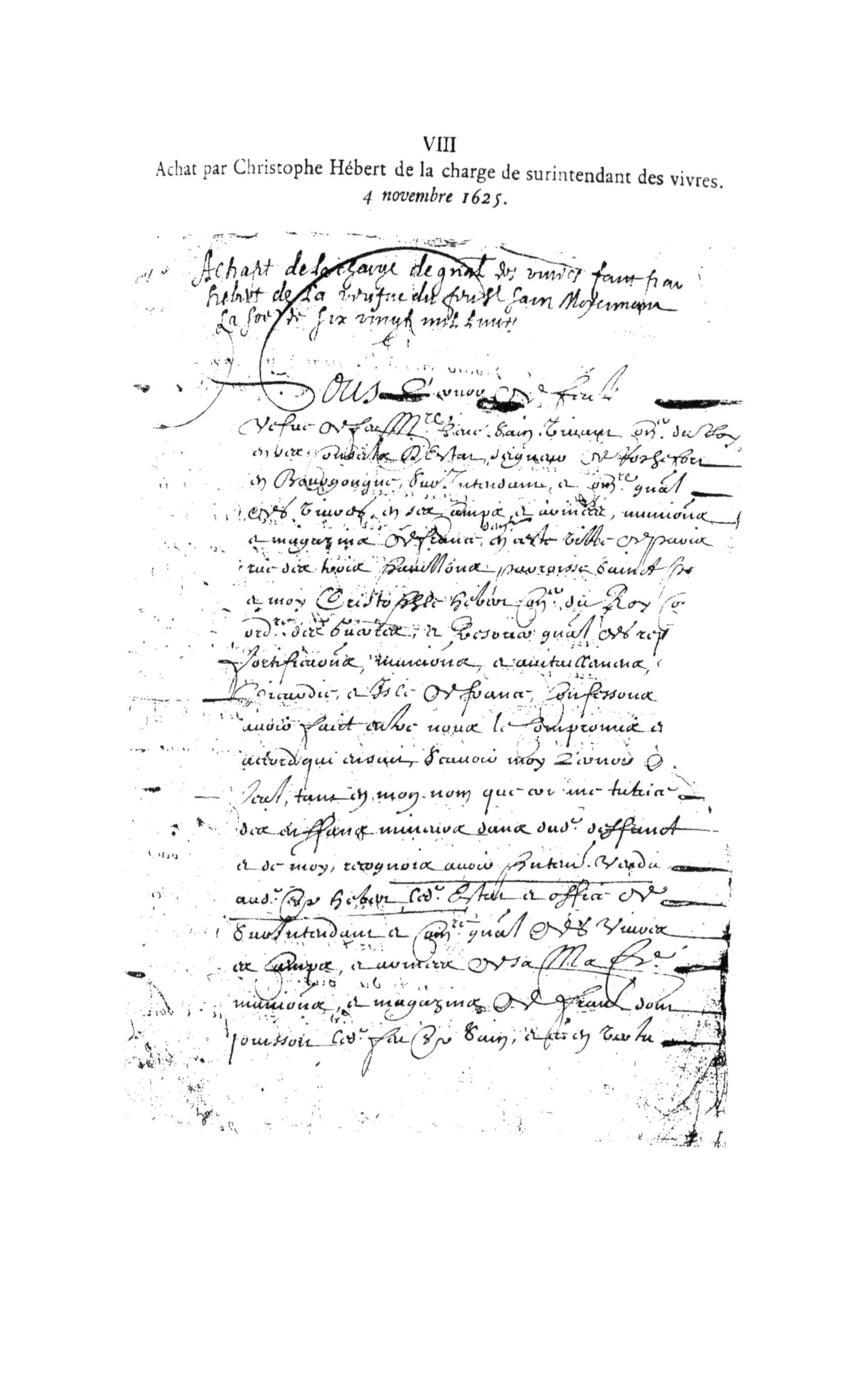

VIII

Achat par Christophe Hébert de la charge de surintendant des vivres.

4 novembre 1625.

De la procuraon ad resignandum passée avant
sa mort [illegible] le xxe jour de janv^er
dernier passé, aux gaiges, appointemens,
taxations, droictz, proffictz, revenus, et emolumens
attribuez, et appartenans aud. office suivant
et ainsy qu'en a jouy led. feu sieur Bain, et sa
procuration ex ayans lad. charge, pour le
faire recevoir en tellez Estat et office par led.
sieur Hebert, en vertu des lettres de provision
que il luy en promecte, et fera expedier soubz
son nom, en bonne et deue forme, sans qu'il soit
tenu d'autre chose que de prester le serment
et [illegible] luy de[illegible] dans le premier jour
de janvier prochain auquel temps il luy
promecte aussy bailler les lettres de provision
dud. office du feu s^r Bain, avec lad. procuraon
ad resignandum remplie de son nom, et toutes
les autres pieces, arrestz, quittance du droict
annuel, et extraictz du Conseil d'Estat
[illegible] touchant led. office qui auroit

esté mise es mains dud. feu sieur Baij par
Monsieur de Vassan qui luy avoit vendu
led. office, que sont au lieu de lautre au
Contract de vente qui en avoit esté faict
entre eux le douziesme Juillet [illegible] xxiij
passé pardevant [illegible] et Vigan Notaires
inventoire quatorze pour commencer dès jour
par led. sieur Gobert le premier jour de
Janvier prochain, des gaiges et dessus
droicts, attribuez et appartenans aud.
et se faire recevoir en Icell dans toute
prochaine, ou plustost si bon luy semb.
a condition que s'il avient a sad. reception
aud. office aucune opposition ou empeschement
procedant de ma part je seray tenu dans
trois mois de la faire lever a peyne de tous
despens dommages et interestz a compter
du jour de la signiffication dud. empeschement
[illegible] esté faict et led. Gobert confesse
avoir presentement receu de lad. dame Baij
led. Estat et office de Surintendant
et commissaire general des vivres de Campa[illegible]

a avoner mentions a magazins et franc.
auquel il prometta me le reprendre dans toutte
l'annee [illegible] Ce faict ainsy
faicte entre nous moyennant la somme de
six vingtz mil livres a quoy nous avons
convenu assemblement pour les offices laquelle soc.
de six vingtz mil livres se prometta et s'oblige
payer a lad. Dame sain aud. nom scavoir
soixante mil livres dans le huictiesme jour
de jan. prochain lors que lad. Dame me
fournira les provisions a faire et
dessus mentionnes, tant de ma charge de Com-
ord.res des guerres, pour le prix tel et ainsy
quil sera arbitre par deux de nos amis commune
auquel mesme prix il pourra reprendre les Sr de
Hebert dans l'an si bon luy semble, Que tout tel
sur particulier de ceste ville que il prometta
rendre a transporter a lad. Dame sain aud. nom
a parfaire somme de soixante mil livres
dans la fin de lad. annee [illegible] vingt six
dont il prometta payer a lad. Dame sain
interest a denier seize jusques a l'actuel

pour faire les garanties
[illegible]

payant et lad. soulte de dix Mil livres
a l'effect de quoy quand ce que dessus
Nous nous obligeons l'un envers l'autre respectivement
et aussy nous eslisons domicile a scavoir moy
ledit Dame [illegible] en ma maison [illegible] demeurant
et moy dit [illegible] en ma maison size rue St
Honoré paroisse Sainct Germain de l'Auxerrois
ausquels domiciles nous voulons que tous
tous exploicts soient faicts tout ainsy
que dessus comme si ils estoient faicts a nos
propres personnes, et pour ce que nous
[illegible] que [illegible] ensuite de ce dessus
nous nous sommes obligez a l'entretenir
de point en point a peine de dix mil
payables par le contrevenant a l'autre
[illegible] nous le [illegible] compromis
en ayant retenu un pour [illegible] que nous
avons signé de nos mains a Paris ce quatorziesme
jour de Novembre [illegible] vingt cinq

[illegible] de Feal [illegible]

[illegible]

Dame Leonor de [illegible] veufve dud. sr Vaij dem[euran]t à present
rue Barbette par[oisse] St Gervais d'une part, et Mre Christofle
Gobert dem[euran]t rue St Honoré par[oisse] Saint Germain l'Auxerrois d'autre, lesquelz ont
recogneu et confessé avoir signé de leurs propres seings manuelz le
traicté et convention cy dessus escript, lequel contient verité
et les clauses et promesses respectivement par lad. dame Vaij en son nom
et qualité et ledit [illegible] [illegible] promettent l'entretenir
et executer de point en point selon
sa forme et teneur, lequel sieur Gobert
a recogneu et confessé que lad. dame Vaij luy a
presentement [illegible] baillé fourny
et delivré [illegible] lettre de provision expediée
au nom dud. sr Gobert dud. estat et office de
[illegible] intendant et commissaire general des vivres dont est faict
mention par led. traicté et convention [illegible]
[illegible] expediée signée [illegible] luy a baillé et
delivré l'a procuration ad resignandum dud. sr Vaij et icelle
qu'il a faict passer lad. dame Vaij [illegible] au nom dud. sr
Gobert, plus luy a baillé et delivré la quittance du droit de
finance [illegible] droit annuel [illegible] attachée soubz le
contre scel de lad. lettre de provision, plus luy a [illegible] lad. dame
aussy baillé et delivré [illegible] de provision dud. feu sr Vaij [illegible]
estat et office [illegible] de finance et droit annuel aussy attaché
soubz le contrescel [illegible] concernant
[illegible] office dont [illegible] ledit [illegible]
[illegible] lad. dame Vaij [illegible]
[illegible] dame Vaij led. sr Gobert [illegible]
[illegible] livres [illegible]
[illegible] luy fournir [illegible]
[illegible] baillé et delivré [illegible]
dud. notaire la procuration ad resignandum dud. estat et office
de commissaire [illegible] au nom dud. [illegible]
[illegible] de provision [illegible]

offices d'procureur au dit [illegible] Sr Gobert [illegible] quittance [illegible]
du prest [illegible] mars dernier fait a Paris, [illegible] d'iceux offices l'adicte
[illegible] montant la somme de quatre mil cinq cens
[illegible] livres par forme d'augmentation de gages de la
somme de [illegible] François [illegible] quittance
[illegible] la somme de quatre vingtz [illegible] livres
[illegible] Sr Gobert
[illegible] offices [illegible] Sr Gobert
[illegible] obligé [illegible] aussy [illegible]
[illegible] soixante mil livres [illegible] luy a baillé [illegible] en mains
aussy par forme de [illegible] contractz dud [illegible]
[illegible] offices de [illegible]
l'election [illegible] nombre de
contractz [illegible] aussy [illegible]
offices [illegible]
[illegible]
[illegible] de finances [illegible] desd offices
[illegible] Gobert aussy [illegible]
l'adjournement [illegible] S^r [illegible]
Gobert [illegible]
ou transport desd offices au [illegible]
voudra, et [illegible] luy a baillé [illegible] en mains au
[illegible] vingt [illegible]
[illegible]
montant [illegible] de vingt mil livres [illegible]
[illegible] vingt cinq [illegible] Sr Gobert [illegible]
[illegible] a la [illegible]
[illegible] mil cinq cens livres [illegible] S^r
Gobert [illegible] a la [illegible]
[illegible] d'offices [illegible]
[illegible] offices [illegible]
[illegible] payement sur lad somme de soixante mil livres [illegible]
somme y contenue employée a l'acquit des debtes [illegible]
[illegible] sur les offices [illegible] du [illegible] principal [illegible]

38

sieur Bonnard et de Baissey, desd. quictances et promesses aud.

sr Gobert [illegible] de lad. somme de [illegible] livres tz

au terme du contract [illegible] ce que lesd. dames [illegible] pourra ayder

ny accommoder [illegible] desd. offices et promesses [illegible]

[illegible] Bayer [illegible] Gobert luy promect [illegible]

[illegible] somme et contenue [illegible] rassurance [illegible]

aud. sieur Gobert [illegible] contract d'adjudication [illegible]

promesse [illegible] il promect luy bailler et transporter au lieu de ce

traicté [illegible] conformement aulxd. traictez cy dessus et

[illegible] au surplus [illegible] de Troyes ny prejudice par les presentes

[illegible] de part et d'autre [illegible] [illegible]

[illegible] intendant [illegible] des finances [illegible] par [illegible]

et special hypotecque affecté obligé et hypotecque [illegible]

[illegible] affecté obligé et hypotecque

au payement du prix [illegible] office [illegible]

[illegible] intendant et commis [illegible] obligeant [illegible]

~~[illegible]~~

la speciale [illegible] la generalle [illegible]

renonçant et obligeant [illegible]

[illegible] faict et passé [illegible]

[illegible] l'an mil six cens vingt [illegible] le vingt huict [illegible]

de janvier [illegible]

[illegible]

[illegible]

[illegible]

[illegible]

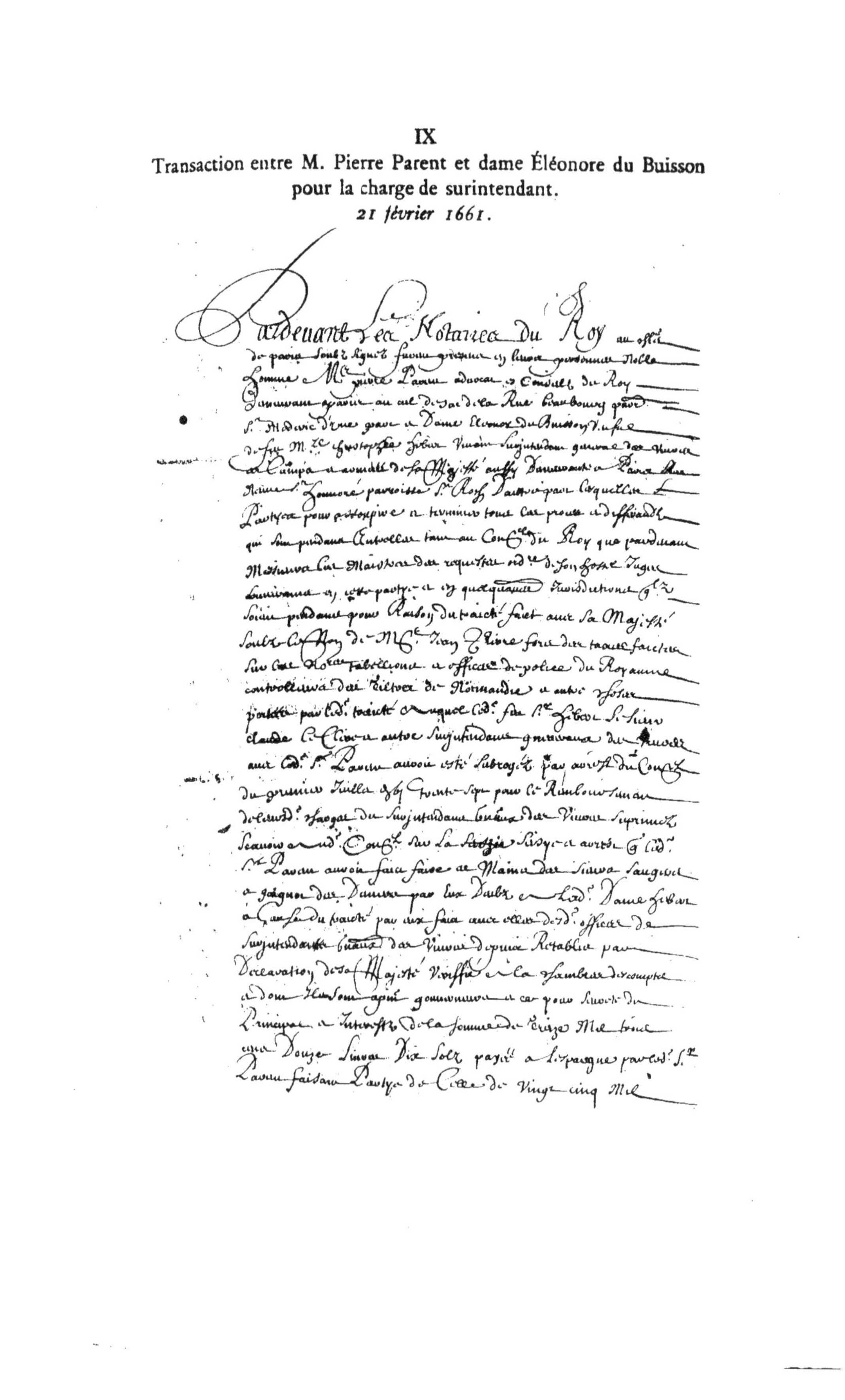

IX

Transaction entre M. Pierre Parent et dame Éléonore du Buisson pour la charge de surintendant.

21 février 1661.

quarante livres 9s led. sieur Gibert le Clerc et ledit sieur
Lavieu et autres subrogés aud. traicté estoit obligés de
payer à Sa Majesté par led. arrest de subrogation
Ensuitte de quoy led. S. Lavieu auroit obtenu arrest
aud. Conseil le premier jour de febvrier 1600 quarante
par lequel est ordonné qu'il seroit payé et rembourse de lad.
somme de seize Mil trois cent douze livres dix solz
et les interestz d'icelle dud. jour dud. payement de la raison
de l'ordonnance par preferance a tous interessez sur led.
traicté a quoy au payement de lad. somme et interestz
ceux qui auroient receu lesd. deniers seroient contrainctz
solidairement comme pour les propres deniers et affaires
de sa Majesté sans prejudice de ce qui luy estoit deub
d'ailleurs sur led. traicté ensuite duquel arrest led. S.
Lavieu auroit faict lad. saisye sur laquelle il y a instance au
Conseil en laquelle est intervenu arrest interlocutoire le dix
septiesme septembre 1600 cinquante sept et depuis un autre arrest sur
la requeste de lad. dame Gibert par lequel auroit esté
faict mainlevée a lad. dame Gibert de lad. saisye a sa
caution juratoire et a la charge de rapporter les deniers
s'il estoit ainsy ordonné suivant lequel arrest elle
auroit faict ses submissions et depuis led. sieur Lavieu auroit
presenté requeste aud. conseil affin que lad. dame Gibert
fut condamnée a rapporter lesd. deniers a ce faire contrainte
comme depositaire et l'instance pendant aud. requeste et
chose et tenu contre lad. dame Gibert en son nom et
comme tutrice des enfans mineurs dud. deffunct S. Gibert
et Delle G. contre la veufve et heritiers dud. deffunct S.
Gibert le Clerc pour ce qui pouvoit estre deub de reste
aud. S. Lavieu de la somme de quatorze mil livres pourquoy
il estoit assigné sur led. traicté pour la part et la remise
d'icelluy porté par led. arrest de subrogation pour les stand

par luy faicts pour led. traicté appoinctemens salaires &
vacations qu'il prétend luy estre deubs, ONT lesd. parties
transigé & accordé entre eulx ce qui ensuit assçavoir que
led. sieur Lavau a remis & quitté, remet & quitte par
ces présentes lad. Dame Gibert ensemble les héritiers
dud. feu S. Gibert son mary de tout ce que led. S. Lavau
pouvoit prétendre contre eux de ce tems pour raison de la
somme de treize mil trois cens douze livres dix solz
par luy payée a Lespargne pour led. traicté & interestz
d'icelle & pour toutes les prétentions cy dessus pour raison
de quoy il y a instance aux Requestes de l'hostel entre
luy lad. Dame Gibert esd. noms & les héritiers dud. S.
& dame le clerc ensemble tous les frais & despens par
luy faicts a cause de ce tant au conseil qu'aud. Reqstes
de l'hostel & tous autres prétentions generallement quelconques
de quelque qualité qu'elles puissent estre & ce a la
somme de huict mil livres tz sur laqlle led. S. Lavau
recognoist avoir receu comptant présentement de lad. somme
Dame Gibert la somme de mil livres tz qui luy ont esté
comptées nombrées & délivrées en la presence des notaires
soubzsignez en louis dor escus dargent & autres monnoye
dont led. S. Lavau s'est tenu pour comptant & le surplus
desd. huict mil livres montant sept mil livres lad.
Dame Gibert a promis & promet de la payer aud.
S. Lavau en sa maison a paris scavoir cinq mil livres
dans le dernier jour de Mars prochain & la somme
de six mil cinq cens livres restans dans le premier
jour de decembre aussy prochain ensuivant & outre

en consideration du payement qui sera faict
actuellement de lad. somme de huict mil livres led. sieur
Lavie a cedde quitte et transporte par ces presentes a lad.
dame Hebert tous droictz noms et raisons et actions qui
luy peuvent competter et appartenir contre led. deffunct
sieur et dame le Clerc ses heritiers et biens tenans au subject
dud. traicté et autre cause en dessus mentionnée
pourquoy il a subrogé en son lieu et place sans toutte
fois aucune garantye restitution des deniers ny recours
quelzconques pour en faire telle poursuitte qu'il
appartiendra soit au Roy de qui bon luy semblera
ou de celuy dud. Lavie lequel a ce effect a ce
jourd'huy par devant les no(tai)res soubz signez passé
procuration le Roy du procureur en blanc qu'il a presenté
Moyennant quoy lad. Hebert se charge de sauver
par elle garantir des poursuittes et acquitter led. S. Lavie
de tous frais et despens dommages et interestz au
subject d'icelle procuration est neantmoings accordé
qu'en cas que led. feu S. Hebert lad. dame et autres
n'ayant point esté remboursez par le Roy de la
partye par led. S. Lavie payée en l'Espargne pour
led. traicté et interestz d'icelle que led. S. Lavie
pourra si bon luy semble se pourvoir pardevant le Roy
pour poursuivre le payement de ce qui se trouvera luy estre
deub de lad. partye et interestz d'icelle ainsy qu'il advisera
bon estre sans que pour ce regard il puisse avoir
aucun recours contre lad. dame et heritiers dud. sieur
Hebert ny sur les successions dud. deffunct S. et dame Le
Clerc en quelque sorte et maniere que ce soit quicte bien

Mesme il se trouueroit qu'elles eussent esté rembourséez de lad.
Partye en quel cas led. sieur Davau les faict d'habondant
par ces presentes remise et les acquitera et deschargera a
pur et a plain moyennant lad. somme de huict mil livres
et sans laquelle condition expresse lad. Dame Gibert
n'auroit passé lad. transaction [illegible] auroit le pouvoir led.
procez et moyennant ce que dessus lesd. partyes
consentent et accordent que led. procez et differends
soient et demeurent nulles terminez et assoupis sans qu'elles
se puissent faire aucune demande les unes aux autres
sans aucuns despens dommages et interestz de
part et d'autre et a led. s. Davau rendu a mis entre
les mains de lad. Dame Gibert les pieces poursuittes et
procedures qu'il avoit dont a esté faict un bref estat
d'inventaire au pied duquel elle a recognu les
avoir [illegible] luy fournir les autres pieces qu'il pourra
avoir concernant led. procez et sera tenue lad. Dame
Gibert rendre ou faire rendre aud. sieur Davau les
recepicez par luy baillez des quittances qui luy ont esté
delivrez par led. s. Gibert a Mre François de [illegible]
dont elle a rapporté le certifficat en lad. Justice du
cons[eil] comme aussy elle consent que ceux par
luy baillez a feu Monsieur Garnier tresorier des
partyes casuelles luy soient aussy rendus
desquelles recepicez desd. quittances sera faict un
estat au pied duquel il recognoistra que
les originaux luy auroient esté rendus et a la charge
de par luy raporter les ampliations desd. quittances

Et outre lad. Dame Gibert a promis de
donner aud. Sr Pavin la somme de cinq cens
livres a quoy il y a remis l'interest de la
somme de sept mil livres qui seront assignees
jusques aud. jour dernier decembre prochain et
pour l'execution des presentes et despendances lesd.
partyes ont esleu leur domicile irrevocable en cette
ville de Paris es maisons ou elles sont
demeurantes cy dessus designez auquel lieux
nonobstant promettant obligeant chacun
endroict soy renonceant faict et passe
a Paris en la maison de lad. Dame Gibert
l'an mil six cens soixante un le vingt uniesme
jour de febvrier apres midy et ont signé /
ainsy signé [illegible]
[illegible]

J'ay receu de Madame Gibert la somme de cinq cens
livres pour le terme escheu le dernier mars dernier
de ce quelle me doit de reste de huict mil livres
mentionnee en l'autre transaction dont je luy
ay ce jourd'huy passe quittance pardevant Mr
Le Normand et son compagnon notaires la
quelle avec la presente ne serviront que d'un
seul et mesme acquit sans prejudice du surplus
faict ce vingt huictiesme avril mil six
soixante un ainsy signé pavin

Collationné a l'original en papier ce faict
rendu par les no(taires) du Roy au Ch(astelet) de
Paris soubsignez ce jourd'huy vingt quatre de
septembre mil six cens soixante deux

Gigault Le Normand

Brevet de Dame ordinaire de la Reine pour Eléonore du Buisson
28 avril 1626.

Aujourdhuy vingthuictiesme d'avril mil six cens vingt six La Royne estant à Fontainebleau voulant recognoistre a l'endroit de la dame Hebert Léonard du Buisson les bons et agreables services qu'elle luy a rendus depuis son arrivee en ce Royaume en la charge de l'une de ses femmes de chambre et l'honorer de qualité digne à son merite pour luy donner d'autant plus d'occasion de continuer envers sa Mate le service qu'elle luy doibt. Ladicte Mate a pour ces susd. considerations retenu et retient lad. dame Hebert pour l'une de ses dames ordinaires, pour en lad. qualité jouisse doresnavant de cette qualité, aux mesmes honneurs, authoritez, prerogatives, privilleges et exemptions dont jouissent les autres dames pourveues de pareille charge. Pour tesmoignage de quoy lad. Mate m'a commandé luy en expedier le present brevet qu'elle a voulu signer de sa main et faict contresigner par moy son coner et secretaire de ses commandements et finances.

Anne

XI

Madame Hébert tutrice de ses enfants.

9 mai 1646.

A tous ceux qui ces p[rese]ntes lettres verront Louis
Seguier chevalier baron de Saint brisson seigneur des ruaux
et de Saint Firmin con[seill]er du roy nostre sire gentilhomme
ordinaire de la chambre et garde de la prevosté de paris
salut scavoir faisons qu'aujourd'huy sont comparus les
parens et amis de Christophle francois aagé de dix neuf
ans ou environ Anne aagée de dix huict ans Charles
aagé de quatorze ans marguerite aagée de douze ans
Therese aagée de onze ans et Anthoine hebert aagé
aagé de neuf ans ou environ enfans mineurs de deffunct
M[aist]re Christophle hebert vivant con[seill]er du roy et intendant
general des vivres et de dame Eleonor dubuisson son
espouse et ce a la diligence de la dite dame mere et soubs
les protestations de ne prejudicier a la garde noble de ses
enfans qu'elle pourra accepter sy elle trouve que bon soit
scavoir la dite dame dubuisson mere presente francois
hebert escuier sieur de la marre con[seill]er du roy et controlleur
de la maison de monseigneur le duc d'orleans gentilhomme
ordinaire de sa dite altesse oncle paternel present
gabriel anthoine fourrier escuier con[seill]er du roy et president
en l'election de paris cousin issu de germain desd[its] mineurs
Jean lecoq escuier sieur de la varenne et de la [illegible]
[illegible] cousin issu de germain du costé paternel
M[aist]re francois de l'aubespin escuier sieur de [illegible]
cousin issu de germain du costé paternel tous comparans
par maistre honoré puthomme procureur en cette cour
M[aist]re Alexandre dubuisson gouverneur de han et chef
de la fauconnerie du cabinet du roy oncle maternel
comparant par ledit puthomme fondé de la procuration
du sept du present mois passée pardevant guerreau nottaire
en cette cour M[aist]re Anthoine du buisson sieur de la marlaudiere

fondé de leurs procuration de ce dit jour passée pardevant chappelain et son compagnon nottaires

Oncle maternel comparant par maistre estienne guillier fondé
de son pouuoir du sixiesme du present mois et Mre Louis
de saumaise de chasan escuier frere uterin des d. mineurs
comparant par ledit puthomme son procureur suivant
la procuration de ced. dit iour passee pardeuant ledit
chapperon nottaire toutes lesquelles procurations sont
demeurees annexees a la minutte des p̄ntes lesquels sieurs
parens comparant comme dit est nous ont dict et remonstré
qu'aux d. mineurs est besoing d'un tutteur et subrogé
tutteur pour regir et gouuerner leurs personnes et biens
nous requerans leur en uouloir pourueoir considere
laquelle requeste auons ausdits dame veufue audit sieur
hebert controlleur et aus d. puthomme et guillier es d.
noms faict faire le serment de nous donner bon fidel aduis
sur ladite eslection lesquels apres ledit serment ont
dict scauoir ladite dame veufue qu'elle se raporte aus
dicts sieurs parens ledit sieur hebert Controlleur qu'il
nomme ladite dame veufue pour tuttrice et pour
subrogé tutteur nomme Jean leco escuier sieur de la
varenne et les d. puthomme et guillier es d. noms
que les d. sieurs parens eslisent ladite dame veufue
pour tuttrice esd. d. mineurs et ledit sieur hebert
pour subrogé tutteur lesquels pour ce present ont
vollontairement pris et accepté lesdictes charges
promis faire leur debuoir en icelles et faict le serment
sans preiudicier a demender par la dite dame la garde
noble en temps et lieu En tesmoing de ce nous
auons faict sceller ces p̄ntes données et prononcees
par Mre Dreux daubray conser du roy en ses conseils
destat et priué lieutenant ciuil de la uille preuosté et
viconté de paris le ieudy neufiesme may mil six cens
quarante six collaon hubret

Collationné sur son original [illegible]

En marge : [illegible] nous auons ordonné que ladite dame veufue demeurera tuttrice ausd. mineurs et ledit sieur françois hebert pour subrogé tutteur.

en parchemin le Fait et rendu par les
notaires gardenottes du Roy au Chastelet
de Paris soubsignez l'an mil six cens
cinquante sept le vingt quatriesme may

Demeaufort

Morel

XII

Reconnaissance entre Anne Hébert et Éléonore du Buisson, sa mère.

10 juillet 1660.

Aujourd'huy est comparue pardevant les con.ers no.res gardenottes du Roy au Ch.let de Paris soubz.nez damoiselle Anne Hebert, fille majeure, usante et jouissante de ses droitz, demeurante a Paris, rue et porte St Honoré, par. St Roch. Laquelle a apporté a Clement l'un des no.res soubz.nez, une Recognoissance passée entre elle, et deffuncte dame Eleonore du Buisson, sa mere, signée privée, le Xe jour de juillet 1660, recognue en justice pardevant Langlois, et led. Clement no.res le 29 juillet 1673, pour la mettre au rang de ses minuttes, et en delivrer expeditions a qui il app.ra. Ce qu'il luy a esté octroyé. A Paris en l'estude dud. Clement no.re l'an mil six cens soixante unze, le ... jo. de febvrier et a signé la minutte des presentes demeurée aud. Clement l'un desd. con.ers no.res soubz.nez. Ensuit la teneur de lad. recognoissance.

Je soubz.née dam.lle Anne Hebert fille majeure recognois q. pour le paiement de la somme de dix neuf mil huict cens vingt sept livres dix sept sols huict deniers que Madame Hebert ma mere me doibt, savoir XVIm IXc XVIlt XIIIs IIIId de principal, qui m'estoient deubz par les s.rs Saulger et Baignoux, et a moy escheus par le partage de subdivision fait entre mes soeurs et moy, pard.t le comm.re Gaulf le 9e may 1651, a prendre en plus grande somme deue par lesd. s.rs Saulger et Baignoux, pour reste du principal de la vente faicte par lad. dame Hebert ma mere, des offices de surintend.t des eaux [?], par contrat passé pard.t Daubanton et Ogier no.res au Ch.let de Paris, le 18 janvier 1651 d'une part, et IIm IXc XIlt IIIs VId tant pour les interestz de lad. somme de XVIm IXc XVIlt XIIIs IIIId que pour autres sommes qui me sont deues par mad. dame ma mere, suivant le compte faict entre nous. Elle a cejourd'huy par contrat passé pardevant Bigaud et Normand No.res fait vente et transport aux [?], Me Richard Petit seigneur de la Selle Escuier Con.er du Roy en ses Con.lz sieur et m.re d'hostel ord.re du Roy, de mille livres de rente a mad. dame

ma mère constituée par dame Elisabet de Faure
de la Croix espouse de Mre Alexandre Nicolas
Bouttier, marquis de Crairomo, de Riancourt Cantom-
lieux, tant en son nom que comme procuratrice dud. seig
espoux, dame Elisabet Budée, veufve de Nicolas
Binet, vivant escuier sr de Bouilly et Mre Nicolas
Brochet de la Grange sr des Garnisons [illegible]
Con.er du Roy tant en leurs noms que comme se estant
faits fortz de dame Anne de Binet veufve de
Mre Nicolas Antoine d'Aguesseau, vivant pr
président en la cour de parlement de Bourdeaux,
solid.ment par contract passé pardevant Dand et d'Aubanton
notaires le cinq.e febvrier 1655, et de dix huit ans vingt
septiesme, dix sept solz six deniers pr les arrérages
de lad. rente, qui restoient deubz jusqu'à ce jour comme
le porte led transport faict moiennant pareille somme
de 19827lt 18s 8d, que mad. dame ma mère a
~~con soffisme~~ audit sieur dud. sr de la Selle par les
contract lequel sr de la Selle m'en avoit faict les
jour et pardevant les Gigault et le Normand notres
faict de la vacation, et recognu q. lad. so. de xix m vi c
xx vi lt x vi s. viii d. pour laquelle led. transport
a esté faict, estoit de mes deniers quoy que dans
la verité, ni moy ni led. sr de la Selle, n'ayons baillé
aucuns deniers à mad. dame ma mère, sinon le
remboursement des frais qu'elle avoit faicts, et
tant x 9 lt de rente en principal et arrérages maintenant
ainsi esté cedez soubz le nom dud. sieur de la Selle
pour mon paiement de lad. somme de xix m vi c
xx vi lt x vi s. viii d. à moi deue par mad. dame ma
mère, partant au moien de lad. rente et transport
desd. mille livres de la rente et arrérages je quitte
madame ma mère de lad. somme de dix neuf mil
vi c xx vi lt x vi s. viii d. A la charge que
mad. dame ma mère sera et demeurera a tousjours
obligée a la garantie de lad. rente, ez prin.al
et arrérages, sauf que je soie tenu a aucune

poursuitte ni veille a la solvabilité desd. debiteurs
d'icelle ni mesme supposer aux debtes si aucunes
se faisoient de leurs biens dibvy ne me semble
et sans aussi desroger a mes privilleges et hipotecques
que j'ay conformement aud. partage, et a l'acte
de tutelle quoy mad. dame ma mere a esté pourveue
l'avoir sans estre conditions expresses je n'aurois accepté
led. transport que l'assavoir. Ce qui a esté accepté
par moy Elenore du Buisson veufve Mre
Cristofle Hebar, vivant surintendant general
des vivres des camps et armées de France aux
clauses et conditions susdites. Faict double a
Paris ce dixe jour de juillet mil six cent soixante
signé Elenor du Buisson, et anne Hebar
plus bas est escrit :

Pardevant les noteres gardenottes du Roy nostre sire
au Chlet de Paris soubzn., sont comparues
dame Elenore du Buisson veufve de Mre Cristofle
Hebar conseiller du Roy surintendant general des vivres
des camps et armées de sa Maté et damoiselle
Anne Hebar fille dud. deffunt sr Hebar et
de lad. dame sa veufve, fille majeure jouissante
de ses droits, demeurans ensemble rue St Honoré
par. St Roch, lesquelles ont declaré et recogneu
avoir signé de leurs seings manuels l'escript
en forme de Recognoissance cy dessus et devant
contenu. Lequel elles ont promis d'entretenir
et executer selon sa forme sans y contrevenir en
aucune maniere que ce soit, et pour l'exon d'icelles
parties ont esleu leur domicile sçavoir lad. dame Hebar
en sa demeure susdite et lad. damlle sa fille en la
maison de Mre Fauvelle procureur au Chlet scize
au cloistre du [illegible] auxquels lieux etc. nonobstant etc.
promettant etc. obligeant chacun en droit soy, renonçant etc.
Faict et passé a Paris es estudes des notres
soubzn. l'an mil six cent soixante seize

Le dix huict jour de juillet avant midy
et ont signé ces presentes doubles. Cette expedition
lad. dame Hébert a signé Elaynore du buisson
Anne Hébert Langlois Clement signé
Borget Clemens.

XIII

Sentence arbitrale portant sur diverses successions dans la famille Hébert.

11 août 1662.

xj Aoust 1662.

Pardevant les Nottaires Gardenottes
du Roy nre Sire en son Chlet de Paris
soubz(ignez) furent presens en leurs personnes Dame
Eleonore Du Buisson, veufve de feu Mre Cristofle
Hebert, vivant Conr d'Estat, et Surintendant gnal des
vivres de Sa Mate camps et armées, comme
commune en biens avec led. sr son mary. Mre
Charles Hebert Chlier Seigneur de Cornillan
damoiselle Anne Hebert majeure, jouissant de ses
biens et droitz, demeurans à Paris ensemblement
rue neufve St Honnoré parr. St Roch. Et encore
lad. dame Hebert comme se faisant et portant fort
de Mre Alexandre du Rouvre Escuyer sieur
de Bonnemville, comme mary de dame Marguerite
Hebert, de Mre Alexandre Petit Chlier seigr
du Rosoir, comme mary de dame Françoise
Hebert, tous enfans et heritiers dud. feu sr
Cristofle Hebert et de Mre Jean Hebert Chlier
Sr de la Marie Lieutenant des gardes de
Son Altesse Monsieur le Duc d'Orleans, et
de Mre Louis Hebert, Chlier sieur de
Cornillan leurs oncles, et par lesquelz srs
et dames susnommez, lad. dame Eleonore
du Buisson promet faire ratiffier et approuver
dans un mois d'huy prochain à peine de tous
despens dommages et interestz d'une part /
Et Mre François Hebert, Conr Mre d'hostel
du Roy, Conr gnal de la Maison de Son
Son Altesse Royalle Monseigneur le Duc
d'Orleans, demeurant à Paris rue des Prouvaires

[illegible] Cotte dix

paroisse S.t Eustache, Dame Anne Hebert femme
authorisée par justice au refus de M.re Charles
de Lorme, Con.er de france en la generalité de Bordeaux
demeurant à Paris rue S.t Honoré paroisse S.t Germain
de l'Auxerrois — Louis du Bois escuyer S.r
de Vadonne demeurant aux faux bourgs S.t Germain
des prez rue de Grenelle, paroisse S.t Sulpice, Et
damoiselles Catherine et françoise Du Bois majeures
jouissantes et usantes de leurs droictz Enfans de
deffunct M.re Henry du Bois, escuyer S.r de Hautecombe
et de [illegible] Catherine Hebert leur pere et mere,
[illegible] partie de dix et heritiers de Jean
et Louis Hebert, demeurantes lesd. dem.lles du Bois
avec lad. Dame de Lorme leur tante d'autre part
Lesquelles parties desirans terminer à l'amiable
les procez qu'elles ont au Parlement de Paris pour
raison [illegible] successions, Lad. Dame Cath.ne Hebert
et les [illegible] dud. deffunct S.r Hebert fille
ont dit qu'ilz se pretendoient creanciers desdites
successions suivant leurs demandes portées par la
sentence du treiziesme octobre 1655, et Arrest du
seiziesme mars mil six cens soixante six, par lesquelles
ilz estoient demandeurs en payement de la somme
de six mil livres d'une part portée par le
testament et codicille dud. Jean Hebert S.r de la
Motte, des deux juin mil six cens vingt cinq, et troisiesme
septembre mil six cens huict, et par sa promesse
soubz seing privé du p.er janvier mil six cens vingt six
deux mil livres d'autre portée par le Codicille
dud. sieur Jean Hebert au proffit dud. feu S.r

Cristoffle Hebier, un pistolle de cinquante livres
et cinquante huict livres payées par led. feu
sieur Cristoffle Hebier a ce qui deub par Hebier
suivant les quittances des sept^e et vingt sept^e
novembre mil six cens vingt deux. De la somme de
cinq mil six cens quatre vingts onze livres
de lettres de change acquittées par led. feu s^r
Cristoffle Hebier pour et a la descharge dud. Louis
Hebier s^r de Cornillan [illegible] s^r de Lamproie
et la somme de [illegible] deux livres, contenue
en la quittance du [illegible] octobre mil six cens vingt deux; de la
somme de trois mill livres contenue en la recognoissance
du seiziesme mars mil six cens quarante huict. De la
somme de six mil deux cens livres, contenue en
l'escript du mois janvier mil six cens vingt sept
signé Charles Hebier; de la somme de quatre
cens vingt livres [illegible] en l'acte du vingt six^e
mars mil six cens [illegible] cinq, et encore des
sommes portées par le compte presenté par lad.
dame Elenore du Buisson le dixhuictiesme juin
mil six cens soixante un, de l'execution testamentaire
dud. sieur Jean de la Moye, frais et despens
communs dud. compte. Contre led. Hebier demandeur,
les s^{rs} François Hebier et consorts opposans
que led. s^r Cristofle Hebier, con^{er} d'Estat et
surintendant des finances de sa Ma^{té} estoit debiteur
de tres notables sommes a la succession dud.
deffunct Mre Jean Hebier seigneur de la Moye
qui estoit executeur de son testament et en ceste
qualité s'estoit saisy au jour de son decedz de ses
meubles, joyaux, hardes, bagues et equipages, deniers

chaine d'or, trois montres, une Croix d'or garnie
de diamants et autres pierreries, dont en qualité
d'executeur dud. testament il estoit obligé de faire
Inventaire. Que lad. Dame Eleonore du Buisson
estoit condamnée à representer [illegible], et
rendre le compte de lad. execution testamentaire.
Qu'oultre tous ces riches meubles, il avoit vendu
la charge de [illegible] Simon S. de la Noye de
Lieutenant aux gardes de feu Monseigneur le
duc d'Orleans, la somme de Vingt mil livres
[illegible] cens livres de pot de vin,
[illegible] somme de six mil deux cens
[illegible] avoit payée au S. Claude
Charles par led. Cristofle Hebert en l'année mil
six cens vingt sept, et luy Simon Cristofle Hebert
et [illegible], estoient deschargez du payement
de cette somme, et demandoit [illegible] faictes par led.
Charles [illegible] de Messieurs de Mesmes et
de [illegible] deputez par Sa Majesté à l'audition
et examen des comptes des Communautez et par [illegible]
dud. Charles datté du huictiesme Juin [illegible]
sans appel, et que la quittance donnée par led. Charles
à Simon Hebert en l'année mil six cens vingt sept
ne les obligent pas au payement de lad. somme
au contraire les en deschargent. Quant à la
somme de trois mil livres, [illegible] n'avoit aucune
preuve que cette somme fut deue audit feu S. Cristofle
Hebert. Et quant à la somme de deux mil livres
portée par le Codicille dud. feu [illegible] Hebert au proffit
dud. feu S. Cristofle, et l'interest desd. six mil
livres esquelles ilz sont condamnez à compter du
vingt troisiesme Janvier mil six cens vingt cinq

la Sentence des Requestes & Arrest de la Cour
ne pouvoient subsister; et estoient aux hommes à
se pourvoir contre icelles. En sorte qu'ilz estoient
aux hommes d'entrer en grandes involutions de procès;
Pour lesquelz hommes et tiltres à l'amyable
[illegible] par l'advis de leurs amys communs
transigé, chevy et composé comme s'ensuit. C'est
assavoir qu'apres que lad. dame Eleonore du Buisson
a representé lesd. diamans donné en traictant de
la charge dud. Sr [illegible] Hebert Sr de la [illegible]
et les bagues de pierreries dud. feu Sr Louis
Hebert Sr de Cornillau, lesd. parties ont
demeuré d'accord que lesd. diamans, lesd. bagues
de pierreries demeureront entierement à lad. dame
Eleonore du Buisson pour en faire et disposer
comme bon luy semblera. Et ce faisant lad.
dame Eleonore du Buisson ne pourra rien pretendre
des huit cens [illegible] livres par elle payé
à la damoiselle Masson et demeurera quitte envers
ses enfans pour leur part et portion de ce
que led. Sr Hebert a payé à lad. damlle Masson
tant à luy à se faire payer de la part et portion
de ses autres cohers; Et pour le surplus
lesd. parties ont compté à l'amyable des sommes
cy [illegible] specifiées et autres contenues au compte
presenté pardevant Mr Colombel conseiller en la Cour,
et toutes deductions faictes, mesme de la somme
de quatorze mil livres receue par led. feu Sr Cristofle
Hebert, faisant partie desd. vingt mil livres
[illegible] desd. quatorze mil livres, mil livres
pour les pots de vin [illegible] et six mil livres

pareillement desdictz, lesd. s. rs françois hebert
s.r de la Moye, dame anne hebert femme
dud. s.r de lorme, damoiselle catherine françoise
du boys veuve joumar, heritiers pour les quatre
cinquiesmes desd. s.rs Jean et louis hebert, se sont
recognuz debiteurs envers lad. dame Eleonore
du Buisson esd. noms de la somme de
cinq mil cent dix sept livres, deduction faicte
du quart quelle a [illegible] debvoir en portion
de laquelle d. somme de cinq mil cent dix sept livres
[illegible] tiers sont pay[illegible] acompte
de [illegible] jusques a lactuel payement dud.
principal, qui est cause portion susdicte comme
procedant de condamnation de somme principalle
par sentence et arrestz et du payement de
laquelle somme de cinq mil cent dix sept livres
susdicte dans suivant lordonnance, sont et
demeurent [illegible] par privilege special et seront obligez
et ypotequez les quatre cinquiesmes de la terre de
Cornillau (?) sise dans le [illegible] appartenant
ausd. s.rs françois hebert, dame de lorme, s.r et
damoiselle du Boys, veuve et joumar, et tous
leurs autres biens, chacun pour leurs parts et portions
et demeurent lesd. dame Eleonore du Buisson esd.
noms quittes et deschargez au moyen de ce
de toutes conditions dinventaire, representation de valeurs
de lheritage testamentaire dud. feu s.r pierre hebert
s.r de la Moye, et des meubles et equipage desd. feuz
s.rs Jean hebert, et pour tout le surplus
des pretentions entre les parties, comptes
a faire entre eux non meslez ez desd. partage

des meubles et immeubles de la succession dud. feu sr. Couyahobin sr. de Corneillan a l'exception des bagues et pierreries cy dessus et les compteront et s'en feront raison a l'amyable, et conviendront d'amys communs pour decider de leurs differents s'y aucuns s'en trouvent. Car ainsy a esté convenu entre lesd. parties [illegible] obligeant et [illegible] endroit soy [illegible] [illegible] [illegible] renonceant. Faict et passé a Paris en la maison desd. parties devant declarée l'an mil six cent soixante deux le onziesme jour d'[illegible] [illegible] midy et ont signé la minute des presentes demeurée vers de Beaunais l'un des notaires soubsignez ainsy signez Ogier et de Beaunais

Sentence arbitralle qui ordonne que nous serons payes par privilege sur la terre de Corneillan et ses dependances de 5117[tt] et les interests depuis laditte sentence 1662.

Le tude de baumes a este vandue a perret receu cognitier et a durant a la croix des petit champs

XIV
Inventaire des biens de Madame Hébert dressé après sa mort, arrivée le 10 décembre 1676.

le contras de mariage de mre cristofle hebert
et eleonor dubison passé par deuan burgis
et contesse notaire le 18e daout 1624 auec
lequelle et atache vn brife inuentaire de ce
que la ditte dame a aporté en mariage
passé aussy par les meme notaire inuentorié
par la cotte 9 ...
la charge de tresories general des fortificacion
de picardie et ille de fransse les prouision en
son daté du 23 xbre 1619 1619
la charge de tresorie de fransse de picardie
daté du 6e dauril 1621
la charge de general des viure des can et armé
de sa maiesté aicté san vingt mille frans le 28
ianuier 1626 passé che baudrie et reuerce
la vante de toute ces charge passé par dobenton
et ogier le 14 ianuier 1655 par mr hebert comme
tutrisse et aian la garde noble de ces enfans
moiennan san sainquante mille frans et 3000 tt
pour vne chene dor
contras de donation faite par dame eleonor dubison
a anne hebert sa fille du 20 may 1675 de 4040 tt 1s 9d
de rante en six partie paiable a lhostelle de ville dess...
la 1re de 37 tt 3s 9d auparauant en trois partie lune de
7 tt 3s 9d constituer le 25 7bre 1566 lautre de 20 tt constituer
le 5 feurier 1568 et lautre de 10 tt du meme iour et an
5 feurier 1568 sur le clergé de france don le 1er le beuf
et paiens
la 2e de 70 tt constituer le 5 may 1567 sur le dt clergé
la 3e de 103 tt 2s constituer le 24 8bre 1568 sur le dt
clergé les quelle 2 et 3e rante le sr massoulier et ...

la 4e de 2000 lt de rante constitues le iour de mars 1625 sur les 4 sur mille liure de rante des gabelle don les sr brunet et guiliet son paieur

la 5e de 476 lt 4 s de rante constituez le 17 8bre 1634 a prandre sur les 3 milion des taille de france

il et mis ala marge que ces 476 lt 4 s on esté ramboursee le dernier iuliet 1649

la 6e le 2 ianuier 1635 de 1353 lt 12 s ~~de rante~~ sur les aide et antré les sr boissau et bandier son paieur

mis auzy ala marge que les dt 1353 lt 12 s de rante on esté ramboursee le pr iuliet 1647

faut remarquer quil et mis dan cette donation que le contras de 2000 lt ~~de~~ de rante a esté fait par mde hebert pandan son pr veuuage quois quil le contras ay esté fait le iour de mars 1625, et quelle fut remariez ~~a~~ mr hebert le 18 daout 1624 ainsy il et de lacomunauté de mr hebert

declar que les 1353 lt 12 de rante vienne des ramboursemens qui on esté faits de quelque greffe ou autre offise suprimé

et que le sur plus des rante y desus lui apartienne comme creanser de ses anfans du segon lit

la rante de 1353 lt et du 2 ianuier 1635 et par consequan du viuan de mr hebert quois quelle declar port cette donation que cet de puis son veuuage ~~[illegible]~~ aiant eres cette rante des offise qui estes perdu il net cependan mort quan 1646 ces date et declaration son diferante ala fain de la donation

md hebert adoné par devan clement et le norman
le 25 9bre 1645 vne partie de ces meuble a malle hebert
le pr 8bre 1675 baille fait a md de chartre pour 3 ans
2400 lt et 300 lt de pot de ving, compagny au regiment
de picardie acte par md de lignan le 5 ionvier 1656
12500 lt, par devan david et daubanton le 3e may 1604
md de chasan capne au garde a amprunte a md de
birague 2220 lt 4s 2d que md hebert a paie, 100 lt 2s de
rante emprunte de md de birague pour md de bregy
promesse du meme de 171 lt paiee pour md de chasan capne du
garde 521 lt aux tablier, plus 270 lt, plus 200 lt, lieutenance
au garde de md hebert acte 36600 lt le 20 Xbre 1674 et avec
la compagnie de md de chasan, contrat de mariage de md de
chasan et eleonor de buison le 7 Xbre 1618, testament de md
hebert le 27 davril 1676 par norman, expedition deux
vante sou saine prive faite par voisin a bourgot
d'une moitie de la grande mason cette vente sou sain
prive date du 2 may 1623 et reconu le 4 Xbre
1624 par devan grandeoge et moufle, 70 lt paies par
md hebert pour md de chasan plus 40 lt plus 100 lt plus 170 lt
l'invantaire de md berigne de chasan fait par bourgois et conte
le 20 Xbre 1621, rene de can hebert 24500 lt par md hebert en
cot par dite de md lapresenie de contie 40450 lt, la charge de
secretaire du roy vendu 1200 lt ratification du compte et inventaire
faire de md de chasan par son fis alexandre et le pere de
saumoise passe par david et daubanton le 6 Xbre 1655

XV

Requête du dépositaire de l'argent comptant provenant de la succession d'Éléonore du Buisson.

7 juin 1679.

Pour Mademoiselle Hebert

Petit Papier Un sol la feuille — Generalité de Paris

Messieurs les Arbitres

Supplie humblement Louis Bachelier Clerc de Monsr Croiset Conser du Roy en sa Cour de parlement, Disant qu'ayant esté nommé par Arrest de lad. Cour du premier Avril 1678 rendu entre les heritiers de Dame Elleonore dubuisson veuve en premieres nopces de Mre Georges de Jaumage? de Chassant? vivant Conser du Roy Secretaire des Commandemts de son Altesse Royalle Monseigr le Duc d'Orleans et en secondes de Mre Christophle Hebert vivant Conser du Roy surintendant genal des vivres camps et armées de sa Majesté pour estre depositaire des deniers provenans des effets de la succession de lad. Dame Elleonore Dubuisson Il auroit esté mis es mains du suppliant en execution dud. Arrest la somme de quatre mil trois cent quatre vingt quatorze livres cinq sols en deniers comptans ainsy qu'il paroist par acte passé pardevant Roulier et Lanyot notaires au Chastelet de paris le sept Janvier 1679 dans laquelle somme il y auroit pour cinq cens livres de pieces de quatre sols et la quantité de deux cent quatre vingt cinq et demi tant reaux flandrins monacos et autres pieces estrangeres, Depuis lequel temps les pieces de quatre sols ont esté reduittes a trois sols six deniers et les reaux, Monacos et autres pieces estrangeres entierement deffendus

Et ordonné par Arrest du Conseil du vingt
huict mars der. quelles seroient portées
à la monnoie dans les trois mois lors
suivans, Et comme le Suppliant n'est qu'un
simple depositaire qui ne doit et ne peut
estre garand de la perte arrivée Et qui peut
Encore arriver ausd. especes par le fait du
Roy Il a recours à vous Messieurs pour
luy estre sur ce pourveu Attendu que
tous les differends meus Et a mouvoir
Concernant les effets de la Succession de
Ladite Dame Eleonor Dubuisson sont
tous renvoyés par Ledit Arrest

De plus Mes J. Lorimond de la marlière
Et Samuel Ladeau procureurs en la Cour
de Mr Jean morel bourgeois de paris
tuteur des heritiers de lad. Dame dubuisson
Ayant fait entendre au suppliant que
vous aviés trouvé raisonnable qu'il fut
payé six livres à chacun deux toutes les
fois que leur presence seroit necessaire sont
prendre par les mains du suppliant communication
des pieces dont leurs parties auroient besoing
ou lors de vos assemblées pour vous
expliquer leurs interests, Et en apprendre sur
les deniers qui sont deposés ès mains
du d. Suppliant ~~qui~~ il declare qu'il est prest Et offre ~~d~~
d'y satisfaire en luy donnant les descharges
que vous trouverés luy estre necessaire attendu
qu'il est chargé desd. deniers par Ledit
Arrest du premier Avril gbi soixante dix
huict.

Ce consideré Messieurs Il vous

Plaise ordonner que le suppliant demeurera purement et simplement deschargé de la perte et diminution faite et a faire a l'advenir tant sur les cinq cens livres de pieces qui luy ont esté mises es mains pour quatre sols chacune que sur les deux cens quatre vingt cinq et demy tant deniers flandrins Monacon et autres pieces estrangeres cy dessus mentionnées comme aussy de pourvoir a la descharge qu'il luy est necessaire pour le payement qu'il fera aux s.rs Delamarliere, Lardeau, et Morel de lad.e somme de six livres a chacun deux toutes les fois que le bien des affaires de leurs parties requerront leur presence soit pour prendre communicaon des papiers deposés es mains du suppliant en vertu du susd. Arrest soit dans les temps de vos assemblées ou autrement, Et vous ferez justice signé Bachelier, Et plus bas, soit communiqué a partie fait a paris ce sept.me jour de Juin [illegible] soixante dix neuf signé Philippe Brouard de bouilly / Pour Coppie

Bachelier

XVI

Testament de Christophe-François Hébert, capitaine au régiment des Gardes du Roi, mort au siège de Dunkerque, le 17 août 1658.

16 Aout 1658. Coppie du testament de monsieur hebert

A la plus grande gloire de dieu

Ce jourdhuy 16 ~~juillet~~ aoust 1658

Je Christophle francois hebert Capitaine au regiment des gardes du Roy considerant quil ny a rien de plus certain que la mort et ne voulant sortir de cette vie sans ordonner quelques miennes volontes tant pour la descharge de ma conscience que pour satisfaire aucunement a la recognoissance que je dois aussi pour mes amis et domestiques sur ce quil plaira au Roy donner a mes heritiers au [illegible] de ce quil faudra pour payer les debtes contractees de la charge que je possede sur ce qui me poura revenir de la partie de la trois quatre cinq et six et partie de la septiesme monstre que jay servi le discontre au presta[illegible] table fait aux soldats et officiers dicelle sur les quatre dernieres monstres de lieutenant montant a quatre vingt douze pistoles que mr de [illegible] lors lieutenant de la compagnie de mr de Chasan a present la mienne avoit perdu contre le sr renouard et dont le dt sr renouard me fait cession ainsi quil appert par un papier que je dois aussi et dont mr boulet lors en annee 1658 ou les charges de soublieutenant furent crees me fait son billet./

Item sur les quatre vingt douse pistoles des quatres monstres de lannee 56 ou les 2 charges de soubslieutenant furent crees a moy reuenant a raison de 23 pistoles chacune pour la charge que jauois de lieutenant dans la compagnie de mr de francieres a present hautefeuille./

Item sur les cinquante une pistoles dor que me doit mr de linsendon lieutenant de ma compagnie./

Et generalement sur tout ce qui se trouuera mappartenir bien et loiaument et enfin dont je nay pas a present la memoire et de plus de tout ce qui prouiendra de la vente de mon equipage et de mes nippes

Jordonne premierement et supplie tres humblement madame hebert ma mere et mes soeurs que sur les plus clairs deniers de tout ce qui se trouuera mappartenir soit donne a lhospital general de paris la somme de quinze cent liures une fois payee dequoy obstant je supplie mademoiselle hebert en qui jay tousjours eu confiance [illegible] point que si le fonds pour les 2 quinze cent liures nestoit present immediatement apres ma mort je la supplie tres humblement de me vouloir faire la grace de les auancer laffaire important du salut de mon ame que je suis certain quelle me maintiendroit de tout son coeur aupres de dieu

En 2e lieu je souhaitte aussy tost que jauray rendu lesprit a dieu on me fasse porter en brancard et suivant la condition que jay a lalais pour mon corps estre inhumé en leglize des peres capucins et que dans les 4 premiers jours de mon deces on face dire pour le salut et repos de mon ame jusques a quatre que mr de premont officier aux gardes mon parent quavec sa permission jestablis icy mon executeur testamentaire fera dire sil luy plaist

Je prie mr de corneillan mon frere davoir agreable que je luy donne icy deux des meilleurs chevaux de mon escurie quil prendra a sa discretion.

Item je prie mademoiselle de lignan ma ~~[illegible]~~ ... a flambeaux dargent quelle mavoit ~~donné~~ [illegible] de la campe

Item je prie mr de bournonville mon ~~beau frere~~ de vouloir reprendre un mulet soubs poil alzan quil mavoit donné il y a environ quatre mois et ~~[illegible]~~ celuy la accepter un mulet soubs poil noir quil mavoit fait ... de feu mr de candale

Je donne a du fause mon vallet de chambre y compris ce quil a avoit receu de ses gages depuis le 20e aoust ou environ quil est avec moy la somme de ~~deux~~ cens livres

Item je donne a du plessis mon autre valet de chambre y compris ce qui peut avoir couru de ses gages depuis le commancement de la campagne la somme de cent cinquante livres. /
Item je donne au basque mon chartier outre les 4 pistoles que je luy donnay en partant de paris cinquante livres. /
Item au nommé la calle mon petit laquais 10 escus et vingt livres a chacun des autres mes domestiques nommes cocher, des moulins et st nicolas /
Item des premiers deniers qui se toucheront a paris j'entends que mr le general hebert mon oncle quatre ou cinq cent livres et que les heritiers de madame langlois a qui je puis devoir encor 20 pistolles soient payes
Le surplus de mon bien s'il en reste je supplie mes heritiers comme n'estant que fort peu de chose d'en faire prier dieu pour moy. /
Et pour ce qui sera de l'interest du decompte de mes soldats s'en arester au livre de ma compagnie et a plusieurs petits papiers destaches qui sont dedans mesme a quelques autres que peuvent avoir mes valets de chambre ou j'asseure n'y avoir rien que de veritable et pour le parfait des contes des soldats de la compagnie de mr de chasan a present la mienne s'en arester a la minute qui en a esté escritte par mesdits de la falaise et boulay officiers des gardes laquelle est dans mes papiers de paris aussi bien que le concordat fait pour

XVII
Fondation en l'église de la Pitié par Anne Hébert.
3 février 1683.

MOYEN PAPIER
Deux sols six deniers la feuille
GENERALITE DE PARIS

Par devant les Conseillers
du Roy notaires gardenottes au chastelet de paris soussignez
furent pnts Antoine de Paix escuier sieur de la chapelle, sieur
Andrée Le Vieux ancien eschevin et juge consul de cette ville de paris
Henry Raoussane escuier sieur de Vieuxmaison, Mre Nicolas
Puiette conseiller du Roy en ses conseils intendant des maisons
et finances de deffunte madame la duchesse douairière d'Orleans
Jean le Camus escuier conseiller secretaire du Roy, Monsieur Mre
Aimé Belin conseiller du Roy tresorier de france a paris, Mre
Michel Petit advocat en parlement, Mre francois Berthelot conseiller
du Roy en ses conseils, Estienne Landais escuier conseiller secretaire
du Roy, et tresorier general de l'artillerie de france et Guillaume
de Brie aussy conseiller secretaire du Roy tous directeurs
de l'hospital general de cette ville de paris d'une part et damlle
Anne hebert fille majeure demeurante de cette droite demeurante
rue de la susdite paroisse saint Roch, d'autre part, lesquelles
parties sur ce que lad damoiselle hebert auroit representé ausdits
sieurs directeurs, que deffunt Mre Cristophe francois hebert
son frere vivant capitaine au regiment des gardes francoises
de sa Majesté auroit legué audit hospital la somme de quinze
cent livres par son testament du sept aoust mil six cent cinq-
huit deposé a Mre Michel Desmaraist nore audit chlet le
jour de 9bre. Le paiement de lad
somme n'a point esté fait n'ayant passé aucune heritiere dudit sieur
son frere les biens duquel consisteront pour la meilleure partie

En sad charge de capitaine aux gardes qui s'est trouvée
~~perdue par son decedz~~ [illegible] sa succession
s'estre trouvée vacante. Neantmoins ladite damlle Hebert
par un effet de la parfaicte amitié qu'elle portoit audit sieur son
frere auroit formé le dessein d'acquitter ledit legs desd. sieurs
aux conditions cy après qu'elle auroit proposées ausdits sieurs
directeurs scavoir qu'a l'intention dudit feu sieur Hebert, de ladite
damlle sa soeur et de leurs parents decedez ils seront tenus
de faire dire chanter et celebrer en l'eglise de Nostre dame de pitié
membre dudit hospital une messe haulte de requiem chantée
solemnellement a diacre et soubs diacre a pareil jour que celuy
du decedz dudit sieur Hebert par chacun an et de fournir a cet
effet toutes choses necessaires et de faire annoncer ledit service
le dimanche qui precedera le jour qu'il devra estre fait, et
de faire inscrire lad. fondation sur le martirologe dudit
hospital afin que la memoire en demeure a la posterité pour
estre a tousjours executée, laquelle proposition lesd. sieurs
directeurs pour le bien dudit hospital l'ayant volontiers acceptée
ont icelles parties fait et accordé ce qui ensuit, scavoir que lad.
damoiselle Hebert par les motifs cy dessus desirant pourvoir
au repos de l'ame dudit sieur son frere a presentement baillé
et paié a la veue des notaires soubsignez, a l'adjudication desd. sieurs
directeurs a Pierre Marechal escuier cons. secretaire du
du Roy receveur dudit hospital a ce present ladite somme de
quinze cens livres dont lesdits sieurs directeurs se sont

[illegible] contrats courans, & moiennant laq.lle lesd. Sieurs directeurs
audit nom pour eux et leurs successeurs en ladite qualité ont
promis et se sont obligez de faire dire chanter et celebrer pour
chacun année à perpetuité le dix sept aoust, jour du decedz dudit
Sieur Hebert, à son intention, de lad. dam.lle Hebert et de leurs
parents decedez, en lad. Eglise de la pitié, une messe haulte de
requiem chantée à diacre et soubs diacre, et de fournir de pain, vin,
luminaires, ornements et autres choses necessaires à ce effet,
lequel service seront lesd. Sieurs aussy tenus de faire annoncer au prosne de lad.
Eglise le dimanche qui precedera immediatement ledit jour de ladite
celebration et de faire inscrire lad. fondation dans le martirologe de
celluy dudit hospital, Pour seureté de l'execution de laquelle fondation
lesd. Sieurs directeurs ont promis employer lad. somme de quinze
cens livres aux bastiments des maisons qui se rebatissent de neuf
audit hospital et à la construction des caves de la halle au vin à
declarer par les quittances qui seront retirées des ouvriers employez
ausd. bastiments que lesd. quinze cens livres y seront entrez afin
qu'iceux bastiments soient et demeurent jusqu'à cette concurrence
affectez et obligez par privilege à l'accomplissement de lad. fondation
et desd. quittances ensemble des marchez desd. ouvriers fournir
Expeditions à lad. dam.lle Hebert dans trois mois de ce jour, sans
neantmoins que le paiement par elle cy dessus fait desd. quinze
cens livres puisse luy nuire ny prejudicier ny estre tiré à conseq.ce
contre elle par qui que ce soit pour la fe. reputer heritière dudit
Sieur son frère, attendu qu'elle fait led. paiement desd. deniers
genereusement et pour les raisons susdites, Requerant neantmoins
lesdits Sieurs directeurs de la subroger en leurs droits actions
et hippotèques pour avoir par elle son recours pour la repetition

de lad. somme de quinze cens livres d'interests d'icelle
allencontre et sur les biens qui pourront se trouver estre
de la succession dudit sieur son frere, laquelle subrogation
led. sieur directeur du fait et consent sans garantie
restitution de deniers ny recours aucuns. Et ont esleu leurs
domicilles irrevocables pour l'execution des presentes en la maison
de lad. Eglise de la pitié fauxbourg Saint Victor auquel lieu
promettant &c obligeant &c renonceant &c. Fait et passé
au bureau dud. sieur directeur l'an mil six cens quatre vingt trois
le troisiesme jour de febvrier apres midy et ont signé la
minutte des presentes demeurée par devers Mousle l'un des
notaires soussignez

Quittance pour Mademoiselle
febvrier 1683
en l'eglise de la pitié
paris

XVIII

Donation à l'Œuvre du lait et de la farine par Anne Hébert.

12 mars 1684.

Pour Contracts ou actes des Nottaires

Deux Sols Pour Deux Roolles

Pardevant les Conseillers du Roy Notaires Gardenottes de sa Majesté au Chastelet de Paris soussignez fut presente Damoiselle Anne Hebert fille majeure usante et jouissante de ses biens et droictz demeurante a Paris rue de la Sourdiere parroisse Saint Roch, laquelle a declaré que depuis plusieurs années elle a eu le bonheur d'estre en cette parroisse la dispensatrice des aumosnes destinées pour donner du laict et de la farine aux petits enfans a la mamelle dont les parens n'estoient pas en estat de leur fournir ces assistances necessaires, par son application exacte a cet employ elle a recognu que ces pauvres innocens tiroient un bien considerable de cette charité et les petits fonds qui luy sont survenus inopinement pour en continuer l'exercice dans les temps que les autres estoient prest a manquer luy ont persuadé que cet ouvrage de pieté est extremement agreable a Dieu aussy l'Evangille enseigne que qui reçoit un enfant au nom de Jesus Christ le reçoit luy mesme et qu'il [illegible] fasché contre ses disciples qui avoient repoussé avec des parolles rudes ceux qui luy avoient apporté des petits enfans affin qu'il les touchast. Il leur dit de les laisser venir a luy comme les heritiers presomptifs du royaume de Dieu ensuitte il les embrassa et les benit en leur imposant les mains. C'est pourquoy ladite Damoiselle Hebert souhaittant qu'un si pieux ouvrage subsiste a perpetuité a [illegible] donner un petit fond sollide dont le revenu puisse contribuer a l'entretenir esperant qu'a son exemple d'autres personnes de pieté plus opulentes qu'elle l'augmenteront, une aumosne de cette qualité estant d'autant plus pretieuse devant Dieu qu'en honnorant l'enfance de Jesus Christ elle conserve la vie a des pauvres enfans dont les regards innocents vers le ciel sont des plus capables d'attirer une infinité de benedictions sur la teste de leurs bienfaicteurs. Par ces considerations et autres ladite Damoiselle Hebert a volontairement recognu et confessé avoir par ces presentes donné cedé quitté transporté et delaissé par donation pure simple et irrevocable faite entre vifs et en la meilleure et plus authentique forme que don peut estre faict [illegible] quelz conquestz fors de ceux du premier aux petits enffans des pauvres artisans et honteux qui seront nez et auront esté baptizez en ladite parroisse de Saint Roch et non des pauvres Mendiants, ce acceptant pour eux venerable et discrete personne Messire Denis Coignet prestre docteur de Sorbonne Curé de ladite Eglise et abbé de Saint Estienne de Fimy promoteur general en l'archevesché de Paris demeurant en ladite Rue de la Sourdiere susdite parroisse comme le tuteur Naturel et le pere Spirituel de tous les pauvres de ladite parroisse pour leur avoir du laict et de la farine et mesme pour mettre en Nourrice ceux qui en seront jugez avoir le plus pressant besoing par celle des Dames de la Charité qui luy succedera en ladite fonction et les Soeurs de la Charité qui seront en ladite parroisse aux service des Malades, trois petites Rentes payables en l'hostel de cette Ville de Paris et les arrerages d'icelles, La premiere de trente sept livres trois sols neuf deniers par an en deux ~~en trois~~ partyes l'une de sept livres trois sols Neuf deniers constituée le Vingt cinq d'octobre mil cinq cens Soixante six, l'autre de Vingt livres et la derniere de dix livres constituées le Cinq febvrier mil cinq cens Soixante huict lesdites trois Rentes a prendre sur le Clergé a present Reunies et Joinctes soubs la premiere et plus antienne du Vingt Cinq octobre Mil Cinq cens Soixante six dont le sieur le Beuf est payeur, La deuxiesme ~~de Soixante~~ dix livres constituée le Cinq May mil Cinq cens Soixante sept sur ledit Clergé, et la troisiesme de cent trois livres deux sols aussy par chacun an Constituée le Vingt sept d'octobre Mil cinq cens Soixante huict sur ledit Clergé desquelles deux dernieres Rentes les Sieurs Marsollier et Pillart sont payeurs, toutes lesquelles Rentes ladite Damoiselle Hebert a declaré luy appartenir legitimement en vertu de la Donnation entre Vifs que feue Dame Elenore du Buisson sa mere Vefve de Messire Cristophle Hebert Vivant Conseiller du Roy en ses conseils d'estat et privé tresorier general des fortiffications de Picardie et de l'Isle de France et Intendant des Camps et armées de Sa Majesté luy en a fait par contract Receu le dix Neuf Mars mil six Cens Soixante quinze par Bizel et Pillet Notaires au Chastelet de Paris et Insinué au greffe des Insinuations dudit Chastelet par Garnier le Vingt sept du Mois de

Juillet suivant, ladite Donnation Confirmée par sentence arbitralle rendue par
Messieurs André Mascarany et Louis Alexandre Croizet Conseillers au
Parlement et Maistre Michel Bordel advocat audit Cour le quatorze May
Mil six cent quatre vingt deux entre ladite Damoiselle Hebert donnatrice,
Messire Alexandre du Roys Chevallier Seigneur de Bournonville, Dame Marguerite
Hebert son Espouze, Dame Françoise Charze Hebert veuve de Messire Charles Petit
Chevallier Seigneur de la ville Gouverneur de Montargis, Dame Charlotte de
Saumaize de Chazan Espouze de Messire Nicolas de Flecelles Comte de Bregy
et Messire Louis de Saumaize de Chazan tant en son nom que comme tuteur d'Henry de
Saumaize de Chazan et de Damoiselle [illegible] de Saumaize de Chazan ses Enffans,
Messire Louis de Saumaize de Chazan et Antoine de Saumaize de Chazan et Damoiselle
Louise Marie de Saumaize de Chazan fille Maieure usant et jouissant de ses droits
Ladite sentence signée et agréée de touttes les partyes a lexception de ladite Dame Comtesse
de Bregy a laquelle elle a esté prononcée le sixiesme Juin de la mesme année et qui
a esté homologuée par arrest rendu par deffault contre elle le Douziesme de Juillet suivant
La requeste presentée par les autres partyes contre ladite Dame et ledit sieur Comte de
Bregy son Espoux le Douziesme du mois de Juin precedant pour en voir ordonner
L'homologation et lequel [illegible] a esté signiffié le premier du Moys d'aoust de la
Mesme année auquel sieur Cosigna ladite Damoiselle Hebert a presentement [illegible] deux
Extraicts des huit et vingt deux febvrier Mil six cent soixante quinze des matricules
desdits [illegible] signez par lesdits sieurs Le Boeuf et Marsollier alors payeurs d'icelles
par lesquels il paroist qu'en ce temps là, elles appartenoient a ladite Dame Eleonore
du Buisson, une Expedition en parchemin d'un Contract passé par de [illegible] et de la
Croix Notaires au Chastelet le quatorze Janvier Mil six cent dix sept par
Lequel Messire Isaac de Maillac Chevallier Seigneur de Brusley a cedde et
Transporté a feu Messire Jean Hebert Escuyer sieur de la Mairie ladite [illegible]

soixante dix livres Item un transport fait par ledit sieur Jean Hebert le dernier
janvier mil six cent dix neuf de ladite rente de soixante dix livres audit
feu Messire Cristophle Hebert Moyennant huit cent quatre livres pardevant
Morel et Turgis Notaires au Chastelet, Un extrait d'un Contract de Donation du dix
neuf May mil six cent soixante quinze, Un extrait dudit arrest du douze Juillet de lad.
année mil six cent quatre vingt deux qui homologue ladite sentence arbitralle laquelle
s'y trouve transcritte Collationné ce jourd'huy par les Notaires soussignez ——

Cette presente don Cession et transport ainsy faicte pour
les raisons susdites et par ce que telle est la vollonté de ladite Damoiselle Hebert laquelle —
a aussy donné cedde et transporté ausdites pauvres petites enffans tous droits de proprieté —
hipotheques et autres ensemble toutes les actions tant rescindantes que rescisoires et
autres qui luy peuvent appartenir a cause desdites Rentes et les y a subrogez ce acceptant
comme dessus pour en jouir par elles en proprieté, consentant qu'ils en soient saisis et
mis en possession par qui et ainsy qu'il appartiendra mesmes elle consent et s'oblige de
leur obtenir pour raison des presentes des lettres de ratiffication et de confirmation en la
Chancellerie de France sur le present Contract lequel elle veult et consent estre
insinué au greffe des Insinuations dudit Chastelet et par tout ou besoing sera a l'effet de quoy
les partyes constituent leur procureur irrevocable le porteur d'icelluy auquel elles donnent
pouvoir de ce faire et d'en requerir et retirer tous actes necessaires a la charge
neantmoins de l'usuffruict desdites Rentes qu'elle s'est reservé durant sa vie lequel
usuffruict elle declare expressement n'estre autre que precaire pour estre apres son deceds reuny
et consolidé au fond et proprieté desdites Rentes ainsy données donnant neantmoins ausdits
pauvres petits enffans ce acceptant comme dessus tous les arrerages qui en seront
deubs au jour qu'il plaira a Dieu de la retirer de ce Monde, et apres son deceds les
arrerages desdites Rentes seront receus par ledit sieur Coignet et ses successeurs en la
Cure de Saint Roch et sur leurs quittances pour estre ensuitte remis par eux entre les

mains de celle des Dames de la Charité qui aura esté choisie & nommée en lassemblée
a la pluralité des voix pour faire la distribution du laict & de la farine ausdits pauvres
petits enfans laquelle commission ne pourra estre donnée ny a la supérieure ny a
la trésorière ny a aucune autre officière de la Compagnie de la Charité mais a une
autre Dame ou Damoiselle de ladite Compagnie qui n'y aura aucune charge [illegible]
que ladite Damoiselle Hebert veult que la présente donnation ne soit employée
qu'aux usages susdits & non a autres tels qu'ils puissent estre en sorte que si
quelqu'un a l'advenir faisoit appliquer le revenu desdites rentes a quelques autres
employ quoy que pieux elle declare qu'en ce cas elle a revoqué & revoque
des a present comme des lors la presente donnation qu'elle n'a faite qu'en faveur desdits
pauvres petits enfans & veult que du jour du changement d'usage elle appartienne
en pleine proprieté a ses heritiers en quelque degré qu'il luy soient parens. En
cas de remboursement desdites rentes ladite Damoiselle Hebert veult que l'employ
en soit faict en autres rentes sur l'hostel de Ville de Paris ou autres constituées
par quelques communautés ecclesiastiques bonnes & solvables par l'advis dudit
sieur Coignet ou de ses successeurs en la cure de Saint Roch & des Dames de la
Charité & que jusques au remploy les deniers en demeurent entre les mains
d'un notable bourgeois de Paris dont ils conviendront pour le recevoir chaque
remboursement dans lequel remploy sera fait mention de l'origine des deniers qui y
serviront affin qu'on ne change point l'usage auquel les arrerages desdites
rentes sont destinez. Ce a esté tout ce que dessus stipulé & accepté par ledit sieur
Coignet audit nom qui a remercié ladite Damoiselle Hebert de sa charité &
sans que luy ny ses successeurs en ladite cure soient tenus de prendre aucunes
quittances ou descharges desdits arrerages de la personne preposée pour les recevoir
& a laquelle ils seront par eux remis a la premiere assemblée qui suivra leur
payement laquelle assemblée luy en servira de descharge sans qu'il en ayt

besoing d'autres, dont ladite Damoiselle Hebert sera deschargée, puis qu'elle s'auroit obligé de les remettre ainsy qu'il est dit, à la première assemblée et celle qui aura esté commise pour les dispenser, à quelle est persuadée qu'il ne se trouvera jamais de curé à Saint Roch qui n'augmente ces sortes d'aumosnes plustost que de les diminuer. Et pour l'exécution des présentes, les parties comparantes ont esleu leurs domiciles à Paris, ès lieux demeures sus déclarés, esquels &c. Prometant &c. obligeant &c. chacun en droit soy. Renonceant &c. Faict et passé à Paris chez ledit sieur Curé de Saint Roch, l'an mil six cens quatre vingts quatre, le douziesme jour de mars après midy, et ont signé la minute des présentes demeurée à le Normand, l'un des notaires soussignez.

Normand

[illegible]

[illegible]

Andre

[B?]asnier

XIX
Testament d'Anne Hébert.
29 janvier 1712.

Au nom d'un seul Dieu le pere, le fils et le St esprit ayant fait reflection que la mort m'est aussy inevitable que l'heure m'en est inconnue, pour n'en estre pas surprise estant graces a dieu dans vn vsage parfait de ma raison et de ma liberté j'ay voulu faire mon testament et declaration de mes dernieres volontés, Je veux viure et mourir dans la foy et dans la comunion de la sainte eglise catolique apostolique et romaine, hors laquelle il n'y a point de salut soumettant tout mon esprit je croy tout ce qu'elle croit come luy ayant esté revelée de dieu, n'ayant aucune confiance en moy mesme j'apuye toute mon esperance sur la misericorde de dieu et les merites de Jesus christ, desavoüant toute ~~les~~ autres atache de mon cœur; j'ayme dieu pour luy mesme ~~pour luy mesme~~ et mon prochain par raport à luy, et je le supplie de me faire la grace de viure et de mourir dans son st amour, et que le dernier acte de ma vie en soit vn de la plus fervante charité dont je soit capable, comparoissant deja par advance devant le tribunal de dieu où je luy rendray compte de toute ma vie, et en examinant toute la suite, je confesse qu'elle a esté vn enchainement continuel de misericordes de la part de dieu et d'infidelités de la mienne. J'ay des obligations infinies à mon dieu, et je le remercie de tout mon cœur pour toutes ses bontées. J'ay vn regret infiny et je luy demande tres humble pardon pour toutes mes fautes que je desavoüe, deteste et voudrois n'avoir jamais comises. Je veux faire de ma mort tout ce [illegible] qu'elle est vn sacrifice libre, et je l'accepte de tout mon cœur pour reconnoistre et adorer le souverain pouvoir que la majesté infinie de dieu a sur moy, et pour satisfaire à sa justice obeissant à l'arest qu'elle a porté contre mes crimes. Je remets et recomande mon ame au moment de ma mort entre les mains de dieu qui l'a crée quoyque le nombre et la grandeur de mes pechez me rendent indigne de tout pardon je le conjure neantmoins avec humilité par les misericordes infinies par les merites de nostre seigneur Jesus christ, par les prieres de la tres sainte vierge mere de dieu, de tous les saints et saintes de ~~race~~ recevoir mon ame dans la gloire pour le loüer et l'aymer à jamais. Je veux estre enterrée dans l'eglise de St Roch ma paroisse dans la chapelle de la comunion où est enterrée feue ma mere. Je declare que je demande pardon à tous ceux que j'ay offencés come je pardonne de tout mon cœur à ceux qui m'ont faché en quelque maniere que ce soit. Je veux que mon enterement soit sans aucune tenture, je le deffend absolument je veux qu'il soit celebré apres ma mort mille messes, dont cinq cent seront dittes aux R. P. Jacobins mes voisins, le reste aux R. P. feuillants, capucins et capucines du cartier. Je veux qu'elles soient payées à dix sols chacune. Je declare que de la disposition que je fait dans mon present testament je n'y ay fait que ce que j'ay creu devoir faire raisonablement et equitablement, puisque je le fait devant dieu, et que j'y ay gardé toute la consideratio

pour mes proches auprès de ce mesme de ceux [illegible] j'ay beaucoup
d'obligation dont je conserveray le souvenir vivant et mourant de
Je veut qu'il soit doné aux pauvres honteux de la paroisse de st
roch trois cent livres une fois payez qui seront distribuée par
par la soeur de la charité qui m'a bien servie.
Item je done aux malades de la paroisse de st Roch c'est a dire
pour la marmite ma rente de cent dix livre sur le clergé que j'ay
aceptée de mad.e de castelno, je leurs en done le fond et les interets
qui seront due à ma mort.
Item je confirme le don que j'ay fait de mes petites rentes sur
le clergé pour le laict et la farine des petits enfants de la mesme
paroisse.
Je done pour la delivrance des prisonier aussy tost apres ma mort
deux cent livres une fois payée qui seront mise entre les mains de
d'un ... rue st Jean de beauvais qui s'employe à la
delivrance des prisoniers, ou à celuy qui apres luy s'employera à la mesme
chose
Item je done à danet ma fille de cambracing cent livres et tous
mes habits en cas qu'elle soit à mon service à ma mort, et non autrement
Item Je done à charly mon laquais huit cent livres et son lict
au cas qu'il soit à mon service à l'heure de ma mort et non autrement
Je declare que depuis peu j'ay placée vingt quatre mil livres
sur le clergé à constitution au denier douze faisant deux mille
livres de rente, de laquelle somme je veut qu'il en apartiene à
la condition cy dessus mil livres au principal de doze mil
livres à mon petit nepveu de preval lieutenant aux gardes en
proprieté et que les arrerages apartiene à sa mere mad.e de preval ma
niece pendant qu'elle vivra, et que les autres mil livres de rente
au principal de pareil douze mil livres apartienne en principal et
arrerages à ma petite niece ma filiole therese elleonor de quettre
de preval soeur dudit sieur de preval lieut aux gardes, ne pouvant
jamais assez reconoitre en leur personne les grandes obligations
que j'ay à ma chere soeur de la folle mere de ladite dame de preval
et grande mere desdits sieur et damoiselle de preval, je charge
neanmoins les dits deux legs de cent cinquante livres de pension
viagerre par an que je legue à Binterier qui a esté
cy devant ma cuisiniere, qui luy seront payez de mois en mois
à comancer du jour de mon deces, scavoir soixante quinze livres
par ladite dame de preval ma niece ou par son fils lieut
aux gardes sy il luy survit, et les autres soixante quinze livres
par ladite damoiselle de preval ma petite niece
Item je done à mon nepveu de bournonville la moitié de ce
que j'ay dans nos maisons de la rue st nicaise, et je veut qu'elle
soit pour ses enfans apres luy sans qu'il la puisse engager

Item je dône à ma niece de [illegible] trois cent vingt livres de rente au
principal de six mil quatre cent livres et à mon filleul de bournonville fils
ayné de mr de bournonville mon nepveu pareille trois cent vingt livres de
rente au principal de six mil quatre cent livres [illegible] ensemble
six cent quarante livres de rente au denier vingt qui m'apartient à prendre
sur les aydes et gabelles constituée par contract passé devant mouflé
notaire au chatelet de paris le huict avril mil six cent quatre vingt deux

Je prie messieurs de bregy de ne pas trouver mauvais que je ne
leur laisse rien dans ma succession, les priant de considerer que come
madame leur mere ma soeur a esté beaucoup plus advantagée en
principal et en jouissance que nous tous, parceque ma mere luy a dôné
aussi en advancement d'hoirie, come parceque feu mon pere luy a aussi
donné ce qui se justifie par son contract de mariage, quoyqu'elle ne fust
que sa belle fille, et que d'ailleurs mr de [illegible] et mesdamoiselles de
chassay ses soeurs sont moins acomodez que eux. J'ay creu qu'il estoit
de la justice et de la raison de disposer de mon bien comme je le
faits dans mon present testament, je prie ses deux messieurs mr le conte
et mr le marquis d'agréer chacun un tableau de deux vierges qui sont dans
la ruelle de mon lict.

Je declare en conscience et devant dieu que je prie de me faire
misericorde que je n'ay jamais rien fait ny pensé de toutes les choses
que l'on m'a voulu imposer durant ma vie d'avoir destournée des effects
de la succession de feue ma mere, dieu par sa grace m'ayant dôné trop de
conscience et d'honneur pour le faire, et l'on peut bien le conoistre, par le peu de
bien que je laisse quoyque ce soit plus que je ne merite, et je me sens obligée
de faire cette sincere declaration à tous ceux qui auroit eu des sentiments
contraires et pour lesquels je veux tousiours conserver en vivant et en
mourant toute la charité que je leur doit.

Je dône et legue à celle des filles de mr de bournonville mon
nepveux qui voudra estre religieuse cent trente livre de rente qui
me sont due par la communauté des jurés jaugeurs de vins à paris au
principal et arerages.

Je declare avoir acquis de monsieur de preval deux cent livres de
rente en deux parties, l'une de cent livres au principal de dix huict cent
livres au principal, et l'autre de pareille cent livres au principal de
deux mille livres qui viennent l'une de marguerite gallois et l'autre
de mr cybour, de ses deux rentes je dône et legue la premiere à mr de
preval lieut. aux gardes mon petit nepveux, et l'autre a l'une des filles
de mr de bournonville mon nepveux, celle que mondit sieur de
bournonville voudra choisir et nommer.

Je dône et legue à therese de quettre de preval ma petite niepce les
tapisseries, cabinets porcelaines portiere, chaises fauteuils, tableaux, mon lict
et autres meuble meublans qui se trouveront dans ma chambre au jour
de mon decest excepté les deux tableaux de la viergé que j'ay dôné cy dessus
à messieurs de bregy.

Je donne a m.d de Saint-ual ma niepce vn dessin que la reine mere
du roy a donne a feu ma mere comme vne chose belle et curieuse et digne
d'estre gardé par le respect dû a la memoire de la personne de qui il
vient

Or apres l'execution exacte de mon present testament il se trouue
B restet quelque chose a moy apartenant je le donne et legue audit
sieur de bournonville mon nepueu que j'institue a cette effect
mon legataire vniversel outre les autres disposition que j'ay
faite cy dessus en sa faueur et de ses enfans

Au cas que quelqu'un ou quelqu'une trouuasse a redire a mon present
testament ou le contestte en tout ou en partie je declare que je
les prive entierement de ma succession celuy ou celle ou quiconque
se trouuerait a redire ou voudroit le contester et leur part ou
partie a par tiendra au dit legataire vniversel que je faitz
au dit sieur de bournonville sur laquelle part ou partie il sera
pris trois milliure pour l'hopital general et pareille trois milliure
pour l'hostel dieu de paris faisant par moy a cette fin les legs et
disposition necessaire par mondit present testament

B J'ay jugé a propos de faire vn changement et pour mon legataire
vniversel de nommer le second fils de mon nepueu de bournonville
au lieu de son pere

et pour executer mondit present testament j'ay nommé et eslû la
personne de m.r huet qui demeure presentement rüe st Jean de
beauvais le priant d'en prendre le soin et d'agréer le petit present
que je luy faits d'une bague de cinq cent liures, comme aussy de
prendre sur le tout les bons aduis du R. p. vincent le feure
ancien provincial et prieur des jacobins de la rüe st honoré qui
scay tout mes ordres secrets.

et sy lors de mon decest il ne se trouue pas assés d'argent contant ou a
receuoir en revenüe certain et exigible pour payer mes frais de
maladie de funeraille prieres aumones frais de justice legs pieux et
particuliers, gages de domestiques fournitures faites pour la despence et
entretien de ma maison et domestiques, loyers, et autre despence ordinair
lors du decest des personnes, je veut que ce qui manquera pour les
legs particuliers faits a mes domestiques soit pris moitiés sur mon cart
des premier loyers de nos maisons de la rüe st nicaise, moitiés sur les
premiers arerages de ma rente de six cent quarante liures sur les
aydes et gabelles, lesquelles deux rentes je charge des ditz legs
et veut aussy que ce qui manquera pour payer les autres frais soit
sur le champ ou dans le temps necessaire fournit en deniers contants

2

à l'executeur de mon testament par ma petite niepce de quatre
depreual, et Jen charge les legs que je luy faits, je me souviens
d'avoir promis à mad. depreual ma niepce le grand tableau qui est
dans mon antichambre qui represente la bonne vierge le petit Jesus
St Jean et St Joseph, Je la prie de le vouloir recevoir.

Je donne à marie ma cuisiniere cent livres au dela de ses gages et
son lict tout garny tel qu'il est aveq qu'elle soit à mon service a
ma mort et non autrement.

Revoquant tout autre testament et codicil que je pourois avoir
fait cy devant, voulant que ce dit present mon testament soit
executé come estant ma derniere volonté et intention en foy de
quoy Jay signé estant en bonne santé grace à dieu fait a paris
dans ma demeure Rue St hyacinte le vingt neuf Janvier
mil sept cent douze, signé anne hebert au dos est escrit.

pr Ce Jourd'huy quatre fevrier mil sept cent douze apres avoir relue
13 et examiné mon testament cy devant fait je declare que je le ratifie et
confirme, et que je nomme et elis de nouveau pour mon legataire universel
mon petit nepveux qui est presentement second fils de mr de bournonville
mon nepveux, au moyen de quoy le legs universel que J'avois fait au d. sieur
de bournonville pere demeurera nul en foy de quoy Jay signé en ma
demeure de paris cejourd'huy quatrieme fevrier mil sept cent douze, signé
anne hebert. ensuite est escrit.

2e Ce seize Juillet mil sept cent treize ayant relu et examiné mon
testament et codicille cy dessus a cause du deceds de madame depreual ma
niepce et du remboursement des vingt quatre mil livres cy dessus qui m'a
esté fait par le clergé et que Jay placés à la comunauté des Jurez changeurs
p. hebert de paris à constitution au denier vingt par deux contracts esgaux
chacun de douze mil livres de capital et de six cent livres de rente passé
devant guelier et son confrere notaires à paris le deux Juin de la presente
année, Je veut et ordonne, par ce present mon codicille que ses deux
contracts apartiendront en principal et arrerages, l'un à mon petit nepveux
depreual estant aux gardes et l'autre à sa soeur ma petite niepce filleule
terese Eleonor depreual, plus je donne et legue a ma petite niepce
filleule de preual le diamant qui vient de la reine mere du roy et luy
ordonne de le garder bien precieusement pendant sa vie plus je luy
legue le tableau de la Ste famille qui est dans mon antichambre que
J'avois legués à la d. dame depreual sa mere, come aussy le tableau
que J'avois legués a celuy de messieur de brequy qui est mort, les deux
rentes que je donne à mon petit nepveux depreual et à sa soeur
demeureront tousjours chargés de la pension viagere que je donne
à tiertuer come il est dit cy dessus fait ce seize Juillet mil sept cent
treize signé anne hebert.

3e Ayant fait de nouveau de serieuses reflections sur mon testament et mes deux codicilles j'ay jugé apropos pour de bonnes et justes raisons de faire les aditions corrections et changements qui seront contenus dans la suitte de ce mien present troisieme codicil que je desire estre ponctuelment executé.

Premierement je declare que je corrige avec plaisir une obmission que j'ay faite contre mon intention dans mon testament et que pour la rectifier je done et legue ainsy que j'ay tousjours eu dessein de faire a mon nepveu de sommaise et a mes niepces ses deux soeurs la moitié du cart qui m'apartient dans deux portions de maison sise rue st nicaise. Je done et legue a mad[e] de fransfort ma niepce ma rente sur l'hostel de ville des aydes et gabelles que je charge de mil escus que je done a prendre a sa fille aisnée a prendre dessus, et autant au fils aysné de mon nepveu de bournonville mon filleul revocant ce que je luy pourrois avoir doné ailleurs.

p Comme j'ay doné par mon testament mes rentes sur le clergé a mon nepveu de preval et a sa soeur et qu'elles m'ayent esté depuis remboursées par led[it] clergé, je les ay mises sur le corps des marchands de bois, confirmant la mesme donation que j'avois faite a l'un et a l'autre.

Je revoque entierement le legs que j'avois fait de ma rente de cent trente livres sur la comunauté des jurez jaugeurs de vins a celle de mes petites niepces de bournonville qui voudroit estre religieuse, au lieu de quoy je veux et ordone que le principal de cette rente sur les jurez jaugeurs ensemble les arerages qui en seront dus au jour de mon decès et ceux qui escherront ensuite jusqu'a la vente dudit contract d'icelle serve de fond au temps qu'il sera necessaire pour parfaire l'execution de mon testament et de mes codicilles. En cas que le sort principal avec les arerages escheus et a escheoir de ma dite rente sur les jaugeurs de vin se trouve plus que suffisante pour acquiter mes debtes et [illegible] legs auquels je n'ay point marqué d'assignation par l'autre, je veux et ordone que le surplus restant du principal et arerages a quelle somme qu'elle se puisse monter soit laissez es mains de mon executeur testamentaire pour estre par luy employez ainsy qu'il jugera apropos en aumosnes et charitez ainsy qu'il jugera apropos pour la plus grande gloire de dieu et le repos de mon ame, faisant en tant que besoin est ou seroit don et legs aux pauvres qui seront choisis par mon executeur testamentaire.

2 Je declare que je descharge madame de canisy ma niepce de contribuer en aucune maniere aux frais de l'execution de mon testament ayant disposé a cette effect de ma rente de cent trente livres

sur les Jurez Jaugeurs de vins, laquelle rente sera j'espere plus que suffisante pour cela.

P Je descharge aussy mon nepueux de preual et ma niepce de canisy du payement par moitiez de la pention viagere par moy faite à Sinterier ma cuisiniere de cent cinquante livres que je luy legue par mon testament je veult et entend que ladite pention viagere sera assignee tant sur le quart des maisons de la rue st nicaise come je lay expliqués sur la rente de cent livres par moy leguez à mon nepueux de preual qui est à prendre sur les maisons, ainsy je charge ledit sieur de preual de payer cinquante livres pour un tiers de la pention viagere. m.r de saumaise et mes demoiselles ses sœurs de pareille cinquante livres pour un autre tiers, et m.r de bournonville les autres cinquante livre et je les prie tous de payer ladite pention viagere en quatre cartiers esgaux.

B Je reuoque en tant que besoin est ou seroit le legs particulier que jay fait par mon testament audit sieur de bournonville d'une moitié du cart qui m'apartient dans les deux susdites maisons de la rue st nicaise, voulant que le legs particulier soient compris et confus dans le legs universelle.

Je confirme au surplus mon testament olografe du vingt neuf janvier mil sep cent douze, ainsy que mon second codicil du seize juillet mil sep cent treize et le present.

Je reuoque les legs que jay fait à danet ma fille de chambre, à charly mon laquais, et à marie ma cuisiniere, et au lieu d'iceux je done et legue aux trois domestiques qui sont presentement à mon service (danet n'y estant plus il y a deja assez de temps) manon est en sa place, je leur done au lieu d'iceux; je done et legue à charly et à marie en cas qu'ils y soient encor à l'heure de ma mort et non autrement, ou à ceux qui y seront entrez à leur place à chacun autant de fois cinquante livres qu'ils auront esté d'annees à mon service outre tout les gages qui leur seront dûe, et leur lict garny tel qu'il est et se trouvera, manon qui est presentement ma fille de chambre est entree chez moy le decembre mil sept cent dix sept, charly y est entré le vingt sept novembre mil sex cent quatre vingt quinze, et marie le deux avril mil sept cent dix.

Comme je crains de ne m'estre pas assez bien expliquée sur ce que je done à mon nepueux de preual et à sa sœur qui est presentement madame de canisy, j'ayme mieux le repeter icy. je leur done donc à l'un et à l'autre un contract de douze mil livre en fond sur le corps des chargeurs de bois, il y en a un troisiesme sur le corps qui est en fond de quatre mil cinq cent livres qui fait deux cent vingt cinq livres de rente qui apartient tout entiere à mad.e de canisy, n'y ayant que l'usufruict mavie durant.

Au cas que quelqu'un trouue à redire à ce que j'ay fait ou à ce que j'ay doné ailleurs que dans mon testament et qu'il le veuille contester

Je luy otte ce que je luy done par mond. testament
et le partage entre les autres.

Je ravoque tant que besoin est ou seroit le legs que j'ay fait
a mon nepveux de Bournonville par mon testament d'une moitié
du cart que j'ay dans les deux maisons de la rüe St nicaise; voulant
que led. legs soit compris et confus dans le legs universelle —

Je revoque et je suprime les deux petits codicils que j'ay fait
estant entrez dans mon testame qui est le seul present que
j'ay fait.

Je confirme au surplus mon testament olographe du vingt
neuf juillet mil sept cent douze et mon present codicile du
vingt octobre mil sept cent dix huict. signé anne hebert. au
dos est escrit.

et je prie de nouveau m^r huéz de vouloir prendre la peine
dexecuter mes intentions come il ma promis. fait a paris ce
vingt octobre mil sept cent dix huict. signé ane hebert. dessus
l'enveloppe est encor escrit.

Cecy est mon testament signé anne hebert. et ensuitte des d.
trois pieces est escrit

paraphé ne varietur au desir de l'acte de depost passé devant
les notaires soussignez ce quinze avril mil sept cent vingt.
signé huéz avec marchand et doyen notaires.

Les Originaux des presentes demeurez anexez a la minutte
dud. acte de dépost passé devant les notaires soubsignez
ce d. jour quinze avril mil sept cent vingt.

Collationné par Nous Ec.^er Con.^er Secret.^re du Roy
Maison Couronne de france Controlleur de
la Chancellerie de Paris

Huéz

XX

Extrait des Immatricules des rentes du clergé pour Anne Hébert.

20 mai 1726.

pour anne hebert

du R[illegible] ancien 325 et nouveau 326 ou sont les immatricules des rentes du clergé [illegible] contrat [illegible] du 5 may [illegible]

+ louise dhumières veuve de guillaume balzac pour deux mil livres de rente cy . 2000 lt

+ cristophe hebert a droit par transport de jean hebert pour soixante dix livres a prendre es d. 2000 lt cy deux . [illegible]

+ eleonord dubuisson veuve dud. hebert tant en son nom a cause de la communauté que comme tutrice de leurs mineurs par acte du chastellet du neuf may 1646 cy

+ anne hebert fille majeure donnataire entre vifs de lad. eleonord dubuisson sa mere par contrat passé devant Bizet et Ballu no[taires] a paris le 20 may 1674 insinué le 26 juillet ensuivant ratiffié par lettres de chancellerie le 14 janvier 1677 raporte extrait des R[egist]res de sepulture de la paroisse St roch du 12 Xbre 1676 du decedz de lad. dubuisson cy

Du R[egist]re 9 f[olio] 125 ancien et 90 nouveau constitution du 27 8bre [illegible]

+ francois acherly pour deux cens cinquante trois livres deux sols de rente cy . [illegible]

+ cristophe hebert pour [illegible] trois livres

deux sols de rente pris esd. deux cens cinquante trois livres deux sols cy devant Cm lt. 11 s

+ eleonord dubuisson veuve dud. Sr hebert tant en son nom a cause de la communauté que comme tutrice de ses enfans comme cy devant

+ anne hebert donnataire de lad. dite eleonord dubuisson comme il est dit au pre state f° 72 & cy

Certiffiez sur les registres ... entre nous et ... payeur des rentes du clergé ... le 29 may 1726

Degodeheu

Reçu de solde par Alexandre du Buisson
comme capitaine de la Milice bourgeoise de Brie-Comte-Robert.
18 juillet 1710.

18 Juillet, 1717
1710

En la presence des conseillers du Roy notaires au chastelet de paris soussignez messire Augustin Tartevan escuier lieutenant colonel au regiment de la Londe au nom et comme procureur d'alexandre dubuisson escuier sieur de la [illegible] a confessé avoir receu de

la somme de trente sept livres dix sols pour l'année mil sept cens dix a cause de pareille trente sept livres dix sols de gages levez aux parties casuelles par ledit sieur dubuisson en qualité de capitaine de milice bourgeoise a Briecomte Robert suivant la quittance de monsieur Bertin du vingt six janvier mil sept cens cinq et a esté retenu le dixieme sur les trois derniers mois de ladite année mil sept cens dix dont audit nom quittance fait et passé a paris es estudes le dix huit juillet mil sept cens dix et a signé

Tartevan

Fromont

Huit jour riequatre

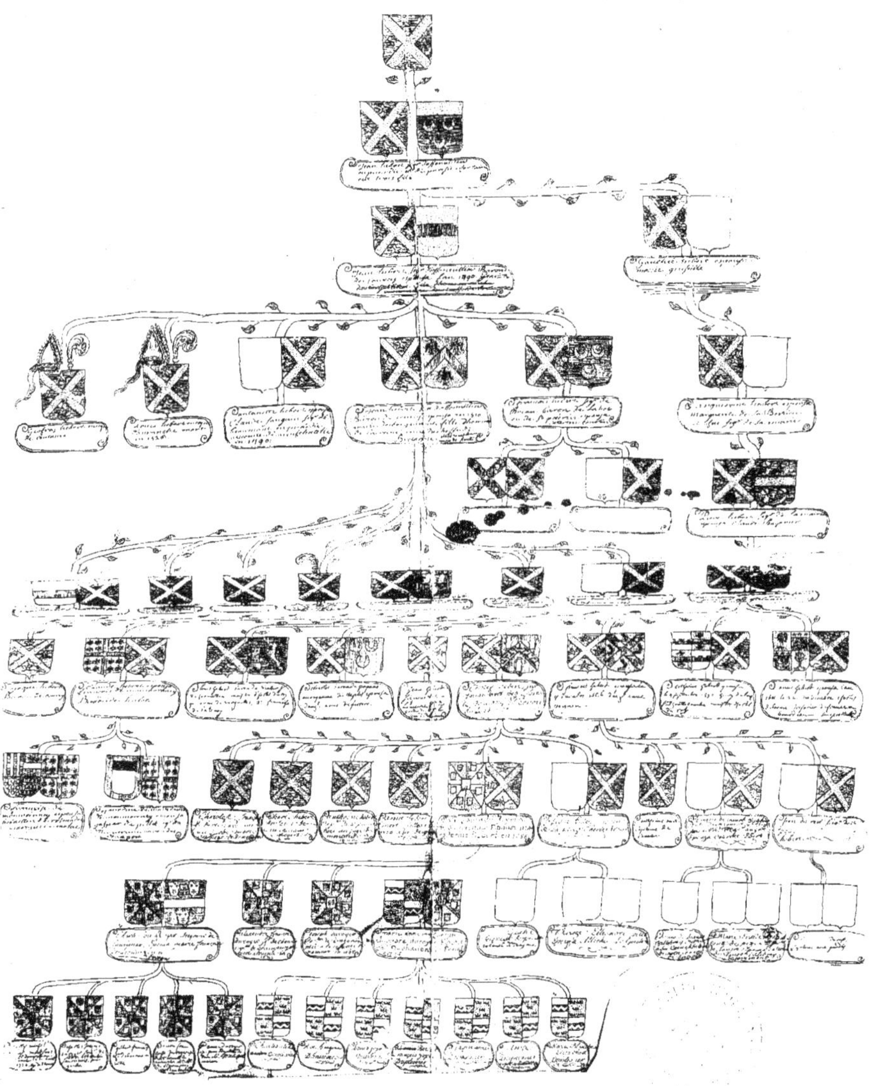

XXII

Ce tableau généalogique, — sauf la descendance par les familles du Royer et du Plessier —, n'est qu'une copie de celui qui se trouve parmi les manuscrits de la Bibliothèque Nationale, dans le *Cabinet d'Hozier* et qui est précédé immédiatement d'une généalogie plus détaillée de la maison Hébert, dont on trouvera ici une copie dans la seconde partie des pièces justificatives.

PIÈCES JUSTIFICATIVES

XXIII

Armoiries de la famille du Buisson.

Le nom de madame hebert est Eleonore du Buisson et son frere Alexandre du buisson

Leur pere s'appelloit hierosme du buisson et leur mere anne de tartereau

En leurs armes il portent de geulle avec un chevron d'or brisé potencé et contrepotencé de sable. Et trois troncs d'arbres d'argent

(Bibl. Nat , *Cabinet d'Hozier*, t. 71, cote 1846, du Buisson.)

Alexandre Du Buisson Ecuier s^{r} de la Marsaudiere capitaine major de la Ville de Brie contre (*sic*) Robert [1] et barbe de chantemerle sa femme

Portent d'argent à un chevron d'azur potencé et contrepotencé d'or accompagné de trois troncs d'arbres Ecotés au naturel en pal ; accolé d'or à trois merlettes de sable.

(Bibl. Nat., ms., *Armorial général*, *Paris*, t. II, p. 1097.)

1. Dans un acte du bailliage de Brie-Comte-Robert, en date du 16 avril 1701, il est fait mention d'Alexandre du Buisson, écuyer, seigneur de la Marsaudière, capitaine-major de la bourgeoisie de Brie-Comte Robert, dem^{t} audit lieu de la Marsaudière, paroisse de Chevry. (Archives départementales de Seine-et-Marne.)

XXIV

Reçu de solde d'Hiérosme du Buisson.

En La présence des notaires du Roy, nostre sire en son Chastellet de Paris soubznez hierosme du buisson, Escuier S[r] dud. lieu Archer de la Garde du corps du Roy soubz la charge du sieur de Vutry a confessé et confesse Avoir eu et receu comptant de noble homme Me Claude millet, trésorier desd. gardes La somme de quatre cens Livres dix solz tz pour ses gages droicts de guetz et entretienement de hocton durant les quartiers de La présente année mil six cens quatre comprins ses recompenses des quartiers de janvier febvrier et mars [octobre novembre et decembre quil a servy près Sa Majesté, de laquelle somme de quatre cens livres dix solz Led. s[r] du buisson se tient pour content et bien paié et en acquicte et quicte Led. s[r] millet tresorier susd. en tous accords, promet, oblige et R.

faict et passé en estudes desd. No[res]. Lan mil six cens quatre le vingt cinquiesme jour de novembre Avant midy et ont signé la presente

Signé : Dubuisson

Sauvert (?)

De Sainct Leu

(Bibl. Nat., Ms., *Pièces originales*, Reg. 553, Buisson, 72). — D'autres reçus de solde, en date de 1602, 1606 et 1615, du même Jérôme du Buisson, comme archer de la Garde du corps du Roi, se trouvent dans les mêmes *Pièces originales*.

XXV

Quittance de Hiérosme du Buisson, pour une partie d'une rente constituée au connétable de Montmorency.

hierosme du buisson, Escuier, s[r] de la marsaudiere a cause de Dam[lle] anne de tartereau sa femme, dem[t] a brye conte robert, confesse avoir receu de (en blanc)

La somme de trente livres quatre sols deux deniers p[r] ung quartier escheu le dernier septembre mil six cens onze a cause de six vingt livres seize sols huict deniers de rente faisant moictié de deux cens quarante une livres treize sols quatre deniers qui font partye de mil livres restant de cinq mil livres de rente constitués le vingt neuf[me] may mil cinq cens cinquante trois a Monsr le duc de montmorency pair et connestable de france à prendre sur ses greniers à sel de beauvais, la ferté millon et autres dont quictance prom. oblige, renonce.

fait et passé es estudes lan mil six cens quinze le dix sept[me] juillet avant midy

Signé : DUBUISSON

CONIEN

LENORMANT

(Bibl. Nat., *Pièces originales*, 553, du Buisson.)

XXVI

Quittance de Mme de Chazan comme tutrice de ses enfants mineurs.

En la p̃nce des notaires du Roy no[e] sire en son Chlet de Paris soubz[nes] dame Aleonore du Buisson Vve de feu

Mre Benigne Saumaise de chasan vivant con^er^ du Roy en son Con^eil^ d'estat et secretaire des commandemens de Monsieur frere de Sa Ma^té^ au nom et comme tutrice des enfans mineurs venus dud. deffunct et d'elle et hierosme du buisson son pere escuier gouverneur pour le Roy des ville et chãu d'Argenton tuteur desd. mineurs, conjoinct^t^ dud. avecq la d^e^ dame sa fille pendant sa (illisible), ont confessé et recongneu que Noble Homme Me Leonard Goulas, cons^er^ tresorier general des maison et finances de mond. sieur frere du Roy a cyd^t^ payé aud. s^r^ de chasan la somme de quatre mil quatre cens Livres et autres trois mil six cens livres pour les gaiges affectés aux deux charges dont led. deffunct estoit pourveu

. . . .

Faict et passé es estudes en l'an mil six cens vingt et ung le douz^me^ j^r^ de Mars Avant Midy

DUBUISSON
DUBUISSON
GUYON *illisible*

(Bibl. Nat., *Pièces originales*, 553.)

XXVII

Jérôme du Buisson se rend auprès du roi, alors au siège de Montauban.

NOUS JHEROSME DU BUISSON, S^r^ DUD. LIEU, gouverneur pour le roy des ville et chau d'Argenton confessons avoir receu comptant de Mre Raymon Phelypeaux s^r^ d'herbault cons^er^ du roy en son con^eil^ d'estat et tresorier de son espargne La somme de cinquante livres a nous ordonnée pour nos frais et despenses destre venu de la province de Berry au camp devant Montauban trouver Sa Ma[te] en dilligence et sur chevaux de poste pour affaire concernant son service et pour nre retour en pareille dilligence de laquelle susd. some nous nous tenons content et bien payé et en quictons led. cons[er] d'herbault tresorier de lespargne

estant comme TESMOING no[e] seing manuel....... le XXXe j[r] d'aoust mil six cent vingt ung

DUBUISSON

(Bibl. Nat., *Pièces originales*, 553.)

XXVIII

Extrait de l'inventaire après décès des biens de Louis du Buisson.

FURENT pr[ns] en leurs personnes M[re] alexandre du buisson, chl[er], gouverneur pour le Roy des ville et Ch[au] d'argenton et chef du vol des oyseaux du cabinet de Sa Ma[té] dem[t] a Paris, rue des petits-champs, par[sse] St Eustache, d'une part, dame Eleonore du buisson veuve de feu messire benigne saumaise de chasan, vivant con[er] du Roy en son conseil d'estat et secret[re] des commandem[ts] de monsieur, frère de sa Ma[té], dem[t] au ch[au] du Louvre, d'autre part, et M[e] claude moreau prevost de brunoy en brie y dem[t] au nom et comme tuteur de anthoine du buisson, Escuier fils myneur, enfans des deff[nts] hierosme du buisson, vivant sieur de la marsaudiere, gouvern[r] pour Sa Ma[té] de lad. ville et ch[au] d'argenton et chef du vol po[r] corneille de la faulconnerie du Roy et de dam[lle] anne de tartereau, jadis sa femme, aussy d'autre part; lesd[ts] s[rs] alexandre, anthoine et dame Eleonore du buisson, freres et sœur, heritiers chacun pour un tiers de deffunct louis du buisson vivant s^r dud. lieu de la marsaudiere, leur frere, lequel avoit esté hér^r avec lesd. s^rs alexandre et anthoine du buisson ses freres desd. deffuncts s^r et dam^lle du buisson leur pere et mere, et quant a lad. dame de chasan, elle auroit renoncé auxd. successions, moyennant de la somme de trente mil livres a elle donnée en faveur de mariage et ce quy luy avoit esté accordé par le contrat; veu, faict et passé pard^t contesse l'un des no^res soubs^nés le seiziesme jour de febvrier mil six cens vingt trois.

Dans cet inventaire, on rappelle que, dans celui du père du défunt, avaient été inventoriés :

« Tous les meubles, tant de paris, brye contre robert et la marsaudière que ceulx qui estoient au ch^au d'argenton.

» Quatre cent quarante ung arpens de terres labourables, près, vignes » qui venaient tant du propre de lad. feue dam^lle Anne tartereau que dud. feu s^r du buisson.

« cent solz de rente deubs par marguerite gaillard et par feu Estienne du Lac, dud. brye, et constitués par lesd. s^r du lac et sa femme a damoyselle Loyse choart par contract du trentiesme decembre mil cinq cens quatre vingt. »

» cent livres tournois de rente deubz par messire anthoine de meaux seigneur et baron de Boisboudran, dam^lle hebert, sa femme, et noble homme Louis le donez, s^r d'envron, cons^er du roy et tresorier general de son (illisible), constitués aud. feu s^r du buisson par contrat passé devant contesse et contesse le vingt sept^me jo^r de novembre mil six cens seize.

» la somme de cinq cent quatre vingt six livres deubz par Jehan tartereau, escuier, s^r d'aigrefin, par sa promesse en forme de compte du douz^me jo^r de janvier mil six cens vingt deux et par raison de quoy.......

» la somme de dix mil six cens trente quatre livres six solz six deniers comme montant en principal et interest de la somme de neuf mil livres tz, qui est constituée par le s[r]........ tresorier gñal des guerres......., inventoriée aud. inventaire sous la cote quarante quatre et de partye de laq[lle] monseigneur le prince de condé est garand.

» la somme de six mil livres tour[s] deub par mond. seigneur prince de condé par sa promesse......

et, comme propres du *de cujus*, entre autres rentes :

« six vingt livres seize sols huict de[rs] de rente a prendre ez mil livres ts de rente qui restent des cinq mil livres de rente, qui dés le vingt neuf[me] jour de may mil c. c. cinquante trois furent vendues et constituées par M[rs] de la ville de paris a mons[r] le duc de montmorency connestable de france a prendre sur les greniers à sel de ce royaume estimées y compris les (illisible).

» et encore six vingt livres seize sols huict de[rs] de rente a prendre sur nostre sel, a prendre en lad. partye des cinq mil livres de rente constituées aud. s[r] connestable de montmorency le vingt neuf[me] may mil c. c. cinquante trois, p[r] aug[ter] arre[ges] qui en sont deus jusqu'au dit jour a bureau ouvert du premier j[r] d'octobre mil six cens vingt, lad. rente montant en p[pal] quatorze cens cinq[te] livres,......

faict et passé en triple en l'estude de contesse no[re] soubs[né] l'an mil six cens vingt quatre le vingt quatr[me] jo[r] de mars apres midy

Signé : Du Buisson — E[re] du buisson

moreau

Guyon et contesse

XXIX

Deux quittances d'Alexandre du Buisson.

Mre Alexandre du Buisson chevalier gouverneur pour le Roy des ville et chasteau de han[1] a cause de dame Margueritte payen son espouze confesse avoir eu et tenu de noble homme M^e (en blanc)

La somme de cent cinquante livres tour^s pour ung quartier escheu le dernier jour de decembre X b1^c vingt huict a cause de six cens livres tour^s de rente quy des le ɋuinz^e jour de septembre Mil six cens vingt ung furent vendus et constituez par la ville de paris a damyen Montagne et sa femme sur les greniers a sel dont quictant, prom. et obl. Ren. faict et passé es estudes des notaires soussignés le douziesme jour de janvier mil six cens vingt neuf et a signé

A. Du Buisson

Ogier Lingué

(Bibl. Nat., *Pièces originales*, 553.)

En la pñce des Notaires garde nottes du Roy nostre sire en son chlet de paris soubzsignez M^re alexandre du buisson Chevallier gouverneur pour le Roy des ville et chasteau de han demeurant pres la porte S^t honoré sur le rempart[2], paroisse S^t germain de Lauxerrois, suivant la procuration passée a Me François Bachelier greffier en l'eslection de paris, par devant de Boucxin et fevret, notaires à chaulny le quinziesme d'octobre X b1^c trente cinq, pour recevoir les arrerages de la

1. *Sic* et suivant la prononciation des habitants du Santerre.
2. Rue du Rempart, plus tard appelée rue Saint-Nicaise.

rente cy apres declarée, a confessé avoir eu et receu de Noble homme M[o] (en blanc)

La somme de Neuf cens quatre vingt huict livres dix solz pour un quartier d'arrerages escheu au dernier jour de Mars mil six cens trente sept, a cause de trois mil neuf cens cinquante quatre Livres de rente, aud. s[r] du buisson appartenant, et a luy constituée par M[rs] les prevost des marchands et eschevins Le vingt sixiesme jour de septembre mil six cens trente cinq, a prendre en la partie des VIII millions de Livres de rente constituez par le Roy sur les tailles, dont quictance promettant et obligeant et renoncant Faict et passé es estudes desd. notaires soubz signés le vingtiesme j[r] de decembre mil six cens trente sept et a signé

Du Buisson

Debonnault — Debeaufort

payé

Mc Fevrary

(Bibl. Nat., *Pièces originales*, 553.)

XXX

Commission de lieutenant de roi à Ham.

Du 18e 7bre 1626.

Original en parchemin.

Commission de Lieutenant au gouvernement des ville et château de han vacante par la demission volontaire de Claude de Preaulx sieur de Boissé donné par Sa Majesté à Paris le 18 7bre 1626, a son cher et bien amé felix de Tartereau s[r] de Berthemon pour en l'absence du sieur du Buisson capitaine et gouverneur des dittes places commander es dittes ville et chateau de han tant

**

aux habitans de la ditte ville, qu'aux gens de guerre. Cette commission signée Louis et plus bas par le Roy Potier et scellée sur simple queüe de parchemin./.

(Bibl. Nat., *Carrés d'Hozier*, 591, Tartereau, p. 62.) — Voy. p. 9.

XXXI

Une quittance d'Antoine du Buisson.

Anthoine dubuisson escuyer sieur de la Marsodière confesse avoir receu de noble homme M^e^ (en blanc).

La somme de quatre cens seize livres treize solz quatre deniers pour ung quartier escheu le dernier jour de Mars mil six cens cinquante-un a cause de seize cens soixante six livres trois solz quatre deniers de rente constituée le premier janvier mil six cens trente six sur les tailles dont quict^ce^ R. P. O. faict et passé es estudes des notaires soubzsignez l'an mil six cens cinquante quatre le cinq^e^ jours de mars et a signé

Antoine du Buisson

Chaultier — Charlet

(Bibl. Nat., *Pièces originales*, 554).

XXXII

Une quittance d'un mestre de camp de cavalerie.

Nous Noel du Buisson Me de Camp d'un regiment de Cavallerie entretenu pour le service du Roy soubz^né^ confessons avoir receu comptant de Mre Guillaume Charron con^er^ du Roy treso^er^ general de l'extraordinaire des Guerres et Cav^lie^ legere par les mains de son commis la somme de deux mil Livres, ordonnée estre mise en nos mains pour employer a bon compte des deux dernieres demy monstres du present quartier d'hiver de nostre d[t] Regiment de Cavallerie composé de deux comp[ies] a raison de mil Livres par compagnie de laquelle somme de deux mil Livres nous sommes content et av. quictancé led. s[r] Charron et son d. commis en tous accords faict le vingt un[e] mars mil six cens cinquante quatre.

(Bibl. Nat., *Pièces originales*, 554.)

XXXIII

Actes paroissiaux relevés à Brie-Comte-Robert

Le vingt huictiesme jour du mois d'apvril an 1597, deux heures après midy fut baptisé alexandre fils de Jherosme du Buisson gouverneur du chasteau de cette ville et capitaine des Bourgeois d'icelle. La mere anne Tarterau sa femme. Ses parins nicolas Tarterau, escuier seigneur du Tremblay et francois de Moy escuier seigneur dudict lieu, gentilhomme ordinaire du roy. Sa marine damoiselle marie de Berthemont

Rollot curé

Septembre 1599 — Le IX[esme] jo[r] du mois a esté baptisée Leonore fille de hierosme du Buisson escuier aiant un bon p[r] les champs pour sa majesté. La mere anne Tartereau. Le parin Thibault de breda[1] seigneur de

1. Thibault de Bréda était en 1601, gruyer, garde-marteau héréditaire des Eaux et Forêts de Leschelle et autres bois et buissons du bailliage de Brie-Comte Robert. Il avait épousé avant le 30 décembre 1582 Marguerite Bérard, fille de noble homme Me Gabriel Bérard, conseiller du roi, lieutenant-général en la généralité d'outre Seine et Yonne, et de Anne de Thumery. — Thumery est un hameau situé à 600 mètres de Brie-Comte-Robert. — (*Archives de la branche actuelle de Berg de Bréda.*)

Suine[1] gentilhoe de la venerie les marrines damoiselle de la poupelle laquelle a nomé et damoiselle Leonor Eval femme de nicolas de Revier seigneur de barnaux[2].

Aoust 1602 — Le 8e dud. mois a Esté Baptizé francois fils de noble hoe hierosme du buisson et de damoiselle Tartereau ses pere et mere les parins noble homme francois de l'hospital Sr du hailler[3] et noble homme Anthoine de Rolle escuier du roy la marrine loise de la gerre[4] femme du noble home nicolas tartereau nomé par led. Sr du hailler

Aoust 1604. Le sabmedy 14e fut baptizé Loys fils de noble hoe hierosme du buysson escuier et faulconnier du roy et de damlle anne tartereau. Le parin noble hoe Loys tartereau Sr du tremblay oncle maternel La marrine denise le blond femme de Mr Vilain thresorier des guerres.

In mense Augusti. 1607. Die Dominica sequenti duodecima mensis, unus jam octodecim dies natus filius nobilis viri Hyeronimi du Buisson et dominellæ Annæ Tartereau, jam undatus, a nobili dominella Anthonia de l'Hospital filia nobilissimi viri et equitis torquati Ludovici de l'Hospital[5] et nobilis dominæ Françoisæ de Brichanteau[6], ecclesiæ domini et mihi

1. Grisy-Suisne, à quatre kilomètres S.-E. de Brie-Comte-Robert.
2. Barneau, à huit kilomètres S.-S.-E. de Brie-Comte-Robert.
3. Alors âgé de dix-neuf ans, maréchal de France en 1643.
4. Louise de la Gerre avait épousé en 1600 Nicolas de Tartereau, qui mourut en 1623. Elle était fille de François de la Gerre, gentilhomme milanais, qui était valet de chambre et favori de Henri III, roi de France et de Pologne. (*Nouveau d'Hozier*, loc. cit., p. 75.)
5 Marquis de Vitry, gouverneur de Meaux et de Fontainebleau, capitaine des Gardes de Henri IV. Il était le père des maréchaux de Vitry et de l'Hospital.
6 Brichanteau, terre et seigneurie de la Beauce, qui a donné son nom à une ancienne maison d'où sont sortis les marquis de Nangis.

subsignato præsentatus et per dictam dominellam Anthonii nomine donatus fuit, et post dictus infans super sacros fontes levatus fuit per magistrum Françoisum Portas.

signé : DARICGUEL
(prebtre)

Le dixiesme may seize cent quarante cinq a esté baptisé Augustin fils de guillaume de Glapion, Escuier Sr de la Boissiere et de dam[lle] Marg[te] Tartereau, sa feme[1]. Le parein Mre Augustin le Maistre cons[er] de la Cour du parlem[t] la mareine Eleonore du buisson feme de Mre Christophe hebert, intendant general des vivres.

Le sabmedy vingt cinq avril mil six cents cinq[te] quattre a esté inhumé le corps de messire anthoine du buisson escuyer seigneur de la marsaudière et de la grivelle chevallier et cappitaine de la grande faulconnerye du Roy dans la chapelle Sainct jean baptiste.

1. Cette dame de Glapion était la cousine germaine de la marraine, qui suit, d'un de ses quatre fils, dont trois moururent de mort violente : l'un, capitaine d'Infanterie, « tué dans une rencontre » ; un autre, aussi capitaine d'Infanterie, « assassiné dans Brie-Comte-Robert » ; un troisième, « tué en 1677 au siège de Va- « lenciennes par un officier de son régiment et son ami, qui, dans « un assaut, le prit pour un ennemi et lui tira un coup de mous- « queton dans le dos, dont il est mort quelques heures après. » Un quatrième fils fut « après avoir longtemps servi, lieutenant dans les Plaisirs de Sa Majesté dans la plaine de Brie », autrement dit lieutenant de Vénerie. (*Nouveau d'Hozier*, loc. cit., pp. 76 et 77.)

XXXIV

Actes paroissiaux relevés à Chevry-Cossigny[1].

Le 12 octobre 1639 fut baptizé Loys fils de noble ho^e Anthoine du Buisson, seigneur de la Marsaudière........ — La suite de l'acte a été déchirée.

Le 27 avril 1641 fut baptizée Isabelle fille de noble ho^e Anthoine du buisson, seigneur de la Marsaudière et de dam^lle geneviefve payen, ses pere et mere

Mareine Damoiselle Isabelle do
Parein Loys boutillat

Le 31 octobre 1642 fut baptizée françoise fille de noble ho^e Anthoine du buisson seigneur de la Marsaudiere et de geneviefve payen ses pere et mere

La mareine francoise de bordeaux
Le parein Alexandre du buisson

Geneviefve fille de messire anthoine du buisson sieur de la marsaudiere et de noble dame geneviefve payen, fut apportée en cette église le 23e jour de septembre mil six cents quarante quatre apres avoir esté ondoyée, pour adjouster les ceremonies données par le baptesme de Notre Mere Ste Eglise

Mareine dam^lle Martineau
Parein pierre Lorand

1. Les noms de Chevry et de Brie-Comte-Robert revenant souvent dans cette notice à propos de la famille qui en fait l'objet, il n'est pas sans intérêt de noter que, entre ces deux localités, distantes l'une de l'autre de 4 kilomètres, s'étendait un grand bois de 367 arpents 47 verges, qui fut rasé vers 1812 pour faire place à une exploitation agricole. (Relevé dans un article de M. le docteur Roger Goulard, paru dans l'*Almanach historique de Seine-et Marne, 1913*).

Le 9 octobre 1647 ont esté faictes les cérémonies du baptesme de pierre du buisson fils de messire anthoine du buisson seigneur de la marsaudiere chef du vol de la grande faulconnerye du Roy et de geneviefve payen.

Parein pierre payen sieur Deslandes conseiller du Roy en ses conseils et à la grande chambre du parlement de paris, seigneur prieur au temporel et spirituel de Notre Dame de la Charité-sur-Loire.

Mareine Dame francoise de bourdon femme de messire Martineau conseiller du Roy au parlement de Paris, et nommé par le sieur Deslandes.

Le 25e octobre 1648 a esté nommé Louis fils de messire anthoine du buisson seigneur de la Marsaudiere et de madame Geneviefve payen

Le parein Mgr le duc de Luynes seigneur de Lesigny.

La mareine Madame anne Dublé Duxelles[1], femme de messire henry de borringant conseiller du Roy en ses conseils et son premier escuyer.

L'an de grace 1676, le 15e mars, par moy curé de l'esglise notre dame de Chevry a esté faicte la sepulture de nicolas dubuisson, escuier sieur de la Marsaudiere, âgé de 38 ans, dans l'esglise dudit Chevry, aucun parent ne s'y estant trouvé

En foy de quoy j'ay signé

L. Normand curé

1688. Le 17e septembre dudit an, par nous soussigné curé de Cossigny, en l'absence et à la prière de Mr le curé de Chevry, a esté inhumé dans l'église dudit lieu de Chevry, Louis du Buisson, escuyer, sieur de la Marsaudière, décédé le jour précédent dans la foy de

1. Du Blé d'Huxelles ou d'Uxelles.

l'église, en présence de Barthélemy Bouchel, Yvan Gaston et beaucoup d'autres.

BIRON — J. GASTON — LAGUERRE
Mtre d'Ecole — curé de Cossigny

Ce 17 juillet 1719, a esté inhumé dans l'Eglise de cette p̃sse, par nous soussigné, le corps de Messire Alexandre du Bisson (*sic*), chevalier, seigneur de la Marsaudière, âgé de quatre vingt cinq ans ou environ, décédé le jour d'hier, après avoir receu les sacremens de pénitence, extrême onction et eucharistie, en présence de Mre Binet, consr du Roy et son bailly à Brie Comte Robert, de Mre Jean Baptiste Pinsson, abbé du Noyers et curé de Cervon (*sic*), de Messire Jean Leguay, curé de Ferrolles et de Jean Joseph de Jeumont, Vilain d'Attilly, qui ont signé avec nous

PINSSON — DE JEUMONT — BOINDIN, curé
abbé de Noyers — BINET

Ce 9 septembre 1719, a esté inhumé dans l'Eglise de ceste paroisse par nous curé soussigné, le corps de damoiselle Genevief du Bisson (*sic*) de la Marsaudière, décédée le jour d'hier en la paroisse, âgée de 75 ans ou environ, en présence de Messire Binet, conseiller du Roy et son baillif à Brie-Comte-Robert, de Mr de Chaulnes de Beauverger, de Mre Cornu, curé d'Attilly et de Mre l'abbé Pinsson, curé de Servon, qui ont signé avec nous

BINET — PINSSON, abbé de Noyers
et curé de Servon
JEAN BAPTISTE, Curé d'Attilly
BOINDIN curé de Cheuvry (*sic*)

Il est à remarquer que, sur les quatorze actes de baptême ou de décès, dont copies précèdent et qui se trouvent tant à Brie-Comte-Robert qu'à Chevry, il n'y en a pas un qui appartienne aux mois d'hiver. Il semble donc bien présumable que les actes de baptême et de décès de la famille du Buisson qui n'ont pu être trouvés en Brie appartiennent aux mois d'hiver et auront été inscrits à Paris.

XXXV

Acte de mariage relevé dans l'état-religieux de la paroisse de Servon-en-Brie.

L'an de grâce mil six cent quatre vingt deux le dimanche huictiesme jour de febvrier, apres la publicãon de trois bans au prosme de la messe de paroisse entre Alexandre du Buisson, escuyer, et dam[lle] barbe de Chantemerle, tous deux de la paroisse de Servon et les fiancailles faites et n'y ayant eu aucun empechement apres avoir veu et leu la sentence de mons[r] l'official portant permission de les marier nonobstant qu'ils soient alliés au troisiesme degré et que ledit s[r] du Buisson ait tenu un enfant procréé de son premier mari sur les fonds de baptême attendu la dispense qu'ils en ont obtenu en cour de Rome.

XXXVI

Actes de baptême relevés à Ham.

Le 31 aoust 1630. a esté baptizée Marguerite, fille de Noël Poix et de francoise Natier. Son parrain Noel du Buisson, fils de M[r] le Gouverneur de Ham et sa marine Blanche Natier.

Le 5. octobre 1630. a esté baptizé Allexandre, fils de Jean Chocquet et de Barbe de Sains son parrain Allexandre du Buisson, gouverneur de Ham, et sa marine Magdeleine Amelot, feme de Monsr de Bertemont, Lieutenant pour le Roy au gouvernement dud. Ham.

Le 23 juillet 1634. a esté baptize Alexandre fils de claude de Grain et de francoise francelle son parrain Mr de Bertemont et sa Marine Margueritte payen dame Du Buisson.

Le 25 juin 1635. a este baptizée Margueritte fille de clement Doublet et de aimé pernillé. Son parrain Felix de Tertreau (*sic*) s^r de bertemont Lieutenant au gouvernement de Ham et sa marine Margueritte payen gouvernante.

Le 9 mars 1636. a esté baptizée Margueritte fille de Louis de Hallu et de Anne Tabourau. Son parrain Nicolas de Tertreau (*sic*) s^r du Tremblet (*sic*) et sa Marine Margueritte payen gouvernante de Ham.

Le 3. febvrier 1637. a esté baptizée Margueritte de Bonnelles fille de (illisible) Bonnelles, s^r de la Neufville, et de francoise de buny. Son parrain Michel de Broye Major de Ham et la marine Margueritte Payen, gouvernante.

Le 21 septembre 1639 a este baptize Allexandre Auguste filz de hierosme Sart escuyer, s^r de prémomt et de Jeanne de Broully. Son parrain Allexandre du Buisson gouverneur de ham et sa marine Judicth cecile de Brosse dame de Canisy.

Ledit 10 avril 1640 a esté baptizée Margueritte fille de Thomas Richart et de Marye Boucher ; son parrain

Michel de broye escuyer major de ham, et sa marine Margueritte payen, gouvernante.

Le 31 aoust 1641 a esté baptizée Margueritte fille de francois Crinard officier a ham et de jullienne Denis. Son parrain Noël du buisson Escuyer page de sa majesté et sa marine Margueritte payen gouvernante de ham.

Le 3. febvrier 1643. ont esté faictes les ceremonies baptismales sur anne fille de francois crinard capitaine a ham et de jullienne Denis. Son parrain Mre Pierre Dubuisson cons^er^ et aulmosnier du Roy abbé de ham et sa marine anne de Bonnelles dame de S^t^ fargeot (*sic*) et ault. lieux.

Le 5. febvrier 1645 a esté baptizée Margueritte fille de Jean Gentilhomme et de Marye Villain. Son parrain Michel de broye escuyer major de ham et sa marine dam^lle^ Marie Marg^tte^ dubuisson fille de M^r^ le gouverneur de ham.

Le 19 mars 1645 a esté baptizée anne fille de Mr Allexandre Philippes docteur en médecine et Louise Thiroult. Son parrain noel dubuisson premier capitaine au regiment de Monsr dubuisson son perre, gouverneur de ham et sa marine anne de bonnelles dame de St Fargeot (*sic*).

Le 5 novemble 1645 fut baptizé Noel, fils de Jean chocquet M^e^ appoticaire et de barbe de Sains. Son parrain noel dubuisson capitaine a ham et sa marine barbe de Lattre.

Le 26 may 1647 a este baptizée Marye Marg^te^ fille de abraham compagnon et de Jeanne du four. Son parrain Mre Pierre du buisson abbé de ham et sa marine Marye-Margtte du buisson, sœur dud abbé. Née le 23 dud. mois.

Le 8 décembre 1647 a esté baptizée barbe fille d'Estienne gandoien et de anthoinette Jacob. Son parrain anthoine du buisson et sa marine barbe doublet.

Le 25 aoust 1648 a este baptizé anthoine fils de samalice de Hem et de barbe Tupigny son parrain mre anthoine benoist coner du Roy et son bailly general dans la ville de ham et sa marine Marye Margtte du buisson, fille de Monsr le Gouverneur.

Le 2 novembre 1648 a esté baptizé Louis fils de Mr Louis de Sains, docteur en médecine et de anne gouillard. Son parrain Jean de hervilly, escuyer, seigr de beaumont. Sa marine Marye Margtte du buisson, fille de Monsr le gouverneur de ham.

Le 12 novembre 1648 a esté baptizée anne, fille de Mre Anthoine Benoist, conor du Roy, son bailli général a ham et de Marye gossart. Son parrain Mre Pierre du buisson et sa marine anne de bonnelles dame de St Fargeot (*sic*).

Le 3 octobre 1651 a esté baptizé Alexandre fils de Nicolas huart et de Magdeleine de Grain. Son parrain Mre pierre du buisson conser et aulmosnier du Roy, abbé commendataire de l'abbaye n̄re dame de ham et sa marine Margtte Payen gouvernante dud. ham.

Le 26 aoust 1653 a esté baptizée et ondoyée margtte fille de Nicolas Jacob, sr de Pissancourt, Lieutenant au régiment de Monsr le Mareschal de Hocquincourt a ham et de francoise de grain. Son parrain Noel Dubuisson escuyer, s[r] dudit lieu, et collonel d'un régiment de chevaux Legers au service du Roy et sa marine Margueritte de hervilly dame d'ollezy. Née dès le 4e jour de juillet 1652. de sorte quil y a plus d'un an quelle est née et a esté eslevée sans estre baptizée nonobstant toutes nos monitions de temps en temps.

(Baptis Ecclesiæ santi Petri, Hamen[s] ab anno domini 1603 vsqve ad hanc diem : · :)

XXXVII

Châtelains, Gouverneurs, Commandants du château de Ham.

La seigneurie de Ham, qui appartenait dès 986 aux comtes de Vermandois, en 1380 à la maison de Coucy, en 1400 à Louis Ier, duc d'Orléans, en 1408 aux Coucy, en 1412 à Charles d'Orléans, en 1413 à la maison de Bar, en 1450 à celle de Luxembourg, en 1546 aux Bourbon-Vendosme, passa par héritage à Henri IV.

A partir du XIVe siècle, des gouverneurs commandent le château de Ham.

Voici les noms de ceux que l'on connaît :

Bousiers (le sire de), 1373.

Bernard d'Albret, 1411.

Pothon de Xaintrailles, pour le roi, 1423.

Lionel de Luxembourg, pour le duc de Bourgogne, 1423.

Clugnet de Brabant et Menessier Queret, 1431.

Bannière (Anthoine de la), 1440.

Lens (le seigneur de), gouverneur pour le duc de Bourgogne du château de Ham, qu'il rendit à Louis XI en 1476, après la mort du duc.

Sarrebruche (Amé de), comte de Roucy et de Braisne, 1523.

Sarcus (Jean de), avant 1536.

Michel de Y, mort en 1565.

Robert de Chepoy, 1556-1557.

Pierre de Chapuis, 1557.

De Guion, 1558.

Navarette, gouverneur espagnol, 1558.

Courbon (le sieur de), septembre 1558.

Gomeron (Loys de Moy de), 1585-94.

Antoine de la Viefville, 1595.

Saisseval (François de Sénicourt, seigneur de),...

Belin (Jean-François de Faudoas, comte de), nommé gouverneur par Henri IV de la seigneurie de Ham, réunie dès lors à la couronne, 1595.

Humières (Louis de Crévant, marquis de),...

Longueville (le duc de), 1616 à 1619.

Albert duc de Luynes (Ch. d'), 1621.

Anthoine d'Aumalle, seigneur de la Follye,...

Vuyneau (Claude), 1624.

Préault (Claude de), 1626.

Dubuisson (Alexandre), 1626, démissionnaire, 1651. — De Bertemont, lieutenant, 1629[1].

Bugny (de), intérimaire, 1651.

Hocquincourt (Charles de Monchy, marquis d'), 1652 à 1656[2].

Charles Herbert, lieutenant du gouverneur, 1657.

Bouvelles (Jean de), 1658.

Moy, marquis de Riberpré (Charles de), 1658 à 1680.

1. 18 septembre 1626. — Voy. p. 89.

2. « Maréchal de France, gouverneur de Péronne, Montdidier et Roye, tué au siège de Dunkerque en 1658, fils de Georges, gouverneur de Mont-Hulin, grand prévôt de l'hôtel du Roi, premier maître d'hôtel de la Reine Anne d'Autriche. » (*Les gouverneurs de Montreuil de la maison des Essarts de Maigneux* (1581-1620), 2e partie, par Roger Rodière, Montreuil-sur-Mer, 1906, p. 189).

— Lieutenants : Ch. de la Rigaudière, 1661 ; — François Lebreton, 1667 ; — J.-B. d'Esclaus, 1670-75.

HAUTE-FAYE (de), marquis de Janvelle, 1680.

DE LA MOTTE-VATEVILLE, l[t]-g[al] des armées du roi, gouverneur en 1694. — De Devise, lieutenant, 1687. — De la Lusse, — De Saint-Lazare, majors.

SÉRIGNAN (de), 1697. — De Devise, lieutenant, 1681, 1695, 1720.

GRAMMONT (Louis-Antoine-Armand, duc de), 1715-1727.

WALLE (de), 1736, 40 et 41.

PONTCHARTRAIN (Louis Phélipeaux comte de), 1760. — D'Hervilly, lieutenant, 1760. — Antoine de Champagne d'Havricourt, lieut[t], 1779.

BILLARDERIE (le chevalier de la), décédé gouverneur du château de Ham en 1783, est remplacé le 6 février de la même année par M. DE PUJOL. — Charles de Bazignan, lieutenant, 1783. — Thiffon de la Bastille, ancien major de la place de Ham, 1789.

PIOGER, ancien suisse de la cathédrale de Lens, commandant d'armée en l'an II.

ROGIER, 22 prairial an II.

MERY-MONTIGNY, de l'an III à l'an IV.

CHAZAUD, an VI.

THURING, commandant de la ville de Ham, an III.

MONTIGNY, commandant en l'an V.

DODEUILLE, FONTENELLE, MONTCHARMONT, an V.

LESPINASSE, an VI.

COLLET, comm[t] par intérim.

DESBORDES, BAUDRY, an VIII.

FONTES, VINCENT....

NIÉLON, an XII.

PRESSECQ, 1807 à 1809.

CORTE, 1809.

DILLÉNIUS, 1809 à 1812.

HALLOUIN, de 1812 à 1814.

MAGEN, 1814.

BALSON, de 1815 à 1816.

LIOUX (de), commandant de 1816 à 1830.

DELPIRE, commandant du fort de Ham, de 1830 à 1837.

REBOUL (Louis de), commandant de 1837 à 1840.

DEMARLE, commandant de 1840 à 1846.

DÉTRIMONT, commandant de la place de Ham, de 1846 à 1847.

BESSE, commandant du 22 nov. 1847 au 29 janvier 1850.

BAUDOT, commandant de 1850 à 1853.

MARTY, de 1853 à 1859.

CARRÈRE, commandant depuis le 25 août 1859.

(Extrait sommaire de la liste des gouverneurs et des commandants de la ville de Ham, publiée dans HAM, SON CHATEAU ET SES PRISONNIERS, par Ch. Gomart, Ham, Paris, etc., 1864.)

XXXVIII

Etat des Lieux qui sont du gouvernement de Ham

Suivant la liste trouvée dans un registre de lad ville qui commence en 1626 et finit en 1661.

Auroir.
Aubigny-Caisne.
Annoy.
Bray.
Brouchy.
Cugny.
Dury.
Douchy.
Douilly.
Eppeville.
Eaucourt.
Etouilly.
Fluquiers.
Gollancourt.
Germaine.
Heroüel.
Ollezy.
Pithon.
Quivieres.
Sommette.
Sancourt.
Tugny.
Villette.
Villeselve.
Villers.
Ugny.

Aunoy.
Berlancourt.
Bruel (mal écrit ou inconnu).
Beaumont.
Baverchy.
Esmery.
Erchû.
Flavy-le-Meldeux.
Flavy-le-Marteau.
Frieres.
Grecourt.
Hombleux.
Jussy.
Landevoisin.
Libermont.
Moyencourt.
Offoy.
Plessier (Patte d'oye)
Quivry
Rouy-le-Gran.
Rouy-le-Petit.
Voyennes.

(Bibl. communale de Ham, collection Léon Paulet, XII. *Dictionnaire hamois*, f° 285.)

XXXIX

Abbaye de Ham.
Liste de ses abbés commendataires.

Silvain, docteur de Sorbonne, en 1533 ; — Charles de Bourbon, cardinal et archevêque de Rouen, en 1537; — Nicolas, cardinal de Sainte-Marie, *in latâ viâ*, dit le cardinal Rodolphe, en 1547 ; — Antoine Caraccioli, prince de Melphes, évêque de Troyes, en 1552 ; — Guillaume Viole, évêque de Paris, en 1562 ; — Pierre de Dreux, chanoine de Paris, en 1568 ; — Nicolas Duval, conseiller du Parlement, en 1595 ; — Nicolas Lescalopier, référendaire apostolique et aumônier du roi, en 1605 ; — Jean Armand, cardinal, duc de Richelieu, en 1627; — Pierre du Buisson, fils d'Alexandre du Buisson, gouverneur de Ham, en 1642; — Louis Fouquet, évêque et comte d'Agde, en 1659; — Humbert Ancelin, en 1702 ; — Alexandre-Antoine du Fondras de Châteautiers, grand maréchal de Malthe, 1721 ; — René de Sesmaisons, du diocèse de Nantes, ex-jésuite profès, chevalier de Malthe, 1731 ; — Augustin-César d'Hervilly de Devize, évêque de Boulogne, 1745; — François-Joseph de Partz de Pressy, id., 1746; — Jean-René Asseline, id., en 1789.

(HAM, SON CHATEAU ET SES PRISONNIERS, par Ch. Gomart, Ham, Paris, etc., 1864.)

XXXX

Concordat pour l'Abbaye de Ham.

1643 1er juillet.

Bibliothèque Ste Geneviève.

Réformation des chanoines par La Rochefoucaut. 25 vol. in-f° t. 18.

Concordat pour l'abbaye de Ham, passé entre Mre Pierre du Buisson, abbé et les religieux d'icelle abbaye du 1er juillet 1643.

f° 173.

Pardevant Michel de Beauvais et Pierre de Beaufort notaires garde notes au chastelet de Paris, subsignez furent presens en leurs personnes Messire Pierre du Buisson, abbé commendataire de l'abbaye de N. D. de Ham demeurant audit Ham en Picardie estant de présent à Paris rue Neuve St Honoré[1], paroisse St Roch d'une part.

Et frere Hierosme Riverain, sous prieur de la dite abbaye de N. D. de Ham, tant audit nom que comme soy disant avoir charge des religieux d'icelle abbaye, chanoines réguliers de Saint-Augustin, par lesquels il promet faire ratifier et avoir pour agréable le contenu cy apres et en fournir acte audit sieur abbé en sa mai-

1. L'abbé de Ham était alors chez sa tante, Éléonore du Buisson, épouse de Christophe Hébert, surintendant des vivres.

son audit Ham dans trois sepmaines ou un mois d'hier d'autre part.

Lesquelles parties esdicts noms pour esviter les differends qui pourroient naistre entre le dict sieur abbé et les dicts Prieur Religieux et couvent pour l'augmentation de la mense conventuele d'iceux Prieur Religieux et couvent par eux pretendent outre les choses qui leur ont esté promises et accordées par le concordat qu'ils ont faict avec feu monsieur (*sic*) le cardinal de Richelieu dernier abbé de la dicte abbaye pardevant Laisné et Parquet notaires audict Chastelet de Paris les dixiesme et vingt sixiesme jour d'octobre 1640 ont de l'avis et consentement ainsi que dict le dit Sous-Prieur de tres Reverend père Charles Faure supérieur général de la congrégation des chanoines réguliers de France et abbé coadjuteur de l'abbaye Ste Geneviève au Mont de Paris, y demeurant, par lequel il promet aussi faire rectifier et avoir pour agréable le contenu cy après et fournir acte aud. S^r^ abbé en cette ville de Paris dans quinze jours prochains du concordat qui s'ensuit. C'est à scavoir — que sans deroger ni innover aucune chose en ce qui est du spirituel concernant l'établissement et conservation des religieux de la dite congregation audict monastère ny de ce qui touche la dignité abbatiale les droits dependans d'icelle, le nombre des religieux et leurs offices, le tout mentionné aud. concordat devant datté sans augmenter ni diminuer aucune des 2000 liv. tournois en deniers comptant que l'abbé est tenu par le dict concordat relatif à un précédent du 4 juin 1628 payer pour chacun an aux dicts religieux, et lesquelles le dict sieur abbé promet par ces présentes leur payer et continuer aux quatre quartiers de chascune année esgalement à commencer du 1er jour d'octobre prochain et par advance Iceluy sieur abbé sera en outre tenu et promet par ces dictes présentes au lieu de trente muids de bled portés par le dict concordat leur en fournir soixante muids mesure de Ham par chascun an aux termes ordinaires à commencer du premier jour d'octobre prochain. Le dict bled provenant des fermes d'Aubigny, Flamicourt, Dury, Sancourt, fauxbourg Sainct Sulpice, Sainct Christophe et Ham, et au deffaut de les pouvoir prendre sur les dictes fermes, ils leur seront baillez sur les autres fermes de la dicte abbaye Qu'au lieu de quatre muids de vin portez par le dict concordat le dict sieur abbé sera tenu et promet leur en fournir et livrer par chascun an à commencer aux vendanges prochaines pour l'année qui commencera au dict octobre prochain douze muids du cru de Noyon bon et logest[1].

Que les six premières années prochaines commencant au dit premier octobre le dict sieur abbé sera tenu leur fournir et livrer trente cinq cordes de bois au lieu de trente à eux accordées par ledict concordat et trois milliers de fagots au lieu de deux que l'on leur baille maintenant et, les dictes six années passées, il leur fera bailler quarante cordes de bois au lieu de trente cinq et quatre milliers de fagots au lieu de trois, les dicts fagots de la mesme qualité qui ont accoutumé de leur estre baillez.

Quatre dicts deniers, bled, vin et bois leur seront payez fournis et livrez dans la dicte abbaye, ou le tout sera charrié aux despens du dict sieur abbé sans diminution aux religieux de revenu particulier à eux appartenant qu'ils appellent le *petit couvent tresorié* et les *Iemaicus* (?) qui leur demeurera selon que ledict revenu et les charges d'iceluy seront particul[t] spécifiez et declarez par l'estat particulier qui en a esté dressé et auquel apres avoir esté signé et arresté desdites parties a esté à leur requisition annexé à la minute des presentes pour y avoir recours si besoing est, conforme-

1. Il y a beau temps que les vignes de Noyon ont disparu!

ment auquel estat les nouveaux fermiers seront chargez de ce dont les aprésent fermiers sont chargez par iceluy.

Puis sera tenu le dit sieur abbé payer toutes les charges ordinaires et extraordinaires de la dicte abbaye ainsi que ses predecesseurs ensemble faire faire les reparations sans néant moins estre tenu de faire aucun nouveau bastiment en icelle si bon luy semble.

Seront reciproquement tenus les dicts religieux Prieur et Couvent sur les revenus de leur mense conventuelle ci dessus mentionnés payer les pentions des antiens religieux et en acquitter le dict sieur abbé ensemble de leur fournir logement convenable dans la dicte abbaye.

Accordant iceluy sieur abbé favorablement aux dicts religieux les cottes mortes qui arriveront des dictz antiens Religieux, excepté celles du sieur de la Cayne l'aisné et du curé de l'église de Saint Martin. Plus le dict sieur abbé cedde et transporte auxdicts Religieux le droit de censive droit seigneurial et tel autre droict qui peut appartenir à la ditte abbaye sur la maison ou loge à present le sieur Philippe medecin et Pierre Accart size entre l'eglise et la dicte abbaye et le cimetiere de la paroisse St Pierre.

Sera tenu le dict sieur abbé fournir le bled pour les ausmones des pauvres et s'il eschet d'en faire davantage, ce sera aux despens du dict sieur abbé.

Payera en outre ledit sieur abbé aux termes ordinaires à compté du dict premier octobre prochain au portier et jardinier de la dicte abbaye chacun un muid de bled et trente livres pour eux deux.

Et en considération des augmentations ci-dessus ne pourront les dicts Religieux pretendre aucune chose à l'advenir à l'augmentation du revenu soit par renouvellement de baux ou autrement des fermes, moulins et autres héritages qui ont esté ci devant baillés en emphite ou dépendans de la dite abbaye.

Et quant à la cense de Collezy, alliénée de la dicte abbaye et depuis retirée par les soings desdits religieux suivant l'Edit du Roi et avec le consentement du dict feu seigneur le cardinal de Richelieu, elle demeurera aux dicts religieux en payant par eux la charge de la dicte cens aux seigneurs de la censive desquels elle est.

Demeureront les dicts Religieux chargés des ornemens et meubles appartenant à la dicte abbaye qui leur ont esté baillez et deslivrez en exécution dudict concordat d'octobre mil six cens quarante.

Et quant aux tiltres de la dicte abbaye ils demeureront en l'estat auquel ils ont esté mis suivant le dict concordat.

Feront les dicts Religieux tous les frais à quoi sont obligez les communautés des abbayes aggrégées à la dicte congrégation des chanoines réguliers de France, et logeront et defrayeront leurs superieurs quand ils feront leurs visites sans qu'ils puissent pour ce répéter aucune chose contre ledit sieur abbé.

Seront pareillement tenus les dicts Religieux d'accomplir toutes les fondations faictes en la dicte abbaye.

Et continueront la messe qui se dict tous les jours en la Chapelle de N. D. à six heures du matin et de satisfaire aux intentions des fondateurs.

Et aussy de satisfaire et acquitter toutes les autres charges auxquelles sont à présent tenus et qu'acquittent maintenant les dicts Religieux.

Et moyennant les choses cy dessus promises et accordées par ledict sieur abbé aux dicts Religieux le dict frere Hierosme Riverain au dict nom des dicts Prieur et Couvent s'est desisté et departy ainsy qu'il a esté faict par les dicts deux precedents concordats devant dattés (du tiers) en essence des revenus de la ditte abbaye à eux cy devant adjugé par arrest de la cour, à condition que le présent concordat n'aura lieu que durant la vie du dit sieur abbé, lequel en considération d'iceluy a consenti et accordé que toutes les poursuites commencées à sa requeste contre les dicts Religieux telles qu'elles soient Et mesme celles faictes contre le nommé Couvreur et deux autres qui ont esté employez par les dicts Religieux et lesquels deux autres seront nommez par la ratification des dicts Prieur Religieux et Couvent cy dessus promises demeurant nulle et de nul effect comme non advenues sans aucuns despens dommages et interests sans aussy deroger ny prejudicier aux dites poursuittes contre toutes autres personnes. Par ainsy a esté accordé entre les dictes parties.

Promettant et s'y obligeant chacun en droict soy etc. : Renonçant etc. :

Faict et passé en l'estude de Beaufort l'un des dicts notaires soubsignez le premier jour de juillet mil six cens quarante trois apres midy, et ont iceux sieur du Buisson et frère Hierosme Riverain signé avec les dicts notaires et ont signez à la minute des presentes suivant l'ordonnance, laquelle est demeurée par devant et en la possession dudict de Beaufort qui a expédié le présent pour le dict frère Hierosme Riverain, le dict present contrat sujet au scel dans trois mois à peine de vingt livres damande suivant les édit, déclaration et arrests, ainsi signé de Beauvais et de Beaufort notaires.

7 juillet 1643.

Ratification du Concordat cy dessus faicte par le Reverend pere Charles Faure general de la Congrégation de France du septiesme juillet 1643.

Suit le détail.

27 août 1643.

Le vingt septiesme d'aoust mil six cens quarante trois deux heures apres midy, en présence de François Hubert et Médard Ardon notaires royaux gardes notes héréditaires demeurant à Ham soubsignez.

Venerables et religieuses personnes frere Jacques Battetet Prieur Hierosme Riverain Sous Prieur et Henri Charmolue, procureur, Noel Benoist Pierre Guerlin et Louis de Bernet clercs, tous Religieux profez, chanoines réguliers de l'ordre de Saint-Augustin de la congrégation de France, demeurant en l'abbaye N. D. de cette ville de Ham, représentans et faisans le corps entier de leur chapitre se sont capitulairement assemblez et congregez au son de la cloche en la maniere accoustumée dans le lieu de leur chapitre en la dicte abbaye et la apres lecture a eux faicte par le dict Ardon, l'un des dicts notaires à haute et intelligible voix et donné bien à entendre mot apres mot de tout le contenu en un contrat passé à Paris le 1er juillet dernier par devant de Beauvais et de Beaufort notaires au Chastelet de Paris, contenant concordat faict entre messire Pierre du Buisson, abbé commendataire de la dicte abbaye et le dict frere Hierosme Riverain.

Les dicts ont d'abondant par ces présentes unanimement et d'un mutuel consentement rattifié le present concordat et tout le contenu en iceluy.....

Entendent et consentent qu'il demeure stable et qu'il sorte son plein et entier effet, force valeur et vertu selon sa forme et teneur durant la vie du dict Messire Pierre du Buisson, abbé, seulement.

A condition comme dict est dans le dict Concordat que tout le revenu appelé le *Petit Couvent des Innocents de la Tresorerie et du Prieuré* sera délaissé aux dicts Religieux suivant le nouvel estimat qui en a esté baissé et livré par les dicts Religieux, qui est signé réciproquement du dict sieur abbé présent et comparant, etc.....

. . . .

Lesquels Religieux auront pouvoir et liberté d'augmenter les articles du revenu du *Petit Couvent* et de la *Trésorerie* qui appartiennent à eux seuls....

Que le dict sieur abbé conformément au dict Concordat laissera aux dicts Religieux les cottes mortes des Religieux à l'advenir à la réserve de celles portées au dict Concordat de frere Philippe de Caisne et Antoine de Lanchy . . . .

Et à l'égard des deux personnes qu'ils ont pouvoir de nommer pour le dégat des bois, ils déclarent que ce sont les nommés Barthélemy Dallon, censier de Savry Annois[1] et Pierre Léré demeurant au Petit Destroit paroisse de Flavy le Martel . . . .

. . . .

Passé en la dicte Abbaye les jour an et heure susdictz. . . . .

Signé des parties et des notaires avec paraphes.

(Bibliothèque communale de la ville de Ham, *Ms. Léon Paulet*, Peigné Delacourt, docum[ts] ms.)

1. Lire Savriennois.

XXXXI

Descendance de Nicolas TARTEREAU

Nicolas Tartereau épousa Louise Choart, dont :

Tartereau porte : de gueules au chevron d'or, accompagné de 3 tourterelles de même, deux en chef affrontées et une en pointe, tournée à gauche.

Nicolas et Louis Tartereau, gouverneur de Corbeil, marié à Marie de Berthemont, Ecrs, sgrs de Tremblai, le 5 avril 1599. Tartereau de Berthemont en Brie et à Paris.

Anne Tartereau épouse en 1res noces Jean de Marolles, gouverneur des ville et château de Dreux ; en 2es noces Hiérosme du Buisson, Ecuyer, sgr de la Marsaudière, Cer du Roi en ses conseils, son ambassadeur en Angleterre et Gouvr pr S. M. des villes de Bourges, de Ham et d'Argenton [1]. H. du Buisson et sa fe vivaient le 16 avril 1605. Leurs enfants furent :

Alexandre du Buisson, Cer du Roi en ses conseils, chef des oiseaux du cabinet du Roi, gouverneur des villes de Bourges, d'Argenton et de Ham, épouse Margte Payen, fille de..., payeur trésorier général de l'épargne, et de... Rose, fille du payeur des gages de la Chambre des Comptes de Paris.

Louis du Buisson, chef du vol pour la Corneille, mort le.....

Antoine du Buisson, seigneur de la Marsaudière, chef du vol pour Rivière, épouse Geneviève Payen.

Eléonore du Buisson, fille d'honneur de la Reyne, épouse en 1res noces : Bénigne de Saumaise, sgr de Chasan, Cer du Roi, secrétaire en chef des Commandements de Louis XIII ; en 2es noces : Christophe Hébert, Cer du Roi en ses conseils, surintendant et Controleur des vivres. Louis XIII et la Reyne de France signèrent à ses deux contrats de mariage et lui firent le présent de noces cōe aux filles d'honneur de la Reyne.

(Bibl. Nat., Ms., *Dossiers bleus*, n° 16656).

1. Jérôme du Buisson ne se trouve dans la liste des gouverneurs ni de Bourges ni de Bourg ni encore dans celle des gouverneurs de Ham, mais on le trouve gouverneur de Brie-Comte-Robert en 1597 et gouverneur d'Argenton en Berry, en 1621. Son fils, Alexandre, ne fut pas non plus gouverneur de Bourges mais il le fut d'Argenton, de 1632 à 1626 et de Ham, de 1626 à 1651.

Famille PAYEN et sa descendance

- Guillaume PAYEN épousa N..., originaire de Normandie.
  - Guillaume PAYENT épousa N... MACHAUT.
    - Pierre PAYEN, conseiller, notaire et secrétaire du Roy, receu le 1er fevrier 1607 receveur general et payeur des Rentes du Scéel, controleur général des Guerres et trésorier de l'Epargne, épousa Claude ROSE[1].
      - 1° Pierre PAYEN sieur de Montereau et des Landes, secrétaire de la chambre du Roy.
      - Pierre PAYEN, protonotaire du siège apostolique, prieur de Cerqueux et de la Charité-sur-Loire, receu consr au parlement le 19 février 1621.
      - Geneviève PAYEN, mariée à Macé Bertrand DE LA BASSINIÈRE, trésorier de France, à Tours.
        - Bertrand sieur DE LA BASSINIÈRE, trésorier de l'Epargne, épousa Dlle DE CHEMERAULT.
          - Bertrand DE LA BASSINIÈRE, capitaine de cavalerie.
          - Marguerite Bertrand, mariée à Jean-Jacques DE MESME comte D'AVAUX, président à mortier au parlement de Paris.
          - N. Bertrand DE LA BASSINIÈRE, mariée à N., comte DE NANCRY.
      - Madeleine PAYEN, mariée, le 19 juin 1614, à Jean MARTINEAU, auditeur de la chambre des comte (*sic*), morte en décembre 1643.
        - Pierre MARTINEAU, seigneur de Fontenay, président des Requestes, épousa Dlle Françoise DE BORDEAUX.
          - Pierre-Guillaume MARTINEAU épousa Angélique DE MONTAUT.
          - Alexandre MARTINEAU, maistre ordinaire en la Chambre des Comptes dès le 24 octobre 1689, épousa, le 10 juillet 1690, Louise-Charlotte LE FEURE, fille de Charles, seigneur de Bournonville, écuyer de la Grande Ecurie, et de Louise COMPANS.
            - Madeleine-Françoise MARTINEAU, fille unique, épousa à l'âge de 20 ans, le 25 nov. 1718, Michel-Etienne TURGOT DE BRUCOURT, conseiller au Parlement. — Voyez page 21.
          - Madeleine MARTINEAU, mariée en octobre 1674, à Jean-Baptiste DE GOUÉ, seigneur de Villeaume, conseiller au Grand Conseil. Elle est morte en janvier 1681.
          - Marguerite MARTINEAU.
        - Marguerite MARTINEAU, femme de Louis DE LA GRANGE en 1650.
        - Germaine MARTINEAU, femme de Louis DE GOUFFIER, marquis de Brasseux et de Hertre.
      - Margueritte PAYEN, mariée à Alexandre DU BUISSON, conseiller du Roy en ses conseils, gouverneur de la ville et chateau de Ham, maréchal des camps et armées du Roy, morte en décembre 1675.
        - N. DU BUISSON, colonel de cavalerie.
        - N. DU BUISSON, abbé.
        - Dlle DU BUISSON.
      - Geneviève PAYEN, mariée à Antoine DU BUISSON Sr DE LA MARCHAUDIÈRE, chef des oiseaux de la grande fauconerie en 1642.
      - Pierre PAYEN épousa 1° N..., 2° N..., Pietre.
      - Paul PAYEN, conseiller du Roy en tous ses conseilles, épa Margueritte DE RIVES.
        - Paule PAYEN, née en 1630, mariée en 1645 à Hugues DE LIONNE[2], conseiller d'Estat, morte le 20 mars 1704, âgée de 75 ans[3].
        - N. PAYEN, lieutenant général à Meaux, mort le 15 juillet 1718.
        - N. PAYEN.
        - N. PAYEN, fille.
      - N. PAYEN, habitué à Meaux, épousa N.
    - Marie PAYEN, mariée à Jean CHANURT.
    - N. PAYEN, mariée à N. DE LA PORTE.
    - Paul PAYEN épousa N. MARTINEAU.
    - Charlotte, femme de Pierre CHARNAN.

Payen porte d'azur à trois besans d'or et pour supports deux sauvages tenant une massue d'or.

(Bibl. Nat., Ms. *dossiers bleus*, Payen, et *dossiers bleus*, Martineau).

1. Fille de N... Rose, payeur des gages de la Chambre des Comptes de Paris.
2. Grand Prévôt des Ordres de Sa Majesté, secrétaire des commandements de la reine régente Anne d'Autriche, puis secrétaire d'Etat et des commandements de Sa Majesté.
3. Madeleine de Lionne, leur fille, épousa le 10 février 1670 François-Annibal d'Estrées, marquis de Cœuvres ; elle est morte en septembre 1684 à la suite d'une saignée faite maladroitement. — Voyez *Lettres de Madame de Sévigné*, édition de 1820, tome VII, p. 173, note a.
4. Il a été noté, page 3, que Jean-Jacques de Mesme fut seigneur engagiste de la châtellenie de Brie-Comte-Robert, — « estimée par chacun an à la somme de trois mille livres. » — (Voyez *Bulletin de la Société d'Histoire et d'Archéologie de Brie-Comte-Robert*, n° de juillet 1912, p. 108).

Famille HÉBERT

Jean DE HERBERT espousa damoiselle . . . . Laquelle d'azur à 3 croissants d'or au chef d'or et eut d'elle deux fils qui furent

- Jean DE HERBERT, Con^er du Roy et general de ses finances qui espousa damoiselle Jeanne GUÉRIN, issue de la maison de Guerin (chancelier de France environ l'an 1213) ainsi que cela se justifie par les armes de lad. femme qui se voyent a la chapelle des Herbert dans l'Eglise de St Pol (*sic*) de Paris. Ils eurent la terre d'Aussonvillers[1] en Picardie dès l'année 1471. Il mourut l'an 1484.
  - Antoinette DE HERBERT espousa Claude SANGUIN vicomte de Neufchastel seig^r de Barmond l'an 149..
  - Geofroy DE HERBERT fut Evesque de Coutances et le 1er président de l'Eschiquier de Normandie, a pût parlement et acquereur des baronies de courcy et S^t yve en l'an 1485. Il donna sa part d'Aussonvillers à son frère Jean.
  - Jean DE HERBERT ou HEBERT, seig^r d'Aussonvillers Espousa en premières nopces Jeanne DE SEMILLY et en 2es nopces Marie DE L'HEBERGEMENT damoiselle de la Reyne Anne de Bretaigne, fille de René de lhebergement et de Jeanne de Ste Fleve. dans le châu de Blois lan 1510. Il fut chambellan du Roy Louis XII et fict son testament lan 1516.
    - Charlotte DE HERBERT du 1er lit espousa Mre Jaques D'ORNIVILLERS baron de la Ferté.
    - Louys DE HEBERT baron de Courcy et de S^t yve. sgr d'Aussonvillers et de l'hebergement espousa Gille de St AMADOUR fille de Jean v^te de guingamp.
      - Claude DE HÉBERT espousa François DE MONTMORENCY baron de Hallot gouverneur de Rouen, Vernon et Gisors.
        - Françoise DE MONTMORENCY épousa Sébastien DE ROSEMADEC marquis de Nolac.
        - Jourdoine Madelene DE MONTMORENCY épousa Mre Gaspard DE PELLET, seig^r de la Varenne, baron des Deux-Vierges et de Montpeyroux, vicomte de Cabanes, gouverneur de Caen et lieutenant du roy en Normandie.
          - Claude DE PELLET a espousé Mre René DE CARBONEL marquis de Canisy, gouverneur d'Avranches et lieutenant du Roy en Picardie.
    - François DE HERBERT fut sgr de Plainville.
    - Jaques DE HÉBERT fut après son frère sgr de Plainville.
    - Aubry DE HÉBERT abbé de St Jean de Falaise mourut en dauphiné, alant à Rome l'an 1555.
    - Charlotte DE HEBERT esp Jean DU GRIPEL b^on de Messey et 2e M^re pierre de la Ferriere.
    - Jean DE HÉBERT mourut jeune et sans enfans.
  - Louys DE HERBERT Evesque d'Avranches ou il fict bastir la chapelle de Ste Marie de pitié et mourut lan 1526.
  - François DE HÉBERT, seig^r de Breau, baron de la hogue et de St Pelerin. Espousa Ysabeau DE THUMERY.
    - fille mariée au b^on DE CREVILLY en Normandie.
    - Marg^te DE HÉBERT l'an 1530 esp^a Charles DU MOULIN s^r du Buis et de Servon[2].
- Gaucher DE HERBERT, seigneur de la Mairie, Espousa damoiselle Madelene DE CAPELIN.
  - Enguerand DE HERBERT seig^r de la Mairie espousa Marguerite DE LA BERTINE.
    - Geofrine DE HÉBERT femme de Charles DE LOUVIERS sgr du Chastelet et de Plangis en Brie, vivait l'an 1507.
    - Pierre DE HÉBERT sgr de la Mairie espousa Claude BAZANIER.
      - Michel DE HÉBERT, conseiller du Roy, trésorier de France et général des finances en Languedoc, espousa Catherine DE FOURNIER, fille de Charles seig^r de Chelly et de damoiselle Anne de Vignolles.
        - Louis HÉBERT épousa Anne DE VIGNOLLES.
        - Charles HÉBERT baron de Pompano au royaume de Naples.
        - Jean HÉBERT seig^r de la Mairie, maréchal des camps et lieutenant des gardes de Monsieur frère du roi.
        - Christophe HÉBERT, intendant g^al des vivres, ép. dame . . . . DU BUISSON veuve du seigneur de Chasan.
        - François HÉBERT controleur général de la maison de Monsieur frère du roi.
        - Catherine HÉBERT épousa Henri DU BOIS seig^r de Hautecombe.
        - Anne HÉBERT épousa Mre Charles DE L'ORME, conseiller du Roy, médecin ordinaire de Sa Majesté et aujourd'hui (illisible) en véritable prince de la médecine tant il l'exerce royalement.
    - Charles DE HÉBERT, archidiacre de Costances.

(Bibl. Nat., ms., *Nouveau d'Hozier*, 185, Hébert, p. 13).

1. Lire Ansauvillers.

2. Cette Marguerite de Hébert, décédée à Servon en Brie, le 24 février 1552, était la tante d'Anne de Boleyn, qui fut mère de la célèbre Elisabeth, reine d'Angleterre, et qui, par son mariage avec Henri VIII, avait été la cause de l'établissement d'un schisme dans la religion d'État du royaume d'Angleterre. Anne de Boleyn avait été élevée à Servon chez le mari de sa tante, Jacques (et non Charles) du Moullin, seigneur de Briis et de Servon, qui avait été échanson ordinaire du roi Henri II et qui est mort à Paris, le 25 mars 1571. (*Histoire du département de Seine-et-Marne*, par le docteur Félix Pascal, t. I, Melun 1844, et *Bulletin de la Société d'Histoire et d'Archéologie de Brie-Comte-Robert. Monographie historique de Servon*, par le docteur Roger Goulard, [illegible]

XXXXIV

Genealogie des Seigneurs Barons d'Aussonvillers [1] et de Courcy.

Le nom de Herbert est tres ancien et illustre environ l'an 900 et suyvants Herbert le grand comte de Vermandois prince du sang royal et Herbert comte de Senlis estoient dé plus puissants et considerables du royaume et avoient leurs territoires dans la picardie, et on tient que d'eux sont issus plusieurs familles nobles en ladite province comme celle de St Simon, et aũes. Il y a grande apparence que celle de messieurs les herbert qui vivoient dans ledit pais en pouvoit estre sortie puisqu'ils portoient en leurs armes les mesmes Esmaux, sçavoir d'azur a un sautoir d'or accompaigné de quatre Estoilles de mesme.

Leurs descendants s'estant transmis de picardie en normandie, les changemens de demeure, et les guerres nous ont osté les anciens tiltres et sommes obligés de donner commancement à cette famille qui parust tout d'un coup en grand Lustre en toutes les professions par

I. — Jean Herbert qui estoit conseiller du roy et general des finances de france, lequel ayant en l'an 1470 acquis la terre seigneurie et justice haulte moyenne et basse d'Aussonvilliers en la Comté de Clermont, Le Duc Bourbonnois et d'Auvergne comte de Clermont luy en donna ses droitz et reliefz quintz et arriere quintz à luy deuz pour raison de la dite acquisition.

1. Lire Ansauvillers.

Ledit Jan avoit un frere nommé....... herbert, Archevesque d'Aix

Sa femme estoit Janne guerin fille de......... Guerin premier president au parlem[t] de ....

Ledit Jan mourut le premier janvier 1484 et Elle le 17e aoust 1510 et furent enterrés dans une chapelle qu'ils avoient fait bastir en l'Eglise de St Paul a paris, La chapelle de S[t] hierosme Ils laisserent plusieurs enfans,

Jean herbert dit d'Aussonvillers duquel cy apres Geffroy herbert Evesque de coutances [1]

Louis herbert Evesque d'Avranches[2].

Charles de herbert Archidiacre du Valdenico à Constance.

Francois herbert baron de la hogue seigneur de breau. Lequel de damoiselle caterine Courtin sa femme laissa deux filles:

Jeanne herbert femme de Anthoine de fillans baron de Creully capitaine de Tombelains sur la mer,

Marguerite herbert femme de Jacques du moulin seigneur de Cervon en brye, Eschanson ord[re] de Monsieur le duc d'Orléans

1. Sacré évêque le 3 juillet 1478, mort le 1er février 1510. Par son testament fait et dicté le 1er janvier 1509, en son château de Courcy. diocèse de Séez, il lègue au collège d'Harcourt à Paris le fief noble, vulgairement nommé le bois de Préaux, situé en la paroisse de St Jean des Champs en son diocèse, avec soixante livres tournois de rente, tant pour l'accomplissement de la fondation qu'il avoit faite récemment de douze bourses de grammairiens que pour l'augmentation des bourses des artistes et de celles des théologiens. (*Gallia christiana, Editio recensita et aucta*, Parisiis, M DCCC LXXIV, t. XI, col. 496. — *Instrumenta*, col. 278-280.)

2. Sacré le 25 février 1510, mort le 4 avril 1526.

II. — Jean d'Aussonvilliers baron dudit lieu et de Courcy, Chevallier, Conseiller et Chambellan ordinaire du Roy, capne de la ville, chasteau et comté de Mortaigne. Il eust une premiere femme de laquelle le nom nous est incogneu et en eust une fille unique..... herbert femme de Jacques de hellenvillier chevalier seigneur de la ferté fresnel. En secondes noces il espousa Marie de Labbregement fille de feu René de L'Abbregemen vivant seigneur dudit lieu en poictou yssu de la maison de la Tremoille, et de françoise de Sainte-Flaive sa femme. Le traité de ce mariage est du xxviii 7bre 1510 fait et arresté à bloys dans le chasteau et En la presance de la reyne Anne duchesse de bretagne Laquelle donna Cinq mil livres tournois à ladicte damoiselle qui avoit toujours esté nourie auprès d'elle, Ledit Jean fist son testament le 9e 7bre 1516, et ne mourut que l'an 1522.

Il laissa sa veufve mere de cinq fils et d'une fille

III. Louis agé de 10 ans qui continua la lignée,

3. François de neuf

3. Jacques de sept

3. Ambroise de six

3. Jehan de deux

3. Charlotte de trois

de tous lesquels Ledit Louis Evesque d'Avranches leur oncle fust institué curateur par devant deux conseillers du parlemt de Roüen Le xe may 1522.

III. François d'Orsonvillier[1] fut chevalier de......., escuier du roy sieur de pléville et ne fut marié.

III. Jacques d'Aussonvilliers fut chanoine d'Avranches et chapellain de la chapellainye des sts Firme et Fevrier fondée dans le chasteau de Courcy par les seigneurs et barons dudit lieu. Il mourut fort jeune.

III. Ambroise d'Aussonvilliers L'an 1527 fut pourveu de la chapellainye des Sts Firme et Fevrier dans le chas-

1. Lire Ansauvillers.

teau de Courcy par Reverand pere en Dieu Jacques de Silly Evesque de Saez sur la presantaõn de dame Marie de l'Abbregemen dame de la baroinnie de Courcy, sa mere, l'an 1529. Il fut pourveu par le pape Clement du prieuré de Montboutin au diocese de Lizieux dependant de l'Abbaye de Longpont. Il fust depuis aumosnier de la reyne de navarre, et Abbé de l'Abbaye de St Jean prés fallaise, et ayant esté retenu par monsieur le Cardinal de Tournon pour fer le voyage de Rome avecq luy, il tomba malade dans le Chasteau de Roussillon et y mourut Lan 1555 et fict l'inventaire de ses gardes fait dans le Chasteau en presen. de Monsieur Just baron de Tournon. Comte dudit Roussillon et de la Comtesse sa femme, Monsieur de Chamyson seigneur de Merenvol, de Guillaume Rondelet docteur en Medecine à Montpellier.

III. Jean herbert duquel est sortie la famille de messieurs les herbert de paris de laquelle sont a present Monsieur herbert controlleur general des vivres dans les Camps et Armées du roy Monsieur de la Merie son frere maistre d'hostel de Monsr le duc d'Orléans, et Monsieur le baron de Cornillan qui demeure dans ses maisons en Languedoc.

III. — Louis seigneur baron d'Aussonvilliers et de Courcy Chevallier, Conseiller et Chambellan du roi espousa Gilette de St Amatour fille de Jean de St Amatour Chevalier, vicomte de Guinguen seigneur de Thoiré, de Launay et de la ragotiere et de dame marguerite de Lébiest sa femme. Le Contrat est du xxie janvier 1545.

De ce mariage yssirent fils et fille

Jacques

Et Claude

IIII. — Jacques d'Aussonvilliers seigneur et baron dud^t^ lieu et de Courcy, L'Abbregemen, Saint Evy, des plains, de pléville et aūes lieux Chevalier Cap[ne] de cent hommes d'armes.

Espousa francoise d'Ognies sœur du seigneur Comte de Chaulnes en picardie, Lieutenant pour le roi en ladite province et chevalier des ordres du temps du roi Henry III.

Mais ils n'eurent d'enfants.

IIII. Claude d'Aussonvilliers heritiere seule et unique de ladite maison biens et famille après la mort de son frere.

Elle avoit dés l'an 1558 Espousé françois de Montmorency, chevalier, baron de hallot, Mareschal des Camps et Armées du roy, l'un de ses lieutenants generaux en Normandie baillif et gouverneur de Roüen, Vernon et Gisors, qui estoit nommé à l'ordre du Saint Esprit, et designé Mareschal de france lors qu'il fut assassiné au mois de décembre 1592[1].

De ce mariage ne sortit que deux filles.

(Bibl. Nat., Ms., *Cabinet d'Hozier*, 187, p. 313, Hébert Aussonvilliers.)

1. « *François de Montmorency, sgr de Hallot, assassiné l'an 1592 par le vicomte d'Alègre, son cousin, qui lui envoya un coffre dont les ressorts firent tirer sur lui, en l'ouvrant, 100 coups de pistolet.* » (Bibl. nat., ms. *Cahiers bleus*, n° 9080. Hébert.)

XXXXV

Information faite par Charles Lesné, conseiller du Roy, bailli pour Sa Majesté de la ville et baillage et chatellenie royale de Brie-Cte-Robert, président, lieutenant général civil et criminel audit baillage, à la requête de Mre George Veine, gentilhomme anglais et capitaine au régiment de Champagne pour le service de Sa Majesté et complaignant — à l'encontre d'Etienne Laurencin, hôtellier de l'hôtellerie des Trois Mores audit Brie et le nommé Champagne son vallet de cuisine, défendeurs

Signé : Le Chevalier,
Veine.

Il s'agit d'un sieur George Veine, capitaine, qui, allant de Paris à Bourg en Bresse, rejoindre son régiment, s'arrêta, le soir de Noël 1676 à l'hôtel des Trois Mores, à Brie-Cte-Robert.

Là un garçon de cuisine, neveu de l'hôtellier, ayant aperçu la bourse pleine d'or de l'officier, violenta celui-ci.

Le capitaine adressa sur le champ une plainte au bailli. Une enquête fut ouverte. Finalement, le plaignant retira sa plainte.

Plusieurs témoins avaient été appelés et, entre autres, Alexandre du Buisson, dont voici la déposition :

Alexandre du Buisson, escuier, sieur de la Grivelle et de la Marsaudière en partye, demeurant aux faux bourgs de cette ville aagé de quarante ans, témoing produit de la part dudit sieur Veine, ainsy qu'il nous a fait apparoir par exploit dudit Lefranc[1] de ce jourd'huy,

1. Huissier au Châtelet de Melun.

dont l'original datté et controllé comme dit est, lequel après serment fait de déposer véritté, ce qu'il a promis et juré de faire

a dit n'estre parent, allyé ny domestique des partyes; ne sayt autre chose du faict en question, sinon que samedy dernier sur le soir, estant rencontré dans une maison où seroit venu ledit Veine et parlant ensemble luy auroit dit que le jour précédent quy estoit le jour de Noël, estant venu loger et coucher à l'hostellerie des Trois Mores, il y auroit esté maltraitté par un vallet de cuisine, et qu'il nous en avoit rendu plainte et restoit en cette ville pour en poursuivre la réparation. Sur quoy, le déposant l'auroit prié de ne pas passer outre et qu'il en parleroit au nommé Laurensin, maître de ladite hostellerie des Trois Mores pour raccommoder l'affaire. — Sur ce, ledit compleignant luy auroit dit qu'il luy remettoit ses interests entre les mains et qu'il luy fist seullement venir ledit garson de cuisine quy est nepveu dudit Laurensin et qu'il disoit l'avoir maltraitté, pour en faire quelque sorte de justice s'il le trouvoit et pouvoit, dit qu'il pardonnoit audit Laurensin; ce qui fist que le lendemain qui estoit dimanche dernier, le déposant fust chercher ledit Laurensin, auquel parlant de ce que dessus, fist response qu'à l'esgard de sa personne, il estoit prest à donner toutes sortes de satisfaction audit compleignant et mesme de luy mener son nepveu s'il le pouvoit trouver, sur cela le deposant sortist et s'en alla trouver le complaignant en son hostellerie aux Trois Roys de cette ville pour luy dire ce que ledit Laurensin luy avoit dit, et, un moment après, vinst à l'hostellerie desdits Trois Roys ledit Laurensin avec Mre Louis Perrichon prestre, et ledit sieur compleignant leur dit qu'il ne vouloit point d'accommodement sy ledit Laurensin ne luy amenoit point son nepveu et dans ce temps ledit deposant sortist avec ledit Laurensin pour luy dire ce que ledit complaignant luy avoit dit cy dessus — qui est tout ce qu'il a dit sçavoir, persistant en sa déposition après que lecture luy en a esté faicte, y a persisté et a signé

a Dubuisson

Lesné

(Archives dép[les] de Seine-et-Marne, *Acte du bailliage de Brie-Comte-Robert*, année 1676.) — Communication de M. le docteur Roger Goulard.

XXXXVI

Information faite par Charles Lesné, bailli de Brie-Comte-Robert, a la requeste de François Lefebvre, laboureur, contre Alexandre du Buisson, écuyer, sieur de la Marsaudière et de la Grivelle.

Le 24 mars 1681, françois Lefebvre, laboureur, habitant la ferme de la Grivelle, sise aux faubourgs de Brie-Comte-Robert, adressait une plainte au bailli sur les faits suivants :

Il accusait Alexandre du Buisson, propriétaire de la dite ferme, de s'être introduit le même jour chez lui et d'y avoir blessé grièvement son beau-fils Denis Beuglier, fils du premier mari de sa femme.

Le 25 mars, Antoine Gilles, maître chirurgien à Brie-Cte-Robert, examinait le blessé, sur l'ordre du Bailli.

Le 3 avril, divers témoins étaient entendus par le bailli. Ce furent :

1° Jean Aubin, maître apothicaire à Brie-Cte-Robert.
2° Marthe Denouveau, f[me] du précéd[t].
3° Anne Boisset, servante de Lefebvre.
4° Etiennette Pellé, aussi servante de Lefebvre.

Le 10 avril, Alexandre du Buisson, informé de la plainte portée contre lui, passait une transaction avec

Lefebvre, par devant Desloges et Berthod, notaires et tabellions à Brie-Cte-Robert.

Par cet accord Lefebvre acceptait 150 livres et se désistait de sa plainte. Mais l'affaire fut poursuivie par le bailli.

Le 22 avril, un décret de prise de corps est décerné contre Alexandre du Buisson.

Le 23 avril, a lieu l'autopsie du corps de Beuglier, mort la veille. Les 2 chirurgiens : Anthoine Gilles et François Doguet, constatent que la mort n'est pas dûe aux coups portés par Du Buisson, mais « à une grande « intempérie avec obstruction aux viscères et une hidro- « pysie depuis plusieurs années, et depuis 6 mois une « fièvre double tierce et une diarée. »

Le 6 mai, Du Buisson se constitue volontairement prisonnier. Il raconte qu'étant entré, le 24 mars, dans sa ferme de la Grivelle pour y toucher son loyer, il fut mordu par le chien de son fermier. Etant allé ensuite dans une cuisine, il y rencontra Denis Beuglier, à qui il fit quelques reproches sur l'état des lieux. Le jeune garçon lui répondit fort insolemment. Du Buisson, exaspéré, lui tira les oreilles. L'autre prit un bâton. Alors le maître sortit son épée et en donna plusieurs coups du plat à son agresseur, qui se blessa assez gravement au bras gauche en voulant parer l'arme. Les coups portés furent trop légers pour avoir pu entraîner la mort du blessé, qui était malade depuis longtemps.

Le 7 mai. Récollement des témoins et leur confrontation avec du Buisson.

Le 16 mai. Requeste de Du Buisson au bailli pour être renvoyé des fins de la plainte.

Le 16 juillet. Conclusions de Charles Teissier, procureur du Roy, favorables à l'inculpé.

Le 21 juillet. Sentence du Bailli, en vertu de laquelle « le sieur du Buisson devra estre eslargi et mis hors « des prisons de ce baillage ; enjoint à luy d'estre plus « modéré à l'advenir et de ne plus user de telles viol- « lances et voyes de fait. »

Le 22 juillet. Du Buisson signe sa levée d'écrou.

(Archives dép[tes] de Seine-et-Marne, *Actes du Bailliage de Brie-Comte-Robert*, année 1681.) — Communication de M. le docteur Roger Goulard.

XXXXVII

Vente du fief de la Grivelle et de la chapelle de la famille de Tartereau.

En cette même année 1681, Alexandre du Buisson vendait le fief de la Grivelle. On trouve en effet dans les manuscrits de la Bibliothèque Nationale, *Nouveau d'Hozier*, 310, Tartereau, p. 35 : « Mre Alexandre du « Buisson vendit en 1681, à Mr Bachelier, cons[er] au « Chatelet le fief de la Grivelle, qui était depuis plus de « 200 ans dans la famille des Tartereau et qui avait « fait partie du mariage de sa grand'mère Anne de « Tartereau. Il lui vendit aussi une chapelle qu'il avait « dans l'église paroissiale de Brie, que l'on appellait « encore alors la chapelle des Tartereau, parce qu'elle « venait, comme la Grivelle, de cette famille. » On se demande s'il n'y aurait pas eu quelque corrélation entre la vente du fief de la Grivelle et l'affaire qui l'a précédée de si près. On trouve encore dans la généalogie de la famille de Tartereau, page 53 :

« V. Arthur de Tartereau, chevalier, seigneur du fief « de Tartereau, dans le territoire de Comblaville « (Combs-la-Ville), et de deux autres fiefs situés au « territoire de Brie-Comte-Robert et relevant de la

« Vicomté de Corbeil, épousa en 1435 D^lle Louise Per-
« driel, fille de Mre Guillaume Perdriel, Maître de la
« chambre aux deniers ; et de D^e Jeanne *de la Grivelle*,
« son épouse. » Le fief de la Grivelle, comme celui de Tartereau, avait donc donné son nom à une famille.

XXXVIII

A propos de la seigneurie de Servon érigée en comté.

Par suite d'une enquête ouverte par le bailli de Brie-Comte-Robert, au sujet de l'érection de la seigneurie de Servon en comté, au profit de Henry de Lyonne [1] et en vertu des Lettres patentes à lui accordées par Louis XIV en décembre 1681, Alexandre II du Buisson, assigné à comparaître, avec neuf autres témoins [2] devant Charles Lesné, bailli de Brie-Comte-Robert, le 22 avril 1683, dix heures du matin, fit la déposition dont voici copie :

Alexandre du Buisson, escuïer, dem^t à Servon, aagé de quarante sept ans, après serment par luy fait au cas requis et accoutumé,

a dict n'estre point allié ny domestique des partyes et avoir été assigné à la requeste de M^r le procureur général par exploit du Sr Digues, huissier, de ce jourd'huy qu'il a représenté, et du faict en question que la terre et seigneurie de Servon en Brie est considérable tant en ses batiments enclos que revenus, mouvances et deppendances, ayant un grand chasteau couvert d'ardoises, contigu à l'Eglise, ayant plusieurs corps de logis, pavillons, et une grande gallerye, une chapelle,

1. Alors colonel du régiment de Ventadour, puis maréchal des camps et armées du roi, en 1693.

2. Bulletin de la Société, etc., loc. cit., *Monographie de Servon*, Appendice, par M. le docteur Roger Goulard.

une petite gallerye eslevée traversant le cimetière par laquelle on va à une tribune qui va au bout de l'Eglise où ledit seigneur de Servon et sa famille entend la messe quand bon luy semble, une grande cour, basse cour, porte-cochère sur la rue, et au devant, un carrefour planté d'ormes ; un grand parcq et jardin enclos de murs, tant en parterre, terrasses, potagers qu'en bois de haultes futayes et en grandes allées — Au bout de l'une de ces allées, une grande grille de fer, tourelles aux deux bouts — ; que ledit seigneur de Servon a encore dans ladite Eglise une chapelle en laquelle sont les armes des prédécesseurs dudit seigneur, et une tombe élevée de 4 pieds qui fait la séparation de ladite chapelle avec le chœur, sur laquelle il y a plusieurs figures des prédécesseurs dudit seigneur, et où il entend ordinair[t] avec sa famille le service divin, que ledit sieur de Lyonne est seul seigneur de Servon et de la paroisse, et dans laquelle il a droit de haulte, moyenne et basse justice dans toute l'étendue de ladite seigneurie au moyen de l'acquisition qu'il a faicte de la haulte justice en l'année 1674, conjointement avec la haulte justice de la terre de Forcille ainsy qu'il est porté par le contrat de ladite année 1674, qu'il est aussy seigneur de la Borde-Grappin quy a justice et est considérable par ses deppendances ; que le revenu de ladite terre et seigneurie de Servon est considérable tant par son domaine que par ses annexes et deppendances consistant en plusieurs fermes, moullins, bois taillis et routes seigneuriales, lequel revenu est peut estre de 6 à 7 mille livres de rentes et par ce moyen est de quallité et de décoration à porter et soutenir les nom, dignité et titres de comté, et que cela ne causera aucune incommodité au publicq, ny au voisinage, ny mesme au Roy, n'ayant jamais ouï dire que sa majesté eut aucuns droits de confins, ny aucuns dans l'étendue de la seigneurie de Servon, qui est située dans la province de Brie et dans la coutume de Paris, et laquelle relève de Sa Majesté à cause de son comté de Corbeil, et qu'à cause de sa création et érection en comté, ledit seigneur de Servon n'aura aultres ny plus grands droits que ceux qui luy appartiennent à présent que, le Roy, les subjects de ladite terre, ny les voisins d'ycelle n'ont aucun intérest ny ne souffriront aucun dommage de ladite érection de comté.

Qui est tout ce qu'il a dict savoir.

Lecture faite de sa déposition, a dit qu'elle contient véritté, y a persisté et a signé

A. Dubuisson

XXXXIX

Une déposition d'Alexandre II du Buisson.

Enqueste faicte par nous Charles Teissier, conseiller du Roy et son procureur au bailliage et siège royal de Brie Cte Robert, exerçant la Justice pour la vacance du siège, commissaire en cette partye

A la requeste de dame Gabrielle de Boislève, marquise d'Arroué, baronne de Lézigny, dame de Chevry, la Bourgonnière et autres lieux, épouse separée quant aux biens de Messire François Pierre de la Forest d'Armaillé, chevalier, seigneur de Montier, conseiller du Roy en sa cour du Parlement de Bretagne.

Contre Mre Charles Lefebvre, escuyer, conseiller du Roy, maison, couronne de France et de ses finances, seigneur de Passy [1]

Du samedy seiziesme jour d'avril mil sept cens un, dix heures du mattin

Premièrement, Alexandre du Buisson, escuïer, sieur

1. Terre située entre Chevry et la Marsaudière. — Note de M. le docteur R. Goulard.

de la Marsaudière, capitaine major de la bourgeoisie de cette ville, demeurant audit lieu de la Marsaudière, p[sse] de Chevry, tesmoin produit de la part de ladite dame d'Armaillé et assigné à sa requeste par l'exploit dudit jour quatorze du present mois, lequel, après serment par luy faict au cas requis de dire véritté, a dit qu'il est aagé de soixante ans et plus, qu'il n'est parent, allié, serviteur ny domestique des partyes, qu'il a dit bien connoittre et des faicts contenus audit arrest dont lecture luy a esté faite.

Dépose qu'il sçait qu'en l'année de la guerre des Lorrains, il y a environ 40 ou 48 ans il a veu une pièce de terre dont est question entre les partyes ensemencée en bled, et qu'on disoit estre à Victor Antheaume, fermier de Chevry pour monsieur le duc de Luisne, seigneur dudit Chevry, et qu'il croit avoir esté fourragée par les soldats lorrains, et qu'il a toujours ouy dire que ladite pièce de terre appartient au seigneur dudit Chevry, et que le bois présentement abattu, par ledit sieur Lefebvre contenant ung arpent ou ung arpent et demy luy appartient, entendu qu'il a ouy dire au feu sieur du Vouldy, seigneur de Passy, que ce morceau de bois estoit à luy, qui est tout ce qu'il a dit sçavoir.

Lecture à luy faicte de sa déposition, a dit qu'elle contient véritté, y a persisté et a signé, et n'a voulu sallaire, de ce requis.

Signé : A. DUBUISSON

(Archives départementales de Seine-et-Marne, *Baillage de Brie-Comte-Robert*. — Communications de M. le docteur Roger Goulard.)

L.

Une lettre de Louis XIV à la comtesse de Brégy.

A LA COMTESSE DE BRÉGI[1].

A Fontainebleau, le 4 juin 1661.

QUAND on sait demander les choses d'aussi bonne grâce que vous faictes, et même des choses raisonnables, on n'importune jamais. Il ne tiendra pas à moi que votre procès ne finisse[2]; je m'en expliquerai dans les termes que vous pouvez souhaiter; mais souvenez-vous une fois pour toutes, que votre respect m'offenseroit, si dans les occasions vous ne recouriez à moi avec la confiance que mérite l'estime que j'ai pour vous.

(*Œuvres de Louis XIV*, *Lettres particulières*, Paris, 1806, tome V, page 19.)

LI

Deux missions du comte de Brégy en Pologne.

Brégy (Nicolas de Flécelles, comte de), diplomate français, né dans les premières années du XVIIe siècle, mort le 22. novembre 1689. Brégy était fils de Jean de Flécelle, président à la chambre des comptes de Paris et de Camille d'Elbène. D'abord conseiller au Parle-

1. L'éditeur des *Œuvres de Louis XIV* écrit en note : Charlotte Saumaise, épouse de M. de Flocelle (sic) comte de Brégi. Elle étoit nièce du savant Saumaise, et attachée à la reine-mère, Anne d'Autriche. Sa beauté étoit remarquable ; et le cardinal Mazarin qui recherchoit peu les femmes, la distinguoit. Son mari avoit été employé dans les ambassades. Il y a un recueil de poésies de cette dame. La reine Christine l'avoit singulièrement distinguée, à son passage en France. Elle mourut en 1693, âgée de soixante-quatorze ans. — Elle était donc née en 1619.

2. Elle plaidoit avec son mari, écrit aussi en note l'éditeur des *Œuvres de Louis XIV*.

ment, puis lieutenant au régiment des gardes françaises et conseiller d'Etat d'épée, il étoit connu à la fois par ses aventures galantes et par quelques prouesses militaires, quand au mois d'avril 1644, on l'envoya en Pologne « n'ayant pour but qu'un simple compliment et de témoigner aux majestés de Pologne que la reine a bien volontiers consenti de lever aux saints fonds du baptême l'enfant que Dieu leur donnera. » Après la mort de la reine Cécile Renée, Brégy repartit pour la Pologne, chargé d'une mission autrement importante. Il s'agissait de négocier le mariage du roi de Pologne avec une princesse française. Grâce à sa finesse déliée, l'affaire réussit, et l'influence française parut devenir prépondérante à Varsovie par le mariage de Ladislas avec Marie de Gonzagues (1645). Brégy resta en Pologne jusqu'à la fin de 1649. y laissant le vicomte d'Arpajon (V. ce nom) avec lequel il ne paraît pas avoir vécu en bonne intelligence. Depuis le mois de mars de 1649, il était désigné pour l'ambassade de Constantinople, mais il n'en prit jamais possession. En revanche il fut chargé d'une mission en Suède, où il passa pour être l'amant de la reine Christine[1] qui le nomma capitaine de ses gardes. A son retour en France, il reprit du service dans l'armée, fut nommé maréchal de camp le 1er août 1651. Lieutenant général des armées du roi le 16. juin 1655, il vit son régiment licencié le 18. avril 1661. Nous ne savons rien de plus sur les dernières années de sa vie. On a publié sous le nom de Brégy (Petitot, 2e série, LVIII. LIX et Michaud et Poujoulat, 3e série, VIII) des mémoires qui ne sont certainement pas de

1. « Après avoir scruté toute la vie de Christine, étudié à fond « son caracterre et parcouru son énorme correspondance, je déclare « que je n'ai rien trouvé qui puisse justifier les accusations répan- « dues contre elle, calomnies qu'elle n'ignorait évidemment pas, et « dont, pendant longtemps, elle ne se soucia guère. » (*Christine de Suède*, etc., loc. cit., p. 52.)

celui dont nous parlons. Leur auteur déclare en effet, en commençant, qu'il ne faisait que d'entrer dans le monde quand le roi Louis XIII. mourut[1]. Or, à cette date, Brégy, déjà âgé, allait être nommé ambassadeur à Varsovie.

Signé : Louis Farges[2]

(Bibl. Nat., imprimés, casier B. P, *La Grand Encyclopédie.*)

LII

La comtesse de Brégy.

Brégy (Charlotte Saumaize de Chazan, comtesse de), écrivain français, femme du précédent, née à Paris en 1619, morte à Paris le 3 avril 1696[3]. Elle était fille de Jérôme Saumaize, conseiller au Parlement de Dijon et de N... Hébert, femme de chambre de la reine Anne d'Autriche qui la prit pour dame d'honneur. Mariée à quatorze ans au comte de Brégy, elle acquit vite de la réputation par son esprit et aussi par ses galanteries. Mazarin fait allusion dans l'une de ses lettres à l'influence qu'elle avait sur le maréchal de l'Hôpital[4]. Quoi qu'il en soit, elle était en relation avec les plus grands personnages de son temps, avec Louis XIV, qui lui demandait des vers auxquels il faisait répondre

1. Jean-Baptiste de Flesselles, comte de Brégy. — Voy. p. 52.
2. Auteur de l'important ouvrage intitulé *Instructions données aux ambassadeurs*, Paris, 1888.
3. Morte le 15 avril 1693. — Voy. p. 52.
4. La famille de l'Hôpital et celle de la comtesse de Brégy étaient, de vieille date, en bonnes relations : Le 8 août 1602, le maréchal de l'Hôpital, alors âgé de dix-neuf ans, était parrain d'un oncle de la comtesse de Brégy et, le 13 août 1607, Antoinette de l'Hôpital, sœur des maréchaux de Vitry et de l'Hôpital, était marraine d'un autre oncle de la comtesse de Brégy. — Voy. *Pièces justificatives*, XXXIII, à ces dates.

par Quinault[1], avec les reines d'Angleterre et de Suède, le chancelier Letellier, Hardouin de Pérefixe, avec Mazarin enfin, qu'elle n'abandonna pas dans ses traverses et qui écrivait en 1651 : « Je vous remercie des bonnes nouvelles que vous me donnez et de l'affection que vous conservez pour un pauvre persécuté[2]. » Suivant l'usage du temps, elle-même a tracé son portrait : « J'ai, y disait-elle, l'esprit assez propice à bien juger des choses, quoique je n'ai aucun acquis, et je me sais si mal servir du bien d'autrui que mon simple naturel me réussit mieux que les règles de l'art, de sorte qu'il faut que j'en demeure à ce qui s'est trouvé en moi. » Ses *Lettres et poésies* ont été publiées à Leyde en 1666 (in-12).

Signé : LOUIS FARGES

Bibl. : *Lettres de Mazarin*, pp. Chéruel. — Tallemant des Réaux, *Historiettes*.

(Bibl. Nat., *La Grande Encyclopédie*). — Pour les corrections faites à propos de cet article sur la comtesse de Brégy, voy. p. XVII.

LIII

Ouvrages de sœur Sainte-Eustoquie (D^lle de Brégy).

Brégy (Anne-Marie de Flécelles de), en religion sœur Sainte-Eustoquie. — *Effusion de cœur dans une extrémité d'affliction*, s. l. n. d., *in 4° 4 p.*

Relation de la captivité de la sœur Anne-Marie de Sainte-Eustoquie de Flécelles de Brégi, religieuse de Port Royal des Champs, écrite par elle-même, s. l. n. d., in 4°, 36 p. (Divers actes, lettres et relations des

1. Voy. p. 45.

2. Si Mazarin, lors de ses soucis politiques, a pu se montrer sensible à l'intérêt que lui portait la comtesse de Brégy, il n'en fut plus de même lorsque le successeur de Richelieu eut atteint à l'apogée de sa puissance. — Voy. pp. 35 et 50.

religieuses de Port-Royal du Saint-Sacrement, touchant la persécution et les violences qui leur ont été faites au sujet de la signature du Formulaire.)

Relation sur la vie de Révérende Mère Marie des Anges, morte en 1658, abbesse de Port-Royal et sur la conduite qu'elle a gardée dans la réforme de Maubuisson, étant abbesse de ce monastère, s. l., 1737, 2 vol. in-12.

Modèle de foi et de patience dans toutes les traverses de la vie et dans les grandes persécutions ou vie de la Mère Marie des Anges (Suireau),...... *Aux dépens de la compagnie*, 1754, 2 parties en 1 vol. in-12.

Ouvrages de la comtesse de Brégy.

Brégy (Charlotte de Saumaise de Chazan, Ctesse de). — *Cinq Questions d'amour, proposées par Madame de Brégy, avec la réponse en vers par M. Quinault, par l'ordre du Roy*, s. l. n. d., in-12, paginé 130-141.

Les Lettres et poésies de Madame la Comtesse de B. (de Brégy.) Leyde, A. du Val, 1666. In-12, 119 p.

Sur l'imprimé à Leyde, chez A. du Val. In-12, 115 p. (L'exemplaire de la Bibliothèque Nationale est relié aux armes de Louis-Jean-Marie de Bourbon, duc de Penthièvre.)

Les Œuvres galantes de Madame la comtesse de B. (de Brégy.) — Paris, J. Ribon, 1667. In-12, iv-120 p.

Ouvrages du comte de Brégy.

Brégy (Comte Léonor de Flécelles de). — *Mémoires de M. de***, pour servir à l'histoire du* XVIIe *siècle, publiés pour la première fois.* — Amsterdam, Arkstée et Merkus, 1760, 2 vol. in-12.

(Attribués au comte L. de Flécelles de Brégy et publiés par Meusnier de Querbon.)

*Mémoires de M. de *** pour servir à l'histoire du dix-*

septième siècle. Mémoires de P. de La Porte,..... — Paris, Foucault, 1827, 2 vol. in-8°.

(Attribués au comte L. de Flécelles de Brégy.)

(*Collection des Mémoires relatifs à l'histoire de France*, t. LVIII-LIX.)

LIV

Epitaphe d'Henriette d'Angleterre, duchesse d'Orléans.

Morte en 1670 à l'âge de 27 ans.

Passant, arreste icy tes yeux, pour y voir le glorieux tombeau de Henriette d'Angleterre, illustre par sa naissance, par sa vie et encore plus par sa mort ; et de son avanture fays toy à-jamais une reigle qui t'apprenne à mépriser les choses qui passent avec la vie. Cette jeune Princesse, la gloire de son temps, tira de tous cotez son origine d'une longue suite d'ayeux, qui furent les maîtres du monde, et qui portèrent dignement leurs sceptres, et leurs couronnes ; mais elle vint au monde avec tant d'autres avantages, qu'elle n'eût pas besoin de celuy-la po[r] estre desirée de tous les Princes de son siècle. Philippe la trouvant digne de son choix, et de son alliance, l'épousa. Alors sa beauté, son Esprit, son rang, et sa jeunesse luy promirent une félicité parfaite, et durable, mais Dieu, qui la destinoit à de plus grands biens, vint borner tous ceux-la, et ne luy en permit point une paisible jouissance. Son noble cœur aspirant de tous costez à la gloire, alloit par son mérite establir son Empire sur toutes les ames, et par le droit de ses bonnes qualitez, elle devint reyne du monde entier. Ce Régne glorieux estoit parfaitement estably, quand elle eût un fils digne de succéder à cette sorte d'Empire, d'estre, comme ceux de qui elle tenoit le jour, les délices du monde ; mais bientost la mort de cet Enfant vient avertir sa Mère, que ce qui estoit aymable, jeune et beau, n'estoit pas immortel, et pouvoit facilem[t] entrer dans le tombeau. Elle sentit vivement ce coup, et commença des lors à connoistre, qu'elle n'estoit qu'une très-faible image d'une divinité, à qui elle ne pouvoit résister; mais aprés que le temps et l'espérance eurent essuyé ses larmes, elle reprit sa joye, et po[r] se rendre encore plus digne des homages qu'on luy rendoit de toutes parts, elle entra dans les glorieuses intentions de se servir du pouvoir que le sang et le mérite luy donnoient, auprés de deux grans roys, pour faire que l'un par l'autre ils procurassent de nouveaux biens à leurs sujets ; et sur-tout elle desiroit establir la gloire de celuy qui seul est le maistre des Roys. De si beaux desseins ne pouvoyent qu'ils ne réussissent, estant conduits par une telle Princesse ; aussy, quand elle revint de cette entreprise, elle se vit adorer de l'un et l'autre Royaume, po[r] qui elle avoit travaillé, quand Dieu, par ses ordres profonds, à qui il faut estre soumis sans murmure, voulut trancher ses jours, et l'ayant frapée d'un coup mortel, luy osta en un instant, les plaisirs, les grandeurs, les autres avantages, et enfin, tout ce que le monde fait, et admire. Les charmes et les graces, en compagnes aymables et trompeuses, qui depuis la naissance de cette Princesse, avoyent suivy ses pas, et l'avoyent environnée de tous costez, l'abandonnèrent, et à leur place, les seules douleurs vinrent s'emparer d'elle, et commencèrent à l'orner de toutes les beautez nécessaires, et po[r] plaire aux yeux de Dieu, et pour oser paroistre devant son redoutable Trône, et par un bienheureux échange, ayant tout perdu, elle trouva la grace. Les agrémens, comme infidèles amis, la laisserent ; mais les vertus la vinrent secourir ; elle les receût toutes, et les exerca avec tant de ferveur, qu'elle se trouva avoir regagné, en six heures de temps, ce qu'auroit pu meriter une longue suite d'années ; et sans regret de quitter la vie, ni de souffrir la mort, elle sortit du monde avec des sentimens qui nos permettent d'espérer de son éternel bonheur. Passant, après avoir arrosé d'inutiles larmes cette tombe, puis-que tu n'en saurois tirer celle que l'on y vient d'enfermer, ne feras-tu rien por toi mesme, et pourras-tu bien voir cette mort, sans changer ta vie, puis-que le bon-heur en est si traversé, et la durée si incertaine. Que cela t'inspire le courage de répondre, à la dignité du nom chrestien, qui veut que l'on méprise tout ce qui n'est pas éternel, et que l'on ne conte, ni por des biens ni por des maux, ce qui arrive dans la vie, dont le seul usage doit estre de nous aquérir un bon-heur qui ne finisse jamais.

Par Madame DE BRÉGIS

(Bibl. de l'Arsenal, *Recueil Conrard*, *Pièces manuscrites*, 5422, p. 775.)

LV

Testament de Me de Brégis.

« AU NOM du Père, du fils, et du St Esprit et de la glorieuse vierge Marie l'advocate des pecheurs. Cecy est mon testament que j'ay faitte seine de Corps et d'Esprit. Quand l'heure de ma mort sera venüe après avoir mis en la seule miséricorde de Dieu L'Esperance de mon salut, ne croyant pas avoir jamais fait aucune bonne œuvre qui me pût ayder a L'obtenir, n'ayant donc confiance que dans le prix du precieux sang de Jesus Christ mon bon maître qu'il a bien voulu repandre pour les pecheurs. Supliant aussi la tres sainte Vierge d'obtenir pour moy de son tres Cher fils cette grace finalle, qui fait que l'on finit heureusemt la vie et qui bien asseure le salut lorsqu'une pauvre asme vient a paroitre devant cette grande et redoutable maj[té] de dieu, Esperant par sa grande bonté et le regret sincere Le pardon de mes fautes. »

« QUANT a mon corps Je desire q[l] ne soit point ouvert mais seulem[t] qu'il soit gardé deux fois vingt quatre heures et qu'il y ait toujours deux prestres et deux capucins, jusqu'a ce q[l] soit enterré, et si Je meurs a Paris Je desire q[l] soit porté sans aucune ceremonie au Cimetiere St Nicolas et q[l] soit tout au bout du cimetiere et tout cela apres avoir amplem[t] payé les droits de ma paroisse ou Je seray morte, Je ne veux ny Ceremonie, ny armoiries, ny tenture ; mais seulem[t] que l'on fasse dire trois cents messes et quelles soient payées quinze sols Pièce et dites moitié par les Capucins de La Rüe S[t] honoré et l'autre moitié par les peres Capucins du fauxbourg St Jacques, et que lon dise lesd. messes Le lendemain de mon deces. J'ordonne q[l] soit donné a deux cent Pauvres le jour que je seray enterrée a chacun un sols et qu'ils soient payés a la porte du cimetiere ou Je seray mise. Je suplie les dames pieuses de la Charité de la paroisse ou je mourray de vouloir bien m'ensevelir elles mesmes et si elles prennent cette peine J'ordonne q[l] leur soit donne 50 liv. pour les pauvres de la paroisse. J'ordonne que mon corps ne soit mis qu'en une bierre de Bois et je prie celles qui hont esté de mes amies de ne pas quitter mon corps q[l] ne soit enterré et je les prie d'y estre Lune apres Lautre si cela ne les incommode point. Pour ce qui regarde Le temporel, J'ordonne que sur mes biens q[l] soit donné deux mil livres une fois payé pour Mad[lle] Chasan ma Niece. et qu'il en soit pris autant une fois payé pour sa sœure et pour mon Neveu de Chasan l'ainé leur frere je donne et legue 400 liv. de rente viager a prendre sur tout mes biens et q[l] n'en soit payé que de quartier en quartier. Je suplie aussy mad[e] la duchesse d'Angoulesme si elle est en vie lorsque je mourray de recevoir et prendre sur tous mes biens la somme de quinze cens Livres que je luy donne et Legue pour être employée a une croix de diamans que je la suplie de porter pour Lamour de moy qui l'ay toujours parfaitem[t] honorée. »

« Je desire aussy que des mil Livres qua a moy madame La marquise de Marçonnet qui demeure aux Angloises et dont je n'ay point encore de Billet qu'il en soit pris La somme de cinq cent Livres Pour lesd. Dames Angloises Religieuses qui demeurent sur les fossez de St Victor Et pour les autres 500 liv., je desire et ordonne q[l] soit pris. La moitié des 500 liv. Restant des 1000 liv. qui sont a moy entre les mains de Mad[e] de Marçonnet quelle donne lad. moitié des 500 liv. aux Petits Enfants trouvez et le reste aux bons Peres Carmes dechaus du fauxbourg St Germain et que lad. dame de Marçonnet en soit crue a son serment si elle ma rendu lesd. mil livres. Je suplie aussy les dames religieuses angloises a qui je laisse 500 liv. de me faire La grace un mois durant de faire touttes leurs communions pour demander le repos de mon ame. Je suplie aussy Les peres carmes a qui j'ay donné ce qui est mentionné de dire cent messes pour le repos de mon ame./. »

« Au surplus Pour les trois Enfants que j'ay dont Lainé se nomme Jean Baptiste de flecelles duquel jay receu tous les outrages imaginables en mon honneur, en mes biens q[l] a pris par force et par violence je le Reduis a sa Legitime, selon les vingt mil Escus que j'ay apporté en mariage en priant dieu quil veuille luy pardonner tous Les maux quil ma faits. »

« Quant a mon second fils qui se nomme Eleonor de flecelles, duquel je n'ay jamais Receu aucun Respect, amitié ny assistance je le Reduis pareillem[t] a sa Legitime selon les 60 000 liv. que j'ay apporté en mariage, ce qui me reste etant purem[t] des acquets dont les Loix me permettent de disposer. »

« Je donne encore à Eleonor de flecelles mon second fils la somme de 20.000 liv. a prendre sur une rente de 60.000 liv. par fond et de 3.000 par an a prendre sur Monseig^{r} le Prince de Conty, et pour le reste de mes biens je fais ma legatrice universelle Elizabeth de flecelles ma fille veuve de M^{r} Le Marquis d'Escots a condition de satisfaire a tout ce que j'ordonne par mond. testam^{t} par lequel Je donne et legue a mes deux petits fils de ma fille Elizabeth de flecelles a chacun deux la somme de 20.000 liv. pour leur donner moyen de savancer dans le service et de servir l'etat; et comme ce sont deux gentilshommes qui sont et qui se portent au bien, je suis bien aise de Leur en faire et d'aider a leur fortune ; et pour cela je veux et entends que Leur mere que je fais ma legatrice universelle, si je meurs devant Elle, ne pourra disposer que de douze mil Escus, et que du reste elle n'en sera simplem^{t} qu'usufritiere sa vie durant, je la convie d'aider ses enfans sur son usufruit Mais je ne luy ordonne pas et c'est pour La laisser en liberté que j'ay a chacun de ses fils Laissé 20.000 liv./: »

« Comme aussy je pardonne a ceux qui m'ont offencez et qui m'ont derobé mon bien qui sont en grand nombre Les convient pour le salut de leurs ames de donner aux Pauvres et aux hopitaux tous les vols qu'ils m'ont fait, que Dieu et moy, si je moze nommer avec luy tiendront pour une entiere restitution, je laisse et legue au surplus a Mr Roullier, P^{r} au parlem^{t} et a Mr Sauvage P^{r} au Châtelet, a chacun deux la somme de mil livres si ils sont en vie au moment de mon deceds et pourveu qu'ils se rendent executeurs de mon testament que jay fait signé et tout Ecrit de ma main desavouant tout autre testam^{t} sil sen rencontroit en foy de quoy j'ay signé mon nom fait a Paris ce 2. juillet 1692. »

Signé : Charlotte de Sommaise de Chasan.

(Bibl. de l'Arsenal, *Recueil Le Camus*, *Recherches curieuses*, t. V, fol. 488.)

LVI

Quittances de deux capitaines d'Infanterie.

Nous Eleonore de Bregy capitaine d'une comp[e] d'Infanterie au regiment d'harcourt confessons avoir receu de Messire antoine Jossier cons[er] du Roy tresorier g͞nal de lex[re] des guerres par les mains de Mre Maturin moreau aussy con[er] du Roy tresorier provin[al] dudit ex[re] des guerres en picardie artois flandre la somme de sept cens livres a compte de la sub[ce] de lad[e] compagnie pendant le mois de janvier et fevrier de la p͞nte année dont nous nous tenons content faict ce xxjx[e] jour de fevrier mil six cens soixante sept

Signé : De Bregy

Bibl. Nat , *Pièces originales*, 497.

Nous Jean de Bregy cap[ne] réformé a la suite de la Comp[e] de la clergerie lieutenant colonel du régiment d'Inf[rie] de Crussol Confessons avoir receu comptant de M[re] antoine Jossier Con[er] du Roy Tresorier General de lextraordinaire des guerres p. Cavallerie legere par les mains de Mre Benoit de Chaleroy aussi Con[er] du Roy Tresorier provincial en Champagne. La somme de soixante quinze livres en louis d'argent a Nous ord[ee] pour nous app[enir] en lad. qualité pendant le present mois de May et celuy de janvier de la p͞nte année Delaquelle so͞e de soixante quinze livres nous quitons lesd. s[rs] tres[ers] et tous autres fait ce dernier May mil six cens soixante dix

Signé : Bregy

Bibl. Nat., *Pièces originales*

Généalogie de TARTEREAU et de DUBUISSON
avec leurs alliances de Saumaise, d'Hébert, Flexelles, Petit, Duroyer, Guestre, etc.

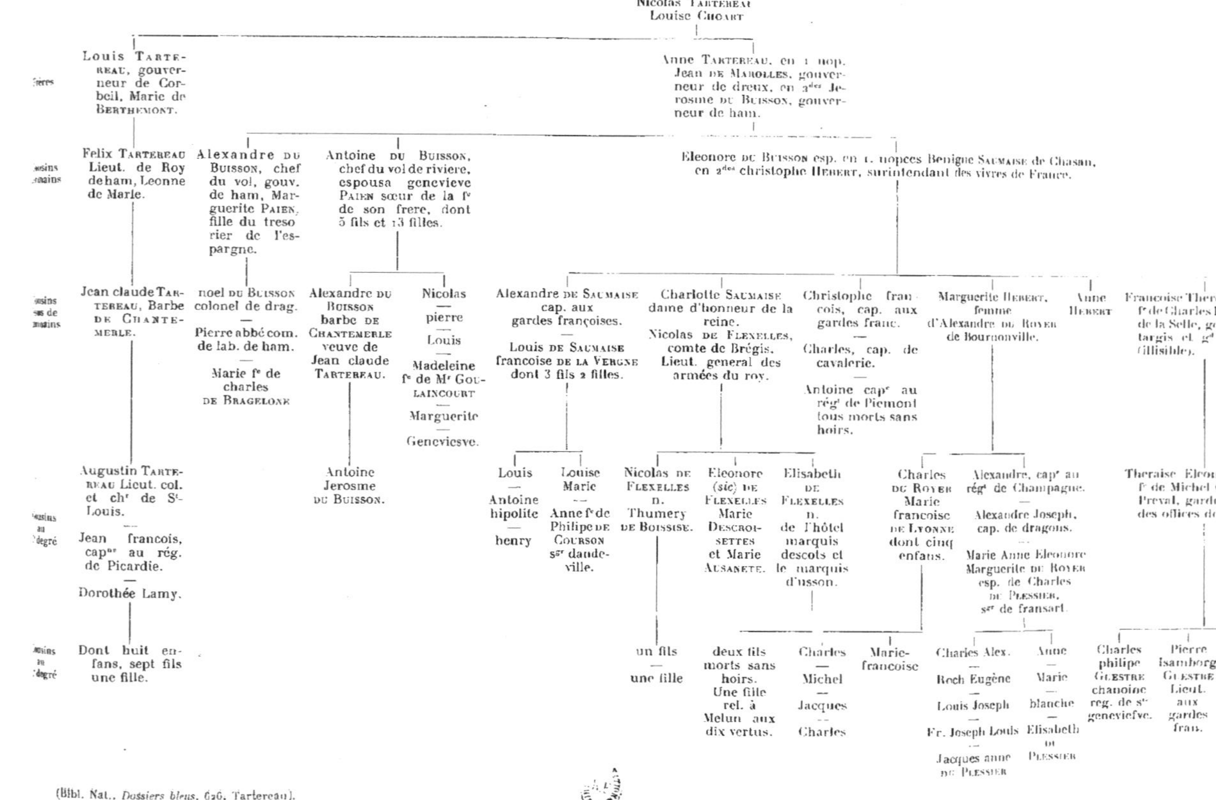

(Bibl. Nat., *Dossiers bleus*, 626, Tartereau).

Au dos est écrit : Monsieur l'abbé de Saumaise à l'hôtel St Michel, pres la porte St Michel à Paris.

Cette table généalogique, qui peut être considérée comme un résumé de notre notice, fut donc adressée à l'abbé de Saumaise. Dans un double que nous en possédons, se trouve un nom de plus, celui même de l'abbé Henry de Saumaise, avec la mention de *de cujus*, cette mention produisant bien preuve que le destinataire du tableau avait demandé qu'on le lui établit pour pouvoir tester en connaissance de cause.

LVIII

Richard Petit Ch^{er} Comte de la Selle, M^{e} d'hotel ord^{re} du R. qui créa p^{r} lui et le gratifia de la charge de garde des rolles des offices de france par lettres patentes du 1. avril 1632. et le fit con^{er} d'Etat. Il avoit ép^{é}. p. c. passé dev^{t} Plastrier et Chapelain le jeune no^{res} a Paris le 30 9^{b} 1618. Marie de Lavernot fille unique et seule heritière de jean de Lavernot audit^{r} des Comptes a Rouen et d'Anne des Chenets.

Charles Petit Ch^{er} comte de la Selle ep^{a} françoise therese Hebert.	Jean B^{te} Petit s^{gr} de Villiers Lieut. colonel d'inf^{e} se trouva avec son regim^{t} au combat de Gigery contre les Turcs.	Marie Petit ép^{e} ... de Mailly Ch^{er} s^{gr} d'haucourt et d'assigny sec.

(Bibl. Nat., *Pièces originales*, 2250, dernière page du volume).

LIX

Appointements d'un gouverneur de Montargis.

Nous Charles Petit Chevalier comte de la Selle sur le Bied seigneur de Villiers-Chauvan et au̅es lieux conseiller du roy en ses conseils gentilhomme ord^{re} de sa chambre capitaine bailly et gouverneur des ville et chasteau de Montargis, capitaine des chasses pour les plaisirs du roy et de son altesse royalle en la forest dud. lieu, bois, buissons et plaines qui en deppendent

Confessons avoir receu de M^{e} hierosme Salomon receveur ordinaire du domaine dud. Montargis la somme de deux cens cinquante livres pour une année escheue ce jour Saint Jean baptiste mil six cens soixante huict dernier des gaiges attribués a nos charges de Capitaine et Gouverneur, de laquelle somme de deux cens cinquante livres je quicte led. sieur Salomon et tous autres. faict a Montargis ce vingt un[e] Mars mil six cens soixante neuf

Signé : Charles Petit Comte De la Selle.

(Bibl. Nat., *Pièces originales*, 2250.)

LX

Une demoiselle Hébert, petite-fille de Jérôme du Buisson, ayant épousé un comte de la Celle (voy. pp. 74 et 155), il nous a paru à propos, avec l'autorisation de l'auteur, d'insérer parmi nos pièces justificatives, le long extrait qui va suivre de l'importante notice que M. l'Abbé Augustin Berton, curé-doyen de Beaune-la-Rolande, a consacré au comté de la Celle-sur-le-Bied :

Le comté de la Celle-sur-le-Bied. — Louzouër et Saint-Loup de Gonois.

Montargis, s. d.

(Extrait)

La Celle-sur-le-Bied est située dans une charmante vallée, sur la Clairis (Clareia) qui dans ce pays prend le nom de Bied. Cette petite ville est à 13 kilomètres de Courtenay, chef-lieu du canton, à 12 de Montargis, chef-lieu de l'arrondissement, et à 82 d'Orléans, chef-lieu du département. Son territoire se compose de 3,968 hectares de terrain tertiaire-moyen assez fertile et bien cultivé. Il produit des céréales, un peu de vin, des bois surtout au nord, des foins, des luzernes, des colzas, des fruits à cidre, etc. En 1880, la Celle compte plus de onze cents habitants, dont la moitié dans le bourg, le reste disséminé dans de nombreux hameaux. Il y a aujourd'hui, dans la commune, un notaire, un médecin, un percepteur, un bureau de contributions indirectes, un bureau de poste, un vétérinaire. Chaque semaine il y a un marché. L'église se compose de diverses parties de différents styles. Il y a des morceaux du XIIe siècle, d'autres du XIIIe et en dernier lieu du XVIe siècle. Elle est sur l'ancien cimetière, et près du presbytère. Elle a 24 mètres de longueur sur 12 de largeur et peut contenir 500 personnes. Elle a conservé, malgré la Révolution, la propriété de deux bonnes prairies, débris de son ancien patrimoine. Le vocable de l'église est le mystère de la Ste Trinité; Sainte Radegonde, reine de France, est regardée comme la patronne secondaire. Depuis 1803, une ordonnance de Monseigneur Bernier, évêque d'Orléans, et un arrêté des consuls, ont réuni en une seule et même paroisse les communes de la Celle, Saint-Louis de Gonois et Mérinville. Mais depuis déjà longtemps, pour la commodité du service religieux et des paroissiens, l'évêque d'Orléans fait desservir Saint-Loup par MM. les curés de Courtemaux, et Mérinville par MM. les curés de Chantecoq.

Au dernier siècle, la paroisse de la Celle-sur-le-Bied était du diocèse de Sens, de l'archidiaconé du Gâtinais, du doyenné et de la conférence de Ferrières, de l'intendance d'Orléans, du baillage, grenier-à-sel et élection de Montargis, et de la province de l'Orléanais, tandis que Chuelles, Chantecoq, Mérinville et Pers étaient de l'Isle de France....... Comme tant d'autres communes aux environs de Ferrières, la Celle-sur-le-Bied a été une colonie, une « Celle » de cette puissante abbaye, jadis si florissante à l'époque carlovingienne : Griselles, (*ecclesiola*, petite église), Pers, (*Stus Lupus ad patres*), Louzouër (*oratorium*, oratoire) la Celle-en-Hermois (*Cella in eremo* le couvent au désert), sont autant de paroisses qui rattachent leurs origines à la grande abbaye bénédictine. La Celle-sur-le-Bied a la même origine monacale, et c'est pourquoi nous ne suivons pas l'orthographe moderne qui écrit la Celle par un S au lieu d'un C : ce qui est un contre-sens historique.

L'abbé de Ferrières était primitivement seigneur temporel et spirituel de la Celle-sur-le Bied, c'est-à-dire qu'il y avait la puissance féodale, et la charge pastorale tout ensemble. Il se déchargea de celle-ci en établissant à la Celle-sur-le-Bied un *prieuré* bénédictin, composé de quelques religieux placés sous la conduite d'un prieur. L'administration paroissiale leur fut confiée, et le prieur fut en même temps le curé. ...... La fortune du prieuré ne fut jamais exorbitante. En 1650, le prieur en affermait tous les revenus en raison de 500 livres, ce qui, de nos jours, vu la dépréciation monétaire, vaudrait peut-être 4,000 francs. Pour trois ou quatre religieux, c'était assurément modeste. Mais ce fut un revenu considérable, lorsque le prieur régulier cessa d'exister...... Les grands prieurs de Ferrières étaient chargés le plus souvent du prieuré de la Celle..... L'abbé de Ferrières était aussi seigneur temporel de la Celle, Louzouër et Saint-Loup. Ces trois paroisses avaient été inféodées avec haute, moyenne et basse justice, en sorte que l'abbaye ne fut plus que la suzeraine de ces paroisses, et ne garda plus que la seigneurie directe de Pers et de Courtemault, sur le territoire du canton actuel de Courtenay. En effet, dans une déclaration censuelle ou reconnaissance de redevances féodales, faites le 17 avril 1771 par Mme du Deffand, comtesse de la Celle, à MM. les abbé, prieur et religieux de Ferrières, cette dame reconnaît que les seigneurs de la Celle, ses prédécesseurs, ont pris possession du Moulin Boyard, assis en la baronie de Courvilaine, terre de l'abbaye, le 13 octobre 1464. Richard Petit, seigneur de la Celle, dans son acte d'aveu et dénombrement, déclare qu'il n'a que deux actes semblables de ses prédécesseurs, l'un de 1401 sous Charles VI, l'autre de 1355 sous Jean le Bon. La Celle était donc déjà à cette époque une seigneurie distincte et particulière. Malheureusement l'état civil de la Celle ne nous permet pas de remonter au delà de 1613, et encore y a-t-il des lacunes... Au XVIIIe siècle, les comtes de la Celle prenaient dans leurs qualités celles des seigneurs de Notre-Dame de Gonois et Saint-Loup-de-Gonois.

A cette époque, le seigneur de la Celle et Louzouër devait être (nous ne l'affirmons pas) noble homme Michel de Randal, qui avait pour femme Loyse de Soubzmermont. Dans un procès intenté au prieur de Ferrières, Edme de Randal, écuyer, seigneur de Gondreville et de Grammont dit que son père « avait été seigneur *de* la Celle » et que lui-même ne quitta la Celle qu'en 1653, où il alla résider en sa terre de Gondreville. Ce qui confirmerait cette parole équivoque, « de », c'est le nombre de fois que les Randal sont parrains ou marraines. Car, en ce « temps d'oppression de la part des grands et de haine silencieuse de la part des petits », comme parlent aujourd'hui les historiens de l'école révolutionnaire, le paysan et l'ouvrier franchissaient souvent le pont-levis du château et venaient simplement prier leur seigneur ou leur dame de tenir leurs enfants, les enfants du peuple, sur les fonts baptismaux. Et ces « tyranneaux » acceptaient avec bienveillance.

Eh bien, je conseille aujourd'hui aux petites gens de la Celle, Louzouër, Saint-Loup et *autres lieux*, d'aller demander le même service, la même marque de sympathie et de protection, aux bourgeois et bourgeoises, ou même à un commerçant qui ait tant soit peu de surface! Mon Dieu! Comme on fabrique l'histoire! Pour voir qu'elle est, de la part de certaine école, une perpétuelle conspiration contre la vérité, il suffit de feuilleter nos actes paroissiaux, l'état civil de l'ancien régime.

Pierre-Jacques Tacquet, vicomte de Corbeil. — En 1637 nous rencontrons, comme marraine d'un enfant pauvre, noble dame de Saulx, veuve de Messire Jean-Pierre Tacquet, vicomte de Corbeil, conseiller du roi en ses conseils d'Etat et Privé, surintendant de la Maison de Sa Majesté la reine Marie de Médicis, mère du roi, seigneur de Tigery, seigneur de la Celle-sur-le-Bied, Louzouër et autres lieux. Il l'était déjà en 1630 et vivait encore en 1636.

Anne de Saulx de Tavannes. — Sa veuve posséda après lui la seigneurie de la Celle. Elle continue à en porter le titre, à jouir des droits et honneurs y attachés, et à demeurer au château seigneurial. Nous rencontrons souvent son nom aux baptêmes comme marraine, aux mariages comme témoin. Le 20 décembre 1641, elle vendit sa terre à son successeur.

Richard Petit. — L'acquéreur était messire Richard Petit, chevalier, maître d'hôtel ordinaire de Sa Majesté, demeurant à Paris rue Cloche-Percée. L'année suivante, nous voyons le nouveau seigneur qualifié « conseiller secrétaire du roi, Maison et couronne de France et de ses finances. » Il avait épousé, en 1619, Marie de Lavernot[1]. Ils avaient deux enfants, Charles et Marie Petit qui sont parrain et marraine je ne sais plus combien de fois.

En 1653, Charles Petit avait été créé, du vivant même de son père, seigneur de Louzouër, et en portait le nom.

En devenant seigneur de la Celle, Richard avait fait acte de *foi et hommage* à Monseigneur Jacques de Neufchaise, évêque de Châlons, abbé de Ferrières, et, en cette dernière qualité son suzerain. Cette cérémonie, honorable pour le suzerain, était suivie d'un acte plus avantageux. C'était l'acte *d'aveu et dénombrement* accom-

1. Voy. p. 147.

pagné du payement du droit de *relief*. Les biens nobles, on le sait, ne payaient pas l'impôt annuel de la taille, mais à chaque mutation de possesseur, chaque seigneur payait au suzerain un droit énorme, nommé droit de relief. Ce droit s'élevait au *quint* ou *cinquième du prix d'acquisition* de chaque fief, auquel la coutume ajoutait le *requint* ou cinquième du quint. Et comme les suzerains, vassaux immédiats de la couronne, avaient la même obligation vis-à-vis du roi, pour leurs terres et les fiefs et arrière-fiefs qui en dépendaient, la noblesse française en définitive, directement ou indirectement, payait à la France un impôt foncier, tout comme les rôturiers. On peut voir du reste par des chiffres que ce droit n'était pas insignifiant. Richard Petit eut à payer à l'abbé de Ferrière, le 10 janvier 1642, la somme de quatre mille deux cents livres. Cela valait à la fin du règne de Louis XIII trente mille francs de nos jours, à peu près. Et, s'il fut mort le lendemain, son fils, pour lui succéder, aurait eu à payer la même somme.

Au reste, sa prise de possession ne fut pas exempte de difficultés. En 1658, le grand-prieur et les religieux de Ferrières firent saisir féodalement la terre et seigneurie de la Celle, prétendant que la suzeraineté en appartenait à eux, et non à leur abbé. Mais ils perdirent leur procès.

Richard eut aussi un procès avec un de ses voisins d'Ervauville, Messire Michel de Vièvres, écuyer, sieur de Givraines, seigneur du Cenan, du Tremblay et autres lieux. Celui-ci prétendait que le fief de Digny « aultrement dict Sainct-Loup de Gaunnois » relevait et était vassal de Cenan. C'eut été bien étrange qu'un seigneur ayant droit de haute justice, ayant son tribunal féodal, fut vassal d'un petit seigneur censitaire, sans justice justiciable lui-même du prévôt de Chantecoq, et, en appel, du bailli de Courtenay. Le seigneur de Cenan perdit son procès, d'abord au Châtelet de Paris. Mais il y mit de l'obstination, et en appela à « nos seigneurs du Parlement » ? Battu naturellement une seconde fois, il fut heureux plus tard de transiger avec le fils et successeur de son adversaire, qui lui fit remise de toutes les indemnités et amendes qu'il eût pu exiger.

Richard Petit agrandit la seigneurie de la Celle. Il y ajouta une partie de Saint-Loup de Gonois, la moindre, car lui et ses successeurs ne prennent pas encore la qualité de seigneurs de Saint-Loup, tandis que Michel de Minagier, au contraire, prend encore celle de seigneur de Saint-Loup *en partie* ou même celle de *sieur de Saint-Loup*, sans restriction. Une troisième partie de Saint-Loup, dont étaient seigneurs MM. les chanoines de Sens était celle de l'Epinay ou Epinois, située en effet sur Saint-Loup mais dont nous ne pouvons déterminer la situation précise....

Richard réunit aussi à sa terre le fief de Villiers-Chauveau, situé en grande partie sur la paroisse de Chuelles et relevant du comté de Courtenay. En 1383, Villiers rapportait au seigneur Guillaume Garreau, 24 livres parisis. En 1410, un acte indique que Villiers-Chauveau se trouvait sur la paroisse Chantecoq ; les limites de Chuelles et de Chantecoq ont donc été changées, depuis lors, au détriment de Chantecoq. En 1574, ce fief appartenait à Catherine de Minager, en 1656 à Jean Petit, écuyer, qui le transmit au sieur de la Celle.

Richard Petit mourut en 1661 à l'âge de quatre-vingt-dix ans, et fut inhumé dans le chœur de l'église de la Celle. Le 11 avril 1647 il avait fait une fondation de 36 livres par an pour entretenir la lampe du Saint-Sacrement. Le 1er juillet de l'année suivante, il avait fait avec l'église de la Celle un échange de plusieurs morceaux de prés, enclavés dans sa propriété et avait donné à l'église beaucoup plus qu'elle ne demandait.

Charles Petit. — Il eut pour successeur le sieur de

Louzouër, Charles Petit, son fils, qui avait épousé à Paris, dans l'église Saint-Roch, damoiselle Françoise-Thérèse Hébert. Depuis quelques années déjà, Charles prenait le titre de seigneur de la Celle ; sans doute il en exerçait déjà les droits à cause de la vieillesse de son père.

Cette même année 1661, Michel de Minager, écuyer, sieur de Saint-Loup, succéda à son père dans le fief de *Digny*, comprenant sur son territoire l'église et la plus notable partie du territoire de Saint-Loup. C'est ce qui permettait à sa famille de prendre le nom de Saint-Loup. La résidence seigneuriale était au manoir de Digny. Ce petit château, abandonné et loué à ferme avec la seigneurie, ne logeait plus que le régisseur ou *receveur* de la terre. De là, il a pris et garde encore aujourd'hui le nom de la « Recette ». Le nouveau seigneur fit un acte de foi et hommage au seigneur de la Celle, son suzerain, avec le cérémonial accoutumé. Un notaire assistait à cette cérémonie et en rédigea le procès-verbal. Nous donnons ici dans toute son intégrité cette pièce, d'autant plus curieuse qu'elle est la seule du genre dans les trois études du canton de Courtenay, qui ait échappé à l'attention des révolutionnaires :

« Ce jourd'hui vendredi vingt-sixième jour d'octobre, après midy, l'an mil six cent soixante-trois, par devant moy, Estienne Demoncelles, notaire royal à la Celle-sur-le-Bied, est comparu en sa personne Michel de Minagier, escuyer, seigneur de Saint-Loup, et autres lieux, le quel m'a pryé et requis me voulloir transporter avec luy au château de la Celle-sur-le-Bied, afin de rendre par luy la foy et hommage de vassal qu'il doibt et est tenu faire à messire Charles Petit, chevalier, seigneur dudit lieu de la Celle-sur-le-Bied, Lousoir, Villiers, Chauveau et autres lieux, à cause du fief de Digny et des dépendances d'icelluy, assis en la paroisse de Saint-Loup-de-Gonois, dont le dit sieur de

Minagier est possesseur et détenteur, comme vassal du dit seigneur de la Celle, duquel le dit fief est mouvant et relevant :

A quoy obtempérant, je me suis avec ledit sieur de Minagier, et en la présence des témoins cy-après nomez, transportez au bout du pont de la grand'porte du dit château de la Celle, ou estant le dit sieur de Minagier a cryé à haute voix par trois diverses fois : « Monseigneur, Monseigneur, Monseigneur, est-il cy coi ? » Et seroit apparu Louis Morisson, laquais du dit seigneur de la Celle, lequel a demandé au dit sieur de Minagier : « Que voulez-vous à Monseigneur ? » Le dit sieur de Minagier a répondu qu'il estoit venu pour rendre et faire la foy et hommage et debvoir de vassal qu'il est tenu faire à cause du fief de Digny et dépandances dont il est détenteur.

Ce faict, le dit seigneur de la Celle seroit comparu, auquel ledit sieur de Minagier, tête nue, son chapeau à la main, sans épée ni esperons, auroit faict la soumission requise par le coustume envers le dit seigneur de la Celle, lui déclarant qu'il estoit son vassal, à cause du dit fief de Digny et dépendances, et juré et protesté et faict vœu de fidélité de vassal envers le dit seigneur de la Celle, suivant qu'il est requis par la coustume, et maintenir les droits du dit seigneur de la Celle, en tous temps et quand le cas le portera, promettant bailler l'adveu et dénombrement et situation du dit fief de Digny et dépendances d'icelluy de jour en jour et dans huictaine.

Ce faict, le dit seigneur de la Celle, de sa main droite a pris la main du sieur de Minagier et l'a relevé et accepté, et eu pour agréable la dite foy et hommage du dit sieur de Minagier, promettant s'y maintenir, sans préjudice de l'adveu et dénombrement du dit fief qu'il sera tenu de lui délivrer en forme, de jour en jour, et des frais de la saisie qui en a été faite cy-devant à requeste de feu Messire Richard Petit, son père, vivant seigneur de la Celle, conseiller et secrétaire ordinaire de Sa Majesté, Maison et Couronne de France, sur le deffunct, sieur Michel de Minagier, père du dit sieur, vivant seigneur dudit fief et autres lieux. Dont et de tout ce que dessus, moy, notaire royal soussignez j'ai fait acte aux parties pour leur servir et valloir en temps et lieu, ainsi que de raison. Et bailla en outre le dit sieur de Saint-Loup les présentes en forme au dit seigneur de la Celle. Car ainsy et sy comme, promettant, obligeant, renonçant, faict et passé en présence de François Anthoinat, greffier de la prévosté de Courtemault et (illisible).

Signé en la minute : Petit, seigneur de la Celle, M. de Minagier, Anthoinat, N***, Louis Morisson, Demoncelles, notaire royal. »

A son tour, l'année suivante, Charles Petit faisait hommage pour le fief de Villiers-Chauveau au comte de Courtenay, haut et puissant seigneur Messire Charles de Rambures-Boulainvilliers, marquis de Rambures, seigneur de Dompierre, comte de Courtenay :

« .... *Item* y a le dit advouant justice et seigneurye de vassal, telle comme les autres vassaux ont en la chastellenie dudit Courtenay, et la chasse aux Hayes de Courtenay, aussi comme les autres vassaux y ont. En quoy faisant doibt garde audit chasteau de Courtenay, le temps de quarante jours et advoue le dit sieur advouant les choses tenir en fief, à foy et hommage de mon dit seigneur de Courtenay, comme son très cher et honoré seigneur... » Ce fief était peu de chose : le 15 décembre 1661, Charles Petit loue à Louis Marteau demeurant à Triguères le revenu temporel de Villiers-Chauveau, annuel et casuel pour cent-cinquante livres par an.

En 1664, et à partir de ce moment, nous le voyons recevoir et prendre dans tous les actes le titre de *Comte de la Celle*. Sa terre avait donc été érigée en comté par Louis XIV. Le 27 novembre 1664, il recevait le brevet de gentilhomme ordinaire de la chambre du roi. En 1665, le marquis de Crèvecœur se démettait en faveur de Charles Petit de sa charge de capitaine-bailli et gouverneur de Montargis. Le duc d'Orléans, comte de Montargis, présentait au roi cette nomination et Louis XIV la signait le 12 mars 1665. Le même marquis de Crèvecœur se démettait en même temps en faveur du comte Charles, de sa charge de capitaine des chasses du baillage de Montargis, et obtenait ainsi pour son protégé la nomination du duc d'Orléans et la confirmation du Roi. Charles Petit ne sut pas garder longtemps les bonnes grâces royales dans ses nouvelles fonctions. Il avait prêté serment le 30 juin. Or, à ce moment, le duc d'Orléans faisait travailler à son château de Montargis, et avait donné ordre d'abattre plusieurs bâtiments. Le bailli s'y opposa, je ne sais pourquoi. Le 25 juillet, le prince lui envoyait injonction de cesser son opposition. La démolition se fit donc, mais alors le comte de la Celle défendit d'enlever les décombres et matériaux qui en provenoient, et signifia son opposition par devant notaire le 20 février 1666. Sans doute le duc d'Orléans se plaignit au roi. Toujours est-il que le 3 mars, une lettre de cachet, datée de Versailles, et signée : *Louis*, enjoignait au comte de la Celle de se rendre à Aurillac et d'y rester jusqu'à nouvel ordre. Le 1er avril, Charles Petit comparaissait devant le lieutenant-général d'Aurillac pour y faire constater son obéisssance aux ordres du Roi. L'exil du comte ne fut pas long : un ordre royal du 10 mai lui apportait son rappel.

.... Le 22 février 1668, Charles Petit « admodiait » sa terre et seigneurie de la Celle et Louzouër tout entière à Estienne Noret 3600 livres par an, ce qui était alors un assez beau denier.

Charles Petit avait eu quatre enfants. Le 26 mars 1663, après la perte des trois premiers, sa femme et lui se firent donation mutuelle de tous leurs biens. Mais ensuite ils eurent une fille « pour remplacer ceux qu'il avait plu à Dieu appeler de cette vie en l'autre ». Ce fut Eléonore-Thérèse Petit, laquelle hérita du comté de la Celle.

La mort du premier comte de la Celle fut presque subite. Voici une note qui en fixe la date : « Et le dit seigneur de la Celle, écrit le notaire, est parti de son château de la Celle, le dimanche 17 janvier 1672, pour aller à Paris avec Madame. Il mourut à Paris le 30 janvier et fut enterré le dimanche 31 janvier 1672 à Saint-Eustache de Paris. »

Le droit le plus noble du comte de la Celle était le droit de justice. C'était celui qui rappelait le plus la souveraineté du seigneur féodal. Le comte avait directement sur la Celle et Louzouër, et, en appel, sur le seigneur de Saint-Loup, son vassal, droit de haute, moyenne et basse justice. Mais on pouvait aussi appeler des sentences de son tribunal à celui de son suzerain l'abbé de Ferrières, de là à celui du suzerain de Ferrières, le duc d'Orléans, et de là enfin au roi en sa Cour de Parlement, sauf pour les « cas royaux » qui se jugeaient au présidial de Montargis, et en appel au Parlement. C'était par son *prévôt* que le comte de la Celle exerçait ce droit de justice régi par la coutume de Lorris. Auprès du prévôt, était un *procureur fiscal*, chargé du ministère public et de la police du comté. Un *greffier* qui était souvent le notaire ou le maître d'école rédigeait et gardait les sentences et décisions de la justice seigneuriale. Le prévôt achetait sa charge et dès lors il était de fait inamovible et indépendant du comte. Le greffier louait la sienne pour un temps déterminé, qui ne dépassait pas neuf ans. En 1658, Nicolas Chandart l'avait louée à raison de 12 livres par an. En 1662 elle était louée par François Anthoinat pour 15 livres et deux chapons. Le prévôt avait souvent un *lieutenant*, et le procureur un *substitut*, surtout lorsque les titulaires de ces deux charges ne résidaient pas dans la seigneurie. Car il n'était pas toujours facile aux comtes de la Celle de trouver dans leurs terres des hommes capables de remplir ces magistratures de village, quelque modestes qu'elles fussent. Ils les empruntaient le plus souvent aux baillages de Montargis, Ferrières ou Courtenay. En réalité le régisseur de la terre avec la qualité de lieutenant et substitut était chargé de fait de l'administration publique et privée, à la place du comte. Il y avait à la Celle un notaire royal dont le ressort s'étendait aux trois paroisses de la Celle, Louzouër et Saint-Loup, à une partie de la Celle en Hermois, à la paroisse de Thorailles, et à la partie d'Ervanville qui relevait de la justice royale de Montargis. Un peu avant la Révolution il y avait à la Celle deux notaires, un notaire royal et un notaire seigneurial et *garde du scel.*

Le comte avait dans les églises du comté les *grands honneurs* réservés aux seigneurs hauts-justiciers, et surtout aux patrons et bienfaiteurs. Le curé lui présentait l'eau bénite à la grand'porte de l'église et le conduisait ensuite au banc seigneurial, placé à la Celle, dans la chapelle de la Sainte-Vierge. Le comte avait le *pas* à l'offrande. On lui présentait la première part de *pain bénit.* A *Magnificat*, le curé, après avoir encensé les autels et le clergé, venait au banc seigneurial, et encensait le comte comme représentant héréditaire de l'autorité royale. Au prône, après avoir prié pour le Roi, la Reine et le Dauphin, la famille royale, les princes et princesses du sang, le curé ajoutait : « Nous prierons aussi mes frères pour haut et puissant seigneur Messire Charles Petit, chevalier, comte et seigneur de ce lieu, patron de cette église, que Dieu longtemps nous garde ! »

.... Au sommet du rétable, au banc seigneurial, aux clefs de voûte, sur chaque pilier et sur les murailles intérieures, de six pieds en six pieds, étaient les armes de la famille seigneuriale et patronale. En outre, à la Celle, un pont spécial réunissait le château à l'église, et le comte-patron avait sa clef particulière. Ajoutons que, comme patron, les décisions des assemblées de fabrique n'étaient exécutoires qu'après avoir obtenu son approbation. Enfin les comte de la Celle, comme hauts justiciers et fondateurs pouvaient seuls prétendre à la sépulture dans le chœur de l'église, avec les curés. En 1651, Richard Petit étant à Paris, Edme Randal ayant perdu sa femme Madeleine de Minagier, la fit enterrer « dans le chœur et chancel de l'église. » Richard en appela au Parlement, et puis s'apaisa par les excuses notariées qu'il reçut du délinquant.

Sauf le droit de voirie, qui lui donnait la police des chemins et lieux publics, les autres droits du comte n'étaient plus que des droits fiscaux. Ainsi, par exemple, il avait le droit de boucherie et charcuterie. Nul ne pouvait tuer et vendre de la viande, s'il n'était agréé par le seigneur. En 1662, le comte Charles Petit louait le droit de boucherie de la Celle 25 livres par an, se réservant en outre, pour lui ou ceux qu'il désignera les langues de tous les bestiaux qui seront tués.

Le seigneur de la Celle avait, en outre, le droit de « moulin, four et pressoir bannal, le droit de ban du vin qui se vend au dit lieu depuis Pâques jusqu'à l'Ascension, les proffits de la foire de Saint-Brisson, le droit de chasse et de pesche dans toute l'étendue de la terre et seigneurie... »

Le comte de la Celle avait des fiefs vassaux. En voici la liste donnée par Richard Petit, d'après un acte de 1401 : « Un fief à Bazoches, un fief à Saint-Loup de Gonois, un fief au Bignon, un fief à Dordives, un fief aux Puiseaux, la terre, fief et seigneurie de Louzouër,

... Les registres paroissiaux de Louzouër sont les plus anciens du canton de Courtenay : Ils remontent à 1577, aux premières années du règne d'Henri III. Louzouër dépendit jusqu'à la Révolution du comté de la Celle, et eut les mêmes seigneurs...

Eléonore-Thérèse Petit. — Eléonore-Thérèse Petit, fille du dernier comte, était une enfant ; aussi demeura-t-elle jusqu'à son mariage sous la tutelle et garde-noble de dame Françoise-Thérèse Hébert, sa mère.

En 1681, elle épousa Michel Guestre, chevalier, sieur de Préval, garde des rôles des offices de France. Ce fut lui qui réunit au comté de la Celle la seigneurie de Saint-Loup, sans doute par voie de rachat. Depuis cette époque jusqu'à la Révolution, les seigneurs de la Celle prenne le titre de « comtes de la Celle-sur-le-Bied, Louzouer et Saint-Loup-de-Gonois. »

... Mais revenons aux Comtes de la Celle. Sans doute que le titre de « comte de la Celle » fut contesté à M. de Préval, car, en 1694, il obtenait de Louis XIV de nouvelles lettres d'érection. L'année suivante, il vendit son comté à M. d'Aquin, son successeur. Madame de Préval mourut en 1710. Elle se souvint en mourant qu'elle avait été comtesse de la Celle, et que son père et son aïeul en avaient été seigneurs. Elle laissa par testament une somme de mille livres, à distribuer aux pauvres du comté, par les curés des trois paroisses...

A la suite de ce long extrait, relevons encore dans l'ouvrage de M. l'abbé Berton, les noms des personnes qui, après Michel de Préval et jusqu'à la Révolution, eurent la possession du comté de la Celle : Marie-Thérèse Fiton, comtesse d'Aquin, 1695 ; Marguerite-Octavie de Recqueleyne-Graslin, dame Dupuis de Digny, 1712 ; Marie Dupuy de Digny, marquise du Deffand, 1769 ; et Adélaïde-Charlotte-Marie du Deffand, comtesse de Béthisy, 1785-1790.

LXI

Liste des seigneurs et propriétaires du domaine de la Marsaudière.

En 1597. Hiérosme du Buisson.
En 1622. Antoine du Buisson.
En 1654. Alexandre II du Buisson.
(Archives de M. de la Farelle.)

En 1719. Geneviève du Buisson.
En la même année 1719, Me Martineau et sa fille.
(Communication de M. le docteur Goulard.)

24 mars 1721. Vente de la maison et ferme de la Marsaudière, paroisse de Chevry en Brie au sieur Daujon, bourgeois de Paris, par Me Alexandre Martineau, conseiller du roi, maître ordinaire en sa Chambre des Comptes, et dame Turgot de Sousmont de Brucourt, sa fille[1], héritiers et légataires universels de demoiselle Geneviève du Buisson de la Marsaudière, leur cousine.

14 octobre 1724. Par contrat passé par devant Me Baptiste et son confrère, notaires à Paris, vente du domaine de la Marsaudière au sieur Camet de la Bonnardière, ci-devant secrétaire de Mr de Chasteauneuf, conseiller d'État et prévôt des marchands.

15 octobre 1755. Par contrat passé par devant Me Jourdain et son confrère, notaires à Paris, furent vendus au sieur Jean-Antoine Le Sueur Florent, entrepreneur des Ponts-et-Chaussées, et à damoiselle Suzanne-Louise Rousselot, son épouse, les maison, ferme, terres, prés, bois, pastures de la Marsaudière et autres héritages, qui

1. Voyez p. 21 et *Pièces justificatives*, XXXXII.

avaient appartenu au sieur Daujon au moyen de la vente qui lui en avait été faite par Jean Le Métayer, sieur d'Estournailles, au nom et comme procureur de Mre Pierre-Jean-Baptiste Guestre de Préval, chevalier, seigneur de Préval[1], donataire entre vifs de demoiselle Anne Hébert, fille majeure, sa tante, des biens de la sucession de demoiselle Geneviève du Buisson, aussy fille majeure, suivant et par acte passé devant ledit Me Baptiste et son confrère, le huit novembre mil sept cent dix neuf, insinué à Paris le 4 mars suivant, dans lesquels biens étaient compris les quatre quints des propres paternels de ladite Delle du Buisson qui appartenaient à ladite Delle Hébert en qualité de son héritière, de Mre Alexandre Martinot (*sic*), conseiller du Roy, maître ordinaire en sa Chambre des Comptes, et de Me Claude Martin, Bourgeois de Paris, au nom et comme procureur de Mre Étienne Turgot de Brucourt, chevalier, seigneur d'Ussy (?) ou Oisy, conseiller du Roy en ses conseils, président au Parlement, et de Dame Françoise Martinot (*sic*), son épouse, lesdits sieur Martinot et Dame Turgot de Brucourt, légataires universels conjointement de la dite Delle Geneviève Du Buisson, leur cousine maternelle Et Encore laditte Dame Turgot de Brucourt légataire des meubles de laditte Demoiselle Du Buisson, le tout suivant le testament de laditte feue Delle Du Buisson fait olographe le douze novembre mil sept cent dix sept, déposé à Me Fromont, notaire à Paris, le 20 septembre mil sept cent dix neuf et confirmé par deux autres testaments olographes des 25 mars et 6 juillet mil sept cent dix huit déposés, à Pichot, notaire à Brie-Comte-Robert le 16 novembre mil sept cent dix neuf, la délivrance des quels legs a été faite et consentie par acte passé devant ledit Me Fromont le vingt quatre janvier mil sept cent vingt, tous

1. Voyez p. 77.

lesquels biens appartenaient savoir pour quatre cinquièmes audit seigneur de Préval et pour l'autre cinquième à mesd. s^r Martinot et Dame Turgot de Brucourt chacun par moitié. — Le 23 avril 1767, érection de la terre de la Marsaudière en fief par les Dames Religieuses de l'Abbaye royale d'Yerre au profit du sieur Le Sueur Florent.

19 juillet 1783. Par contrat passé par devant Me Duclos Dufresnoy et son confrère, notaires à Paris, fut vendu le domaine de la Marsaudière à Me Pierre-Augustin Chenot, secrétaire ordinaire de S. A. R. Mgr le comte d'Artois, et à Dame Marie-Jeanne-Louise-Philippe Couppey, son épouse.

6 nivose an III. Par contrat passé par devant Me Péan de St Gilles et son confrère, notaires à Paris, fut vendu lè domaine de la Marsaudière au citoyen Colas des Francs, négociant raffineur, demeurant à Orléans.

24 pluviose an IX (13 février 1801). Par contrat passé par devant Me Péan St Gilles et Massé, notaires à Paris, fut vendu le domaine de la Marsaudière à M. Claude-Auguste Petit, qui fut député du département de la Seine et qui avait été créé baron de Beauverger en 1811 par l'empereur Napoléon Ier.

En 1819 le baron Auguste de Beauverger, fils du précédent et préfet du Premier Empire, fut propriétaire du domaine de la Marsaudière après la mort de son père.

En 1858 le baron Edmond de Beauverger, fils du précédent et ancien député de Seine-et-Marne.

En 1873 et actuellement encore, le baron Arthur de Beauverger, fils du précédent.

(Archives de M. le baron Arthur de Beauverger.)

INDEX DES NOMS DE PERSONNES

(NON COMPRIS CEUX QUI SE TROUVENT DANS LES PLANCHES)

A

AIX (Anne d'), 16.
ACCART (Pierre), 109.
ALBRET (Chevalier d'), 19.
ALÈGRE (Vicomte d'), 123.
ALÈS (Pierre d'), IX.
AMELOT (Madeleine), 98.
ANCRE (Concini, maréchal d'), 27.
ANGOULÊME (Duchesse d'), 142.
ANGOULLEMENT (Le S[r]), XX.
ANJOU (Duc d'), 24, 25.
ANNE D'AUTRICHE, VI-XII, XIV, 6, 23, 24, 29, 31, 43, 50, 61, 62, 133, 135.
ANTHEAUME (Victor), 132.
ANTHOINAT (François), 157, 160.
ANTIN (François de Pardaillan, marquis de Gondrin, marquis d'), 78.
AQUIN (Thérèse, comtesse d'), 162.
ARBLAINCOURT (Célina Fayard d'), 70.
— (Gaspard-Jacques), 69.
— (Jacques-Marie-Louis), 69.
ARMAILLÉ (François-Pierre de la Forest d'), 131.
ARPAJON (Vicomte d'), 134.
ARROUÉ (Gabrielle de Boislève d'), 131, 132.
ARTOIS (Comte d'), 165.
ASPREMONT (François de Lamothe-Villebret, comte d'), 60.
AUBÉRY (Claude), 73.
— (Elisabeth), 54.
AUMALE (Antoine d'), 8, 102.
— (Claude), 8.
AUMONT (Marquis de Guiscard, duc d'), 67.
AUZANNET (Barthélemy), 54.
— (Catherine-Jeanne, aliàs Marie), 54, 146.
AVENEL (Vicomte d'), 2.
AVERNE (François Ferrand, sieur d'), 54.

B

BACHELIER (Le S[r]), 128.
— (François), 88.
BAILLIF (Marie de), 9.
BALSON (Le S[r]), 104.
BAR (Maison de), 101.
BARNEAU (Nicolas de Revier, sgr de), 92.
BASCHET (Armand), 6.
BATIFFOL (Louis), VI, VII, 25, 27.
BAUDOT (Le S[r]), 104.
BAUDRY (Le S[r]), 103.
BAZANIER (Claude), 118.
BEAUMONT (D[elle] de), 35, 36.

BEAUVAIS (Louis de), XX.
BEAUVERGER (M. de Chaulnes de), 96.
— (Arthur Petit, baron de), XX, 58, 165.
— (Auguste Petit, baron de), 165.
— (Claude - Auguste Petit, baron de), 165.
— (Edmond Petit, baron de), 165.
BELLENGER (F.), 3.
BENGLIER (Denis), 126, 127.
BENOIST (Antoine), 100.
BENSERADE (Le Sr), 44.
BÉRARD (Gabriel), 91.
— (Marguerite), 91.
BÉRINGHEM, 36, 59.
BERNADOTTE (Maison), 58.
BERNET (Le Sr de), 112.
BERRURIER (Le Sr), XIX.
BERTAUT (Françoise), (Mme de Motteville), IX, 23, 32-34, 36, 37, 41, 49.
— (Le poète-évêque), IX.
— (Pierre), IX.
BERTHEMONT (Marie de), 9, 114, 146.
BERTON (M. l'abbé Augustin), 75, 148, 162.
BESSE (Le Sr), 104.
BÉTHISY (Comtesse de), 162.
BEZAC (François d'Usson de), 55.
— (Jean d'Usson, marquis de), 55, 146.
BINET (Mre), 96.
BLAIRE (Marguerite), 73.
BLANCHE DE FRANCE, 3.
BOISBOUDRAN (Antoine de Meaux, baron de), 86.
— (Mme, née Hébert), 86.
BOISSÉ (Claude de Préaulx, Sr de), 89.
BOLEYNE (Anne de), 118.
BONAPARTE (Maison de), 58.
BONNELLES (Anne de), 99.
— (Marguerite de), 99.
BONNEUIL (Mme de), 24.
BORDEAUX (Françoise de), 116.
BORRINGANT (Henri de), 95.
BOSSUET, 49.
BOURBON (Cardinal de), 105.
— (Maison de), 58.
BOURBON-VENDÔME (Maison de), 101.
BOURBONNOIS (Le duc), 119.
BOUSIERS (Le sire de), 101.
BOUTEVILLE (François de Montmorency, comte de), 37.
BOUTHILLIER DE LA COCHÈRE (Le Sr), 26.
BOUTILLAT (Louis), 94.
BOUVELLES (Jean de), 102.
BRAGELOGNE (Charles de), 12, 146.
BRANCAS (Louis de Brancas, Mis de Céreste, Mis de), 78.
BRANCAS-VILLARS (Elisabeth-Charlotte-Candide de), 79.
BRÉDA (Thibault de Berg de), 91.
BRÉDIF (Le Sr), 39.
BRÉGY (Anne-Marie de Flesselles de), 136, 137.
— (Éléonor de Flesselles de), 54, 137, 138, 143, 144.
— (Elisabeth de Flesselles de), 55, 143.
— (Gabriel de Flesselles de), X.
— (Germain-Christophe de Flesselles de), 53.
— (Jean de Flesselles de), 144.
— (Jean-Baptiste de Flesselles de), 52, 142.
— (Marguerite de Flesselles de), X.
— (Marguerite-Madeleine de Flesselles de), 54.
— (Nicolas de Flesselles de), 30, 31, 52, 61, 133-135, 146.
— (Renée de Flesselles de), 53.
BRETAGNE (La reine Anne, duchesse de), 121.

BRICHANTEAU (Françoise de), 92.
BRIENNE (De Loménie de), IX.
BROSSE (Judith-Cécile de), 98.
BROUILLY (Jeanne), 98.
BROYE (Michel de), 98, 99.
BUGNY (De), 102.
BUISSON (Alexandre I, du), XVI, 2, 6-10, 28, 81, 85-89, 91, 94, 98, 99, 102, 116, 146.
— (Alexandre II, du), XIV, 2, 16, 17, 21, 96, 97, 124, 126-132, 146, 163.
— (Antoine du), 13, 16, 20, 85, 86, 90, 92-95, 100, 114, 116, 146, 163.
— (Antoine-Jérôme du), 17, 146.
— (Charles du), 22.
— (Éléonore du), XI, XII, XIV, XVII, XVIII, 2, 3, 9, 22-25, 36, 56, 57, 60, 81, 83, 85-87, 91, 93, 106, 114, 146.
— (François du), 12, 92.
— (Françoise du), 21, 94.
— (Geneviève du), 21, 22, 94, 96, 163, 164.
— (Isabelle du), 20, 94.
— (Jérôme du), XVI, 2-5, 12, 23, 58, 81-86, 91, 92, 114, 146, 148, 163.
— (Louis I du), 3, 5, 12, 13, 86, 92, 114, 146.
— (Louis II du), 20, 94.
— (Louis III du), 22, 95.
— (Madeleine du), 23.
— (Marguerite du), 23.
— (Marie-Marguerite du), 12, 99, 100.
— (Nicolas du), 14, 20, 95, 146.
— (Noel du), XV, 10, 11, 90, 97, 99, 100.
— (Pierre I du), XV, 11, 12, 99, 100, 105, 106, 111, 112, 146.
— (Pierre II du), 22, 95.
BULLION (Claude de), 3.
BUNY (Françoise de), 98.
BUSSY-RABUTIN (Comte de), 39.

C

CAGNY (Le S^r de), 8, 9.
CAISNE (Le S^r de), 113.
CANISY (Gaspard-Claude de Carbonnel de), 77.
— (Pierre-Charles-Henri de), 77.
— (René-Anne de), 77.
— (Renée-Françoise de), 78.
CAPELIN (Madeleine de), 118.
CARRÈRE (Le S^r), 104.
CATEAU-CALLEVILLE, 43.
CAVOYE (Marie-Ogier de), 72.
CÉCILE-RENÉE, reine de Pologne, 31.
CÉRESTE (Louis de Brancas, marquis de), 78.
CHANDART (Nicolas), 159.
CHANDENIER (Rochechouart, Mis de), 36.
CHANTEMERLE (Barbe de), XIV, 16, 81, 97, 146.
— (Jean de), 16.
CHAPUIS (Pierre de), 102.
CHARLES VI, 151.
CHARLES VII, 7.
CHARMOLUE (Le S^r), 112.
CHARRON (Guillaume), 90, 91.
CHATILLON (Isabelle de Montmorency, duchesse de), 37, 39.
CHAULNES (Comte de), 121.
CHAULNES (Duc de), 7.
CHAZAN (Alexandre de Saumaise de), 28, 51, 60, 146.
— (Anne de Saumaise de), VIII, 29, 146.
— (Antoine-Hippolyte de Saumaise de), 28, 29, 142, 146.
— (Bénigne de Saumaise de), XIII, 24-27, 36, 84, 85, 114, 146.
— (Charlotte de Saumaise

de), (comtesse de Brégy), VIII, XII, XIII, XVII, 23, 28, 29, 32-45, 49, 51, 52, 54, 62, 133, 135, 137, 140, 144.
CHAZAN (Claude de Saumaise de), 25.
— (Henri de Saumaise de), 28, 29.
— (Jérôme de Saumaise de), 24, 135.
— (Louis I de Saumaise de), 28, 29, 146.
— (Louis II de Saumaise de), 28, 146.
— (Louise-Marie de Saumaise de), 29, 142, 146.
CHAZAUD (Le Sr), 103.
CHENEST (Anne des), 74.
CHENOT (Pierre-Augustin), 165.
CHEPOY (R. de), 102.
CHÉRUEL (A.), 14.
CHEVREUSE (François, prince de Lorraine, duc de), 61.
CHEVRIN (Gaëtan), 70.
CHOART (Louise), 5, 86, 146.
CHOÇQUET (Alexandre), 98.
— (Jean), 98, 99.
CHOISY (Comtesse de, née Hurault de l'Hôpital), 32.
CHRISTINE DE SUÈDE (La reine), 42, 44, 133, 134, 136.
CINQ-MARS, 32.
CLARY (Maison), 58.
CLÉMENT (Le pape), 120.
CLUGNET DE BRABANT (Le Sr), 101.
COCQUELARD DE PRÉFOSSE (Jacques de), 53.
— — (Marguerite-Perrette de), 53.
CŒUVRE (Marquis de), 26.
COLIGNY (Le maréchal de France de), 43.
COLLET (Le Sr), 103.
COMMINGES (Gaston de Pechpéroux-Guitaut-), 36.
COMPAGNON (Abraham), 99.
— (Marie-Marguerite), 99.
COMPANS (Louise), 116.
CONDÉ (Le grand), 58.
CONDÉ (Le prince de), 9, 13, 37, 58, 87.
CONRARD (Recueil), 37, 49, 140.
CONTI (Le prince de), 143.
— (La princesse de), 27.
CORBEIL (Pierre-Jacques Tacquet, vicomte de), 75, 152.
CORTE (Le Sr), 103.
COUCY (Maison de), 101.
COURBON (de), 102.
COURCELLES (De), 5.
COUPPEY (Marie-Jeanne-Louise), 165.
COURSON (Philippe de), 29, 146.
COURTIN (Catherine), p. 120.
COUVREUR (Le Sr), 111.
CREIL (Anne de), 55.
CRÉQUI, 36, 59.
CREUILLY (Antoine de Filans, baron de), 118, 120.
CRÈVECŒUR (L. de), 15.
— (Mls de), 74, 158.
CRILLON (Des Balbes de Berton de), 4.
CRINARD (François), 99.
CROISETTES (Marie des), 54, 146.
— (Pierre des), 54.

D

DAGNIAU (Pierre), 68.
DALLON (Le Sr), 113.
DANICOURT (Ernest), 8.
DARTOIS (Nicolas), 68.
DAUJON (Le Sr), 163, 164.
DAVERGNE (Le Sr), 17.
DEFFAND (Marquise du), 162.
DELPIRE (Le Sr), 104.
DEMARLE (Le Sr), 104.
DENIS (Julienne), 99.
DESBORDES, 103.
DESTORS (M. et L.), 3.
DÉTRIMONT (Le Sr), 104.

DEVISE (D'Hervilly de), 106.
DIGNES (Le S[r]), 129.
DIGNY (Dame Dupuis de), 162.
DILLÉNIUS, 103.
DO (Isabelle), 94.
DODEUILLE (Le S[r]), 103.
DOGUET (François), 127.
DOUBLET (Barbe), 100.
— (Clément), 98.
— (Marguerite), 98.
DREUX (Pierre de), 105.
DRUET-MARTINE (Le S[r]), 69, 70.
DUBOIS (André), XX.
— (Pierre), XIX.
DUMOULIN (Maurice), IX.
DUPRÉ (André), 68.
DUVAL (Le S[r]), 105.
DUVAL (R.), 65.

E

ELBÈNE (Camille d'), 30, 133.
ELBEUF (Le duc d'), 59.
ELISABETH (Reine d'Angleterre), 118.
ÉPERNON (Duc d'Antin, dit le duc d'), 78.
ENVRON (Louis le Donez), 86.
ESCOTS (De l'Hôtel, marquis d'), 55, 143, 146.
— (Claude-Africain d'), 56.
— (Henri-Nicolas d'), 55.
— (Marie-Henriette-Yolande d'), 56.
ESTOURNAILLES (Jean Le Métayer d'), 164.
ESTRÉES (François-Annibal d', maréchal de France), 116.
— (Gabrielle d'), 26.
— (La maréchale d'), 32.
EVAL (Léonore), 92.

F

FARGES (Louis), 136.
FAUDOAS (De), 102.
FAURE (Charles), 107, 111.
FERTÉ (Jacques d'Ornivilliers, baron de la), 118, 121.
FEURE (Charles le), 116.
— (Louise-Charlotte), 116.
FIESQUE (Gillonne d'Harcourt, comtesse de), 38.
FLEURY (Elie), 8.
FONTENELLE (Le S[r]), 103.
FONTES (Le S[r]), 103.
FOUCAULT (Antoine de), 54.
FORCALQUIER (Louis-Buffile de Brancas, comte de), 78, 79.
FOUQUET (Louis), 12, 105.
FOUR (Jeanne du), 99.
FOURNIER (Catherine), 57, 118.
— (Charles), 57.
FRANCS (Le Sr Colas des), 165.
FRANKLIN (M. Alfred), 4.
FROMAGEOT (M. Paul), 37.
FROMONT (Le S[r]), 21.
FUNCK-BRENTANO (M. Frantz), 51.

G

GALHAULT (Charlotte-Agnès), 73.
— (Pierre-André), 73.
GALLOIS (René), 9.
GANDOIEN (Barbe), 100.
— (Etienne), 100.
GENTILHOMME (Jean), 99.
— (Marguerite), 99.
GILLES (Antoine), 127.
GIRARDIN (Mis de), 30.
GLAPION (Augustin de), 93.
— (Guillaume de), 93.
GOMARD (Charles), 7, 104 et 106.
GOMERON (Louis de Moy de), 102.
GONDRIN (Louis de Pardaillan, Mis de), 78.
GONZAGUE (Princesse Marie de), 31, 32 et 134.
GORGIAS (Famille de), 30.
GOSSART (Marie), 100.

Goué (Jean-Baptiste de), 116.
Gouffier (Louis de), 116.
Gouillard (Anne), 100.
Goulaincourt (Le Sr de), 23, 146.
Goulard (Docteur Roger), xx, 94, 118, 125, 129, 131, 132.
Goulas (Léonard), 84.
Grain (Alexandre de), 98.
— (Claude de), 98.
— (Françoise de), 100.
— (Madeleine de), 100.
Grammont (Duc de), 103.
Grammont (Maréchal de), 36.
Grange (Louis de la), 116.
Graslin (Marguerite-Octavie de), 162.
Grignan (Mis de), 17.
Griselle (Eugène), xi.
Grivelle (Jeanne de la), 129.
Guérin (Jeanne), 118, 120.
Guerlin (Pierre), 112.
Guion (Le Sr de), 102.
Guise (Duc de), 27.
Guitaut (François de Pechpéroux-Comminges-), 36.
Guitaut (Colonel de Pechpéroux-Comminges, comte de), 36.

H

Habsbourg (Anne d'Autriche-), vii.
Hallier (François, maréchal de l'Hôpital du), 92.
Hallouin (Le Sr), 103.
Hallu (Louis de), 98.
— (Marguerite de), 98.
Hautecombe (Henriette du Bois de), 118.
Hébergement (Marie de l'), 118, 121, 122.
— (René), 118, 121.
Hébert (Ambroise), 121.
— (Anne I), 118.
Hébert (Anne II), viii, 61, 146, 164.
— (Antoine), 60, 146.
— (Antoinette), 118.
— (Aubry), 118.
— (Catherine), 118.
— (Charles I), 60, 118.
— (Charles II), 118, 146.
— (Charlotte), 118.
— (Christophe), vii, 9, 36, 56-59, 93, 106, 114, 118, 146.
— (Christophe-François), 51, 59, 60, 146.
— (Claude), 118.
— (François I), 118, 119.
— (François II), 118, 121.
— (François III), 118, 121.
— (Françoise-Thérèse), 74, 146, 147, 148, 155, 162.
— (Gaucher), 118.
— (Geofrine), 118.
— (Geofroy), 118.
— (Jacques I), 121.
— (Jacques II), 121.
— (Jean I), 118, 119.
— (Jean II), 118, 121.
— (Jean III), 118, 123.
— (Jeanne), 120.
— (Louis I), 118, 120.
— (Louis II), 118.
— (Marguerite I), 118.
— (Marguerite II), viii, 10, 62, 63, 146.
— (Michel), 57, 118.
— (Pierre), 57, 118.
Hébrard (Maison d'), 73.
Hem (Antoine de), 100.
— (Samalice de), 100.
Henri III (Roi de France), 2, 9, 162.
Henri IV (Roi de France), vi, 9, 101.
Henri VIII (Roi d'Angleterre), 118.
Henriette d'Angleterre, duchesse d'Orléans, 49.
Herbault (Raymond Phelipeaux, Sr d'), 84.

HERBERT (Charles), 102.
HÉROUARD (Jean), XIX, 59.
HERVILLY (Jean de), 100.
HEURLES (Philippe de), XIX.
HOCQUINCOURT (Maréchal d'), 100, 102.
HOPITAL (Maréchal de l'), 53, 135.
— (Antoinette de l'), 92, 135.
HOPITAL (Louis de l'), 92, 135.
HOZIER (Armorial de d'), 43.
— (Cabinet d'), 25, 57, 121.
— (Carrés d'), 89.
— (Le S[r] d'), 57.
— (Nouveau d'), 5, 28, 55, 56, 92, 93, 128.
HUART (Nicolas), 100.
HUET (Le S[r]), XX.
HUGUET (M. Adrien), 32.
HUMIÈRES (Mis d'), 102.
HUNCKEN (Anne-Charlotte, baronne), 72.

J

JACOB (Antoinette), 100.
— (Marguerite), 100.
— (Nicolas), 100.
JACQUES II (Roi d'Angleterre), 55.
JANVELLE (De Haute-Faye, Mis de), 103.
JARS (Le commandeur de), 36.
JEAN LE BON (Roi de France), 151.
JOSSIER (Antoine), 144.
JUIGNÉ (Fonds de), 44.

L

LA BANNIÈRE (Antoine de), 101.
LA BARTHE (Marie-Jeanne de la Roche de), 66.
LA BERTINE (Marguerite de), 118.
LA BILLARDERIE (Le chevalier de), 103.
LA BONNARDIÈRE (Le Sr Camet de), 163.
LAC (Étienne du), 86.
LA CAYNE (Le S[r] de), 109.
LA CELLE (Charles Petit, comte de), XIV, 146-148, 152-155, 157-161.
— (Jean Petit de), 154.
— (Jean-Baptiste-Pierre Petit de), 147.
— (Marie Petit de), 147, 152.
— (Richard Petit de), 147, 150, 152-154, 161.
— (Thérèse-Éléonore Petit de), 61, 146, 159, 162.
LA CHATAIGNERAIE (Le S[r] de), 6.
LADISLAS (Roi de Pologne), 31, 32, 134.
LAFORE (Jules de Bourrousse de), 73.
LA GERRE (François de), 92.
— (Louise de), 92.
LA HIRE (Étienne de Vignolles, dit), 7.
LA MARCK (Le chevalier de Monet de), 64.
LA MOTTE-VATTEVILLE (Le S[r] de), 103.
LANCHY (Le S[r] de), 113.
LANGERON (La comtesse de), 39.
LA PALUELLE (Charlotte de), 77.
LA POUPELLE (D[elle] de), 92.
LA ROCHEFOUCAULT (Le S[r] de), 106.
LA TOUR (Catherine de), 24.
LA TRÉMOILLE (Maison de), 117.
LATTRE (Barbe de), 99.
LAUNAY (Catherine), 68.
LAURENCIN (Étienne), 124, 125.
LA VERGNE (Françoise de), 28, 146.
— (Louise de), 29.
— (Simon de), 28.
LAVERNOT (Jean de), 74, 147,

Lavernot (Marie de), 74, 147, 152.
Laviefville (Le Sr de), 102.
Lavisé (Marie), 28.
Lébiest (Marguerite de), 122.
Leblond (Denise), 92.
Le Camus (Recueil), 144.
Le Carruyer (Claude), 65.
— (François-Alexandre), 65.
— (François-Honnête), 65.
Leclerc (Jean), x.
Leclerc (Marguerite), x.
Ledieu (Alcius), 73.
Lefebvre (Charles), 131.
— (François), 126.
Lens (Le seigneur de), 101.
Léré (Pierre), 113.
Lescalopier (Nicolas de), 105.
Lesné (Charles), 124, 126, 129.
Lespinasse (Le Sr), 103.
Lesueur-Florent (Jean-Antoine), 163, 165.
Le Tellier (Le chancelier), 136.
Lionne (Hugues de), 10, 116.
— (Madeleine de), 116.
Lioux (Le Sr de), 104.
Longueville (Le duc de), 7, 102.
Lorand (Pierre), 94.
Louis XI (Roi de France), 101.
Louis XIII (Roi de France), i, v-xiii, xv, xix, 1, 3, 6, 26, 27, 35, 37, 40, 57, 114, 135, 153.
Louis XIV (Roi de France), 29, 129, 133, 136, 158, 162.
Louvencourt (Adrien, comte de), xx.
— (Antoine de), x.
— (Charles de), x.
— (Claude de), x.
— (François de), x.
Louviers (Charles de), 118.
Luxembourg (Lionel de), 101.
— (Maison de), 101.
Luynes (Le connétable de), x, 26, 102.
— (Le duc de), 15, 95, 132.
Lyonne (Henri, comte de), 64, 129, 130.
— (Marie-Françoise de), 64, 146.

M

Machault (Louis de), 29.
— (N...), 116.
Magen (Le Sr), 104.
Magne (Émile), 39.
Mailly (Antoine de), 147.
Maistre (Augustin le), 93.
Marçonnet (La marquise de), 142.
Marie de Médicis (Reine de France), ix, 25-27, 30, 75.
Marolles (Jean de), xvii, 5, 114, 146.
Marle (Jean de), 9.
— (Léonne de), 9, 146.
Marsillac (Le Sr de), 26.
Marsilly (Pierre-François), 68.
Marteau (Louis), 157.
Martin (Claude), 164.
Martineau (Alexandre), 21, 116, 163-165.
— (Germaine), 116.
— (Jean), 116.
— (Madeleine), 116.
— (Madeleine-Françoise), 21, 116, 163-165.
— (Marguerite I), 116.
— (Marguerite II), 116.
— (Pierre), 116.
— (Pierre-Guillaume), 116.
Mazarin (Le cardinal de), 34, 35, 37, 50, 133, 135, 136.
Mazurier (Louis), 68.
Mecklembourg (Isabelle de Montmorency, duchesse de), 37.

MELPHES (Antoine Caraccioli, prince de), 105.
MENESSIER-QUÉRET (Le S[r]), 101.
MERENVOL (Le Sr de Chamyson, seigneur de), 120.
MERY-MONTIGNY (Le S[r]), 103.
MESMES (Jean-Jacques de), 3, 116.
MESSEY (Jean du Gripel, B[on] de), 118.
MILLET (Claude), 82.
MINAGIER (Catherine de), 154-157.
— (Madeleine de), 161.
— (Michel de), 154-157.
MONACO (La princesse de), 24.
MONALDESCHI (Jean de), 4.
MONCHY (Anne de Bournel de), 53.
MONTAGNE (Damyen), 88.
MONTAUSIER (Duchesse de), 32.
MONTAUT (Angélique de), 116.
MONTCHARMONT (Le S[r]), 103.
MONTÉCLARD (Marie-Jeanne-Aimée Bréheret de), 70.
MONTIGNY (Le S[r]), 103.
MONTMORENCY (Anne, connétable de), 5, 10, 58, 83, 87.
— (Charlotte-Marguerite de), 58.
— (François de), 118, 123.
— (Françoise de), 118.
— (Isabelle de), 37.
— (Jourdoine - Madeleine de), 118.
MONTPELLIER (Saint-Roch, prince de), 5.
MOREAU-MATHURIN (Le S[r]), 144.
MOREL (Le S[r]), 9.
MORISSON (Louis), 156, 157.
MORTEMART (Gabriel de Rochechouart, marquis puis duc de), 36.
MOTTEVILLE (Mme Langlois de), IX, 23, 32-34, 36, 37, 41, 59.
MOULIN (Jacques, aliàs Charles, du), 118, 123.
MOY (François de), 91.
MUSSET (Alfred de), IX.
— (Charles de), IX.
— (François de), IX.
— (Marie de,) (Mme d'Alès), IX.

N

NANGIS (Brichanteau, Mis de), 92.
NATIER (Blanche), 97.
— (Françoise), 97.
NAVARETTE (Le S[r]), 102.
NEUCHATEL (Claude Sanguin, Vte de), 118.
NEUFCHAISE (Jacques de), 152.
NICOLAS (Le tsar), 34.
NIÉLON (Le S[r]), 103.
NOAILLES (Marie-Victoire-Sophie de), 78.
NORET (Étienne), 158.

O

OGNIES (Françoise d'), 121.
OLLEZY (Marie-Louise de la Fontaine d'), 68.
— (Marguerite de Hervilly d'), 101.
ORANGE (Prince d'), 55.
ORLÉANS (Bâtard d'), 7.
— (Charles d'), 101.
— (Gaston, duc d'), 122, 158, 159.
— (Louis d'), 101, 120.
— (Henriette d'Angleterre, duchesse d'), 138.
ORME (Marguerite de Cornu d'), 65.
ORME (Charles de l'), 118.

P

PALAISEAU (Claude de Harville de), 14.

PASCAL (Félix), 118.
PAUL II (Le pape), 11.
PAULET (Léon), 113.
PAYEN (Charlotte), 116.
— (Geneviève I), 94, 95, 114, 116.
— (Geneviève II), 10, 16, 116.
— (Madeleine), 116.
— (Marguerite), 10, 88, 98-100, 114, 116.
— (Marie), 116.
— (Paul), 116.
— (Paule), 10, 116.
— (Pierre I), 10, 94, 95, 116.
— (Pierre II), 116.
— (Pierre III), 116.
— (Pierre IV), 116.
PEIGNÉ-DELACOURT (Le Sr), 8, 113.
PELLET (Claude de), 118.
— (Gaspard de), 118.
PENTHIÈVRE (Duc de), 137.
PERDRIEL (Guillaume), 128.
— (Louise), 128.
PÉRÉFIXE (Hardouin de), 136.
PÉRIGNY (Le président de), 47.
PERRICHON (Louis), 125.
PHILIPPE (Le Sr), XIX.
— (Alexandre), 99.
— (Anne), 99.
PIENNES (Mis de), 38.
PIOGER (Le Sr), 103.
PLESSIER (Anne du), (Mme des Fossés), 73.
— (Blanche du), 146.
— (Charles du), 63, 72, 146.
— (Charles-Alexandre du), 72, 146.
— (Charles-Louis du), 72.
— (Élisabeth du), 146.
— (Louis du), 63.
— (Louis-Joseph du), 73, 146.
— (Roch-Eugène du), 146.
POIGNAN (Anne), 60.
POIX (Marguerite), 97.
POIX (Noël), 97.
PONTCHARTRAIN (Louis Phelypeaux, comte de), 103.
PORTE (N... de la) 116.
PRÉAULT (Claude de), 102.
PRÉFOSSE (Jacques de Cocquelard de), 53.
— (Marguerite-Perrette de Cocquelard de), 53.
PRÉMONT (Alexandre-Auguste le Sart de), 98.
— (Jérôme le Sart de), 98.
PRESSECQ (Le Sr), 103.
PRESSY (François-Joseph de Partz de), 106.
PRÉVAL (Charles-Philippe Guestre de), 77.
— (Michel Guestre de), 76, 146, 162.
— (Pierre-Jean-Baptiste Guestre de), 77, 146, 164, 165.
— (Thérèse-Éléonore Guestre de), 77, 146.
PUISIEUX (Le Sr de), 25.

Q

QUINAULT (Philippe), 44, 45, 136, 137.

R

RAMBURES (Charles, Mis de), 157.
RANDAL (Edme de), 151, 161.
— (Michel de), 151.
REBOUL (Louis de), 104.
RIBERPRÉ (Charles de Moy, Mis de), 102.
RICHARD (Thomas), 98.
RICHEBOURG (Anne-Marie Oudin de), 69.
RICHELIEU (Cardinal de), 2, 7, 25-27, 105, 107, 110.
RICHEMONT (Comte de), 7.

RIVERAIN (Jérôme), 106, 110-112.
RIVES (Marguerite de), 116.
ROCHECHOUART, Mis de Chandenier, 36.
RODIÈRE (M. Roger), XVI.
RODOLPHE (Le cardinal), 105.
ROGIER (Le S^r), 103.
ROHAN-MONTBAZON (Marie de), X.
ROLLE (Antoine de), 92.
RONDELET (Guillaume), 120.
ROQUELAURE (Gaston J. B., duc de), 59.
ROSE (Claude), 10, 114, 116.
ROSEMADEC (Sébastien de), 118.
ROUILLER (Le S^r), 143.
ROUSSELOT (Suzanne-Louise), 163.
ROYER (Adèle-Louise-Marie du), 69.
— (Alexandre du), 62, 63, 146.
— (Alexandre-Charles-François du), 71.
— (Alexandre-François du), 71.
— (Alexandre-Joseph du), 146.
— (Antoine du), 69.
— (Charles du), 63, 64, 146.
— (Charles-François du), 67, 68.
— (Charles-Jacques du), 65, 66.
— (Charles-Michel du), 64, 146.
— (Ernest du), 69.
— (François-Gilbert du), 66.
— (Françoise-Thérèse du), 146.
— (Henri du), 64.
— (Henri-Alexandre du), 66.
— (Jacques du), 146.
— (Jean-Anne-César du), 66.
— (Joseph du), 71.
ROYER (Marie-Anne du), 65.
— (Marie-Anne-Flore-Gabrielle du), 70.
— (Marie-Anne-Nicole-Eulalie du), 70.
— (Marie-Anne-Marguerite-Éléonore du), 28, 29, 72, 146.
— (Marie-Françoise du), 64, 146.
— (Marie-Gabrielle-Eugénie du), 71.
— (Marie-Henriette-Rose du), 71.
— (Marie-Rose-Félicité du), 71.
— (Marie-Thérèse-Gabrielle du), 70.

S

SAINS (Barbe de), 98, 99.
SAINT-AMADOUR (Gillette de), 118, 122.
— (Jean de, Vte de Guingamp), 118, 122.
SAINT-FARGEAUX (Anne de Bonnelles de), 99, 100.
— (Louis I de Bonnelles de), 100.
— (Louis II de Bonnelles de), 100.
SAINTE-FLAIVE (Françoise de), 117.
SAINT-GERMAIN (Claude le Carruyer de), 65.
— (François-Alexandre le Carruyer de), 65.
— (François-Honnête le Carruyer de), 65.
SAINTE-MARIE (Le cardinal de), 105.
SAINT-SIMON (Maison de Rouvroy de), 115.
SAISSEVAL (François de Sénicourt de), 102.
SALOMON (Hiérôme), 147.
SARCUS (Jean de), 102.

SARREBRUCHE (Amé de), 102.
SAULX-TAVANNES (Anne de), 75, 152.
SAUVAGE (Le Sr), 143.
SCUDÉRY (Madeleine de), 47.
SEGRAIS (Jean Regnaud de), 38, 39.
SELVOIS (Françoise de), 64.
SENLIS (Hébert, comte de), 115.
SENNECEY (Margte de la Rochefoucault, Mise de), 32.
SENNEVILLE (Philibert-César des Fossés de), 73.
SERGEANT (M. et Mme le), XIV.
SÉRIGNAN (Le Sr de), 103.
SESMAISONS (René de), 105.
SÉVIGNÉ (La marquise de), 19, 42, 43, 116.
SÉVIGNÉ (Melle de), 18.
SILLY (Jacques de), 120.
SINCENY (Albéric-Louis-Anatole de Fayard de), 70.
— (Anne - Michel de Fayard de), 70.
— (Gustave de Fayard de), 70.
SINCENY (Marie - Elodie de Fayard de), 70.
SOISSONS (La comte de), 7.
SOUBZMERMONT (Louise de), 151.
SUZE (La comtesse de la), 43.

T

TABOUREAU (Anne), 98.
TALLEMANT DES RÉAUX (Gédéon), 30, 39, 40, 44.
TARTEREAU (Anne de), 5, 83, 85, 86, 91, 92, 114, 128, 146.
— (Arthur de), 128.
— (Augustin de), 17, 146.
— (Félix de), 9, 89, 98, 102, 146.
— (Jean de), 86.
TARTEREAU (Jean-Claude de), 16, 46.
— (Louis de), 9, 92, 114, 146.
— (Marguerite de), 92, 114.
— (Nicolas I de), 5, 10, 91, 92, 114, 146.
— (Nicolas II de), 98, 114.
TEISSIER (Charles), 131.
TELLIER (Madeleine le), 52.
TEODORIDI (Le Sr), 34.
THUMERY (Anne de), 91.
— (Christophe de), 52.
— (Isabeau de), 118.
— (Marguerite de), 52, 146.
THURING (Le Sr), 103.
TOURNON (Just, baron de), 120.
TOURNON (Le cardinal de), 122.
TRONCHÉ (Jean-Baptiste du), 65.
— (Marie-Anne-Charlotte du), 66.
— (Pierre du), 65.
TUPIGNY (Barbe), 100.
TURGOT (Michel-Étienne), 21, 116, 164.

U

UXELLES (Anne du Blé d'), 95.

V

VANOZ (Madeleine-Scholastique), 73.
VEINE (George), 124.
VERMANDOIS (Hébert, Cte de), 101, 145.
VERNET (Mme du), X.
VÉROLA (Paul), 37.
VIÈVRES (Michel de), 153.
VIGNOLLES (Anne de), 118.
VILAIN (Le Sr), 92.

VILAIN (Marie), 99.
VILLARS (Élisabeth - Charlotte - Candide de Brancas-), 79.
VILLEQUIER (Le marquis de), 42.
VIOLE (Guillaume, Evêque de Paris), 105.
VITRY (Louis de l'Hospital, Mis de), 82, 92.
— (Nicolas de l'Hospital, Mis puis duc de), 3.
VIVANDIER (Le S^r), XX.
VRELY (Louise de Boistel de), 63.
VRELY (Marguerite de Boistel de), 63.

W

WALCKENAER (Le baron), 42.
WALLE (Le S^r de), 103.

X

XAINTRAILLES (Poton de), 7, 101.

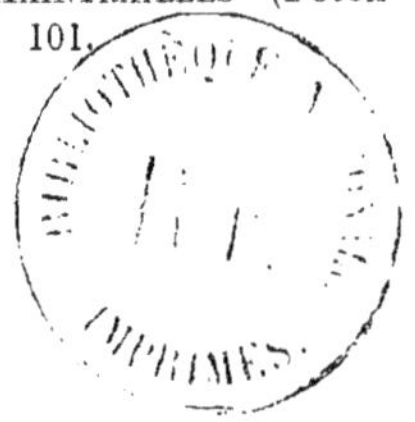

TABLE DES MATIÈRES

Pages.

Introduction v
Origine de la famille du Buisson de la Marsaudière.. 1
M. et Mme Jérôme du Buisson, leurs fils, petits-fils et petites-filles 2
Une pièce de vers adressée à Mlle de Sévigné.......... 18
Une mission diplomatique de M. de Chazan à Rome. 24
M. et Mme de Chazan, leurs enfants et leurs petits enfants 28
Le comte et la comtesse de Brégy, leurs enfants et leurs petits-enfants 29
Deux missions de M. de Brégy en Pologne... 31
Mariage de Marie de Gonzague avec le roi de Pologne. 32
Un mardi gras chez le cardinal Mazarin........ . .. 34
On joue au haire chez la duchesse de Châtillon....... 37
Un gâteau des Rois au Louvre........................ 41
La reine Christine de Suède en France.............. 42
Cinq questions d'amour, proposées par Mme de Brégy. 45
Une lettre de Mme de Brégy à la reine-mère....... .. 49
M. et Mme Hébert et leur descendance par les familles du Royer de Bournonville, Fayard d'Arblincourt, Fayard de Sinceny, du Plessier de Fransart, du Plessier de Fonchette, des Fossés, Petit de la Celle, Guestre de Préval et de Carbonnel de Canisy 56
Anne Hébert, filleule de la reine.... 61

PIÈCES JUSTIFICATIVES

(Planches photographiques [1]*).*

I. — Rue Saint-Nicaise. Bail à perpétuité de la ville de Paris et confirmation des dons faits par le roi.

II. — Rue Saint-Nicaise. Vente par Pierre Vivandier à Nicolas Voisin et à Louis de Beauvais.

III. — Rue Saint-Nicaise. Vente par Louis de Beauvais à Christophe Hébert.

IV. — Rue Saint-Nicaise. Ratification de toute la famille à l'hôpital des Quinze-Vingt.

V. — Contrat de mariage de Christophe Hébert et Eléonore du Buisson.

VI. — Inventaire des titres et papiers d'Éléonore du Buisson, contenant ses apports.

VII. — Acte de baptême et acte de décès d'Anne Hébert.

VIII. — Achat par Christophe Hébert de la charge de surintendant des vivres.

IX. — Transaction pour la charge de surintendant des vivres.

X. — Brevet de dame ordinaire de la reine pour Éléonore du Buisson.

XI. — Mme Hébert, tutrice de ses enfants.

XII. — Reconnaissance entre Anne Hébert et sa mère.

XIII. — Sentence arbitrale sur diverses successions.

XIV. — Inventaire, après décès, des biens de Mme Hébert.

XV. — Requête du dépositaire de l'argent comptant, provenant de la succession de Mme Hébert.

XVI. — Testament de Christophe François Hébert, capitaine au régiment des Gardes du Roi, mort au siège de Dunkerque.

XVII. — Fondation en l'église de la Pitié par Anne Hébert.

XVIII. — Donation à l'Œuvre du lait et de la farine, par Anne Hébert.

XIX. — Testament d'Anne Hébert.

XX. — Extrait des Immatricules des rentes du clergé, pour Anne Hébert.

1. Les planches photographiques ne sont pas paginées. Leurs numéros d'ordre serviront à les trouver.

XXI. — Reçu de solde par Alexandre du Buisson comme capitaine de la Milice bourgeoise de Brie-Comte-Robert.

XXII. — Tableau héraldique et généalogique de la famille Hébert et de sa descendance.

. . . .

PIÈCES JUSTIFICATIVES

(Copies).

Pages.

XXIII. — Armoiries de la famille du Buisson........ 81

XXIV. — Reçu de solde de Jérôme du Buisson....... 82

XXV. — Quittance de Jérôme du Buisson pour une partie de rente constituée au connétable de Montmorency.. 83

XXVI. — Quittance de Mme de Chazan comme tutrice de ses enfants mineurs........... 83

XXVII. — Jérôme du Buisson se rend auprès du roi, alors au siège de Montauban................... 84

XXVIII. — Extrait de l'inventaire après décès des biens de Louis du Buisson..................... 85

XXIX. — Deux quittances d'Alexandre du Buisson... 88

XXX. — Commission de lieutenant de roi à Ham pour Félix de Tartereau............ 89

XXXI. — Une quittance d'Antoine du Buisson....... 90

XXXII. — Une quittance d'un mestre de camp de cavalerie... 90

XXXIII. — Actes paroissiaux relevés à Brie-Comte-Robert..... 91

XXXIV. — Actes paroissiaux relevés à Chevry-Cossigny.......... 94

XXXV. — Acte de mariage relevé à Servon-en-Brie.. 97

XXXVI. — Actes de baptême relevés à Ham.......... 97

XXXVII. — Châtelains, gouverneurs et commandants du château de Ham.......................... 101

XXXVIII. — Liste des communes qui dépendaient du gouvernement de Ham........................ 104

XXXIX. — Liste des abbés commendataires de l'abbaye de Ham.............................. ... 105

XXXX. — Concordat entre Pierre du Buisson, abbé, et les religieux de l'abbaye de Ham........ .. . 106

Pages.

XXXXI. — Petit tableau généalogique pour la famille Du Buisson........ 114

XXXXII. — Tableau généalogique de la famille Payen 115-116

XXXXIII. — Tableau généalogique de la famille Hébert.................................... 117-118

XXXXIV. — Généalogie des barons d'Ansauvillers et de Courcy..... 119

XXXXV. — Information faite par le bailli de Brie-Comte-Robert............. 124

XXXXVI. — Autre information du bailli de Brie-Comte-Robert 126

XXXXVII. — Vente à Brie-Comte-Robert du fief de la Grivelle et de la chapelle de la famille de Tartereau... 128

XXXXVIII. — A propos de la seigneurie de Servon, érigée en comté............................. 129

XXXXIX. — Une déposition d'Alexandre II du Buisson..... 131

L. — Une lettre de Louis XIV à la comtesse de Brégy. 133

LI. — Deux missions du comte de Brégy en Pologne.. 133

LII. — La comtesse de Brégy (Grande Encyclopédie). 135

LIII. — Liste des ouvrages produits par la famille de Brégy 136

LIV. — Épitaphe d'Henriette d'Angleterre par Mme de Brégy 138

LV. — Testament de Mme de Brégy.... 140

LVI. — Quittances de deux capitaines d'infanterie.... 144

LVII. — Tableau généalogique dressé en vue de tester.. 145-146

LVIII. — Tableau généalogique de deux degrés (famille Petit de la Celle)... 147

LIX. — Appointements d'un gouverneur de Montargis. 147

LX. — *Le comté de la Celle-sur-le-Bied*, par M. l'abbé Augustin Berton (extrait)................ 148

LXI. — Liste des seigneurs et propriétaires du domaine de la Marsaudière.......... 163

Index des noms de personnes................... 167

ABBEVILLE. — IMPRIMERIE F. PAILLART

www.ingramcontent.com/pod-product-compliance
Ingram Content Group UK Ltd.
Pitfield, Milton Keynes, MK11 3LW, UK
UKHW020203250726
13967UKWH00003B/1232

9 782012 932982